智能信息服务模式与机制
——技术与系统视角

朱　鹏　赵明生　著

科学出版社

北京

内 容 简 介

智能信息服务系统是人工智能、物联网和5G等新技术、新模式的必然产物，与社会服务、技术改革和人们的生活具有密切的联系，智能信息服务的应用可以惠及国防、医疗、交通、农业和教育等领域。本书从技术与系统视角对智能信息服务模式与机制进行论述，重点介绍智能信息服务系统的相关理论、总体架构和应用设计，依据数据采集、知识表示、知识抽取、知识挖掘、知识存储、知识融合、知识推理、多媒体信息检索、信息推荐、知识问答、区块链等模块，系统化地阐述智能信息服务系统所采用的理论基础和构建技术，并分别通过农业、图书馆、交通三个行业的智能信息服务系统实例，提炼形成具有集成化、普适性的智能信息服务的模式与机制。

本书适合信息技术科研人员、企业管理者及计算机科学与技术、智能系统、自动化、信息管理与信息系统等相关专业的学生参考阅读。

图书在版编目（CIP）数据

智能信息服务模式与机制：技术与系统视角 / 朱鹏，赵明生著. —北京：科学出版社，2023.12
ISBN 978-7-03-067725-9

Ⅰ.①智… Ⅱ.①朱… ②赵… Ⅲ.①农业经济-信息管理-服务模式-研究-中国 Ⅳ.①F322

中国版本图书馆 CIP 数据核字（2020）第 262393 号

责任编辑：王丹妮 / 责任校对：姜丽策
责任印制：张　伟 / 封面设计：有道设计

科学出版社 出版

北京东黄城根北街 16 号
邮政编码：100717
http://www.sciencep.com

北京中科印刷有限公司印刷
科学出版社发行　各地新华书店经销

*

2023 年 12 月第 一 版　开本：720×1000　1/16
2023 年 12 月第一次印刷　印张：13 3/4
字数：280 000
定价：156.00 元
（如有印装质量问题，我社负责调换）

序　言

近年来，伴随着智能系统深度学习的兴起、大数据的发展、第五代移动通信技术（5th generation mobile communication technology，5G）和区块链的应用、云系统的建设、物联网的流行以及各种自动化系统技术的有力驱动，以智能信息服务系统为核心的平台已经渗透到社会的各个领域。智能信息服务的意义已经上升至国家层面的社会应用与发展，其将在世界尺度上大范围地消除信息不对称的现象，释放巨大的生产力，促进产业数字化、智能化和互联化。

一个国家在社会各领域的信息服务水平直接影响到该领域创新思想的形成、创新过程的进展与创新成果的产出。在全球化、数字化背景下，各行业的发展、社会功能的发挥甚至国家的创新发展都越来越依赖于对数据、信息和知识的有效应用，而人工智能时代的到来让世界诸国越来越重视智能信息服务的应用。信息技术与经济社会的交汇融合引发了智能信息服务应用的迅猛增长，智能信息服务的构建是推动数字经济与新一代人工智能发展的重要战略，发展智能信息服务平台及相关技术研究更是重塑国家竞争优势和便利人民生活、促进社会发展的新机遇。通过智能信息服务平台这种创新方式来解决我国在教育、交通、医疗、零售和工业现代化方面所面临的平台种类繁多、信息整合不全等问题，对实现我国各行业升级为以云计算和人工智能等为关键支撑技术的高新技术产业具有巨大的影响。

"十四五"时期是我国加快建设制造强国、网络强国和数字中国的关键时期。智能信息服务描述了顶层的基于数据和技术的信息服务产品，搭建高水平的智能信息服务仍具有挑战性。一方面，智能信息服务的可靠性依赖于数据的质量。数据基础制度建设事关国家发展和安全大局，是国家意志和主权不可分割的部分。建立定位精准、搜索精准、推荐精准、问答精准的智能信息服务系统，关键是精准数据信息的获取、多元空间大数据的增强、跨模态数据要素的结构化提取、机构化智慧模型的按需构建。另一方面，智能信息服务的稳定性依赖于信息技术。中国科学院梅宏院士提出"在某种意义上，信息技术及其深度应用已经推动人类社会步入一个新发展阶段，并可以从不同视角去考察和认知。从计算模式视角，可视为以支持计算、存储、网络、数据和应用等资源的集约式管理和服务化使用为特征的云计算时代；从信息应用视角，可视为以人工智能技术为基础，支持感知、认知到决策为特征的智能化时代"。这对于理解和把握智慧时代智能信息服务的构建及发展要素具有重要意义。近年来，由于信息技术的发展，特别是人工智能技术的出现，数据、信息、知识等资源已不再仅限于纸质资源，而是依托网络面向全球的数字化信息资源。随着数字化资源的大幅度扩展，面对海量的数字化网络信息资源，传统的资源搜索、分析、筛选、整合技术已无法满足现代人的需求。将人工智能等新技术引入各行业的信息服务系统中，可以在全球海量的数字化信息资源中迅速地智能搜索、智能分析、智能筛选并整合符合用户要求的信息，逐渐形成能够满足当代人特定信息需求的专业化智能定制服务。

伴随产业数字化带来的数据基础的日趋成熟，人工智能作为引领新一轮科技革命的重要驱动力量，其通过算力、数据、算法等内生动力，为实体经济各领域提供信息化、数字化、智能化的解决方案，进而形成具体化的智能信息服务。例如，在交通方面，伴随着传感器、物联网、群智感知、云计算、大数据和 5G 等技术的发展，在城市运行过程中会产生海量的多源大数据，如车辆轨迹数据、道路监控数据等。这些多源数据蕴含了众多信息，结合大数据及人工智能相关算法能够从中提取出城市交通潜在的运行模式，从而构建基于智能信息服务系统的智能交通。面向智能交通的服务平台可以将实时获取的交通路况信息提供给车载端用户和监控中心，为车载端用户提供出行规划服务，并为交通监控中心提供大屏服务，为健康交通提供态势分析与决策支持，从而缓解城市拥堵，保障交通安全，提升城市交通便利水平，提高道路通行速度，优化人车交互体验，有效解决传统交通领域存在的诸多问题，加快智慧城市的建设。

将传统行业与智能信息服务相结合是促进传统行业转型升级的重要途径，也是由传统的"信息化"升级为"智能化"的必由之路。智能信息系统的产生是信息智能化的结晶，信息智能化促使产业结构调整升级，创造新的经济增长点，提高国家竞争力。智能信息系统通过集成的能力，把数据转化为信息，信息转化为知识，知识转化为智能，然后智能辅助决策，最终落实在行动中，实现价值创造。以图书馆个性化信息服务系统的建设进行举例，基于用户的个性化智能信息服务就是根据读者的知识结构、信息需求、行为方式和兴趣倾向等大数据，有的放矢地为读者创造符合其个性化需求的信息服务模式。图书馆智能信息服务系统的构建依赖于信息技术的发展，以知识处理、知识服务为中心，包括智能检索系统、智能搜索引擎、智能导航系统、智能咨询系统等。为了有效存取图书信息资源，不仅需要智能信息检索和智能搜索技术，还需要智能导航机制与方法，实现科学导航与定位。智能导航系统是综合应用信息管理、认知心理学与行为学、人工智能等多学科理论与技术而构造的高性能知识系统，能自主识别用户需求，利用各种相关的信息或知识，选择合适的智能导航策略与方法，引导智能检索和搜索的高效执行。

　　除了生活服务，智能信息系统也可在军事作战中发挥重要作用，具有智能化特征的指挥信息系统将成为未来智能化作战指挥的"中枢神经"，是智能化作战指挥控制的支撑手段。利用智能辅助决策技术和"云端大脑""数字参谋"等平台，突破人类智力极限，使战争决策由单纯的人脑决策发展为"人脑+人工智能"的超脑化指挥决策；利用"智联化"网络、"无人化"自主协同和"主动化"信息防御，形成智能化的信息通信系统、智能化的无人装备平台和智能化指挥控制系统。可以预见，在数据驱动的智能化时代，技术演进的智能信息服务将逐渐占据重要地位。

　　为了使读者进一步掌握智能信息服务模式，也为了使研究成果更好地服务社会，朱鹏和赵明生撰写了该书。该书重点围绕技术与系统视角下智能信息服务的模式与机制，首先介绍了智能信息服务的内涵、外延与发展前景。其次详细阐述了智能信息服务平台自下而上的架构体系，包括数据采集、知识表示、知识抽取、知识挖掘、知识存储、知识融合、知识推理等步骤，研究了智能信息服务系统在不同步骤的理论与技术发展。最后介绍了智能信息服务的多媒体信息检索、信息推荐、知识问答、区块链信息安全和智能信息服务系统构建与场景应用，论述了智能信息服务的技术要点与发展方向。此外，该书详细介绍了智能信息服务所包括的开源工具，对于农村智能信息服务系统、图书馆智能信息服务系统和交通智能信息服务系统等几个热点行业智能信息服务的实践，进行了有针对性的阐述。该书最珍贵的闪光点不仅在于对众多的、典型的智能信息服务在各方向的技术案例进行细节解剖，而且从技术创造和系统生成的视角，以具体的技术诞生场景为蓝图，试图引导读者学习和掌握智能信息服务。全书内容系统，逻辑严谨，为高校、研究院和企业等相关研究及技术人员从事智能信息服务研究、应用提供了一本极好的参考书。非常值得一读，特此推荐！

前　　言

　　人类社会已经经历了农业化、工业化和信息化时代，正在跨越智能化时代的门槛。在农业社会和工业社会中，物质和能源是主要资源，在信息化社会中，信息已经成为比物质和能源更为重要的资源，信息技术在资料生产、科研教育、医疗保健、企业和政府管理以及家庭中得到广泛应用，从而对经济和社会发展产生了巨大且深刻的影响，从根本上改变了人们的生活方式、行为方式和价值观念。随着物联网、移动互联网、云计算等技术的兴起，面向个体、家庭、企业、社会等不同层面用户的各种信息服务创新应用不断兴起，其不仅仅局限于向用户提供有关资源和知识内容的信息，而是借助网络基础设施和现代信息技术，基于对用户及其需求的分析，开展有组织、有计划的多层次的综合性智能信息服务。智能服务是指能够自动辨识用户的显性和隐性需求，并且主动、高效、安全、绿色地满足用户需求的服务。

　　面对大数据时代的到来，从信息化到数字化，再到智能化，党和政府十分重视智能信息服务的建设，提出了一系列在国家层面关于数字中国、智慧社会、数字经济等的部署，将智能信息服务的建设应用到各个领域，推进物联网、人工智能、区块链、云计算、5G 等现代信息技术在各领域的应用，以技术创新改革发展为引领，助力数字经济发展，协同推进生活数字化转型升级。智能信息服务是信息服务随着社会科学技术水平发展而变革的一种新型服务模式，其并非单纯的技术应用，而是在信息管理中体现智慧认知的过程，是在信息的采集、处理、分析、利用中实现智能化的过程。

　　在社会发展中，信息服务的智能化可以促使产业结构调整升级，推进新型农业、先进制造业和现代服务业发展，提高传统产业的服务能力和生产效率，优化经济结构，实现新的社会资源配置，实现工业创新、高新技术产业创新、协同创新和管理创新，创造新的经济增长点。因此，智能信息服务被应用于各个产业中，如智能交通系统、图书馆智能信息服务平台、智慧医疗等。智能信息服务是涉及信息学、管理学、传播学以及计算机技术、网络技术、信息处理技术等多学科、跨领域的创举，对智能信息服务模式与体制的研究有助于更好地应用现代信息技术，实现不同领域的资源信息化、智能化，高效利用资源促进各行业的智能化、规范化运作。

正是在上述内容的必要性和紧迫性的要求下，我们构建了全书的框架，拟定了撰写思路。全书包含 12 章内容，分别为：绪论、智能信息服务系统的理论分析、智能信息服务系统中的多模态数据采集和知识表示、智能信息服务中的知识抽取和知识挖掘、智能信息服务中的知识存储、智能信息服务中的知识融合、智能信息服务中的知识推理、智能信息服务中的多媒体信息检索技术、智能信息服务中的信息推荐技术、智能信息服务中的知识问答系统、基于区块链的智能信息服务安全技术、智能信息服务系统构建实现与应用推广。

本书为国家自然科学基金面上项目"复杂时空变域信息级联预测与控制"（项目编号：72174087）、"个体调节定向与信息瀑布演进交互作用机制研究"（项目编号：71874082）的成果之一。本书由朱鹏、赵明生撰写，具体分工如下：朱鹏构建了全书及各章框架，并撰写了第 1 章、第 5 章、第 6 章、第 7 章、第 9 章、第 10 章、第 11 章和第 12 章，国家级教学名师赵明生教授撰写了第 2 章、第 3 章、第 4 章和第 8 章。南京理工大学情报学硕士研究生史云深、孙莹、赵崚冰、陈星宇、舒帆、谭哲瀚参加了实验平台软件设计，并参与了部分图表和参考文献的编辑工作，朱鹏、上海工程技术大学硕士研究生张静、南京理工大学博士研究生苗淳分别通读了全书，对全书进行了认真审阅、修改和补充，并完成了全书的统稿工作。

本书撰写过程中得到了南京大学孙建军教授、苏新宁教授、朱学芳教授的指导和无私帮助，在此对他们表示衷心的感谢。本书的出版得到了 2019 年度国家级一流本科专业——网络安全与执法专业建设项目的资助，得到了南京理工大学经济管理学院的大力支持。科学出版社的魏如萍编辑在本书的出版过程中付出了大量的辛勤劳动。本书参考了大量文献和资料，在此对相关作者一并表示感谢。

本书系智能系统与人机交互团队对国家自然科学基金面上项目及其前后 8 年多研究成果的总结，由于作者在理论方法、技术、系统及其应用研究等方面水平有限，书中存在不足之处在所难免，敬请读者不吝指正。

朱鹏

2023 年 5 月于南京理工大学

目　　录

第1章 绪 论

1.1 引 言

随着信息社会的发展，物联网、移动互联网、云计算等技术逐渐兴起，针对个人、家庭、集团用户的各种信息服务也层出不穷。如今的信息服务不仅仅局限于为用户提供有关资源和知识内容的信息，而且借助网络基础设施和现代信息技术，基于对用户及其需求的分析，开展有组织、有计划的综合性智能信息服务。

人类社会从最初的农业化阶段，经历了工业化和信息化的变革，正在向智能化时代迈进。传统的信息服务是被动地收集信息，等待用户的到来。发展中的智能信息服务不仅要进行信息技术的变革，更要强调服务由被动模式向主动模式的转变，树立以用户为中心的服务理念。智能信息服务主要是对获取到的用户原始数据信息进行存储分析，构建相关的用户需求模型，挖掘用户偏好和习惯，主动提供相关的智能信息服务。

党中央、国务院高度重视数字经济高质量发展，明确提出推动建设全国一体化的国家大数据中心，加快新型基础设施建设布局。本书从构建全国一体化大数据中心协同创新体系的政策背景和国内外研究现状出发，深度剖析了制约我国智能信息服务的瓶颈性问题，阐述了建设一体化智能信息服务创新体系的战略价值，指出利用尖端技术的最新进展，创建一个更加智能、互联和高效的数字化社会，造福于每个人，为我国全面推进信息化进程和社会主义现代化建设做出贡献，这具有较为重要的理论意义和深刻的历史意义。例如，智能交通系统的落地，能让我们的出行变得更加快捷、便利，同时也能解决交通拥堵导致的出行效率低等交通问题；图书馆智能信息服务平台的构建可以突破图书馆的空间限制，快速、方便、生动地为用户提供所需资源，节省人力与时间成本；智慧医疗的发展可以使医疗从普适化模式逐渐向个性化、精准化模式转变，大幅度提升患者的就医体验与效率，也减少人员接触，从而有效地降低人群聚集和交叉感染风险。

1.2　智能信息服务内涵

为了更好地理解智能信息服务的内涵，本节主要介绍信息服务和智能信息服务的相关概念。

1.2.1　信息服务的概念

智能信息服务是信息服务随着社会科学技术水平发展而变革的一种新型服务模式。因此本节先介绍关于信息服务的相关概念，不同学者对信息服务有着不同的定义。Nitti 等（2014）认为信息服务是指服务方对信息进行加工处理，形成系统性的信息服务产品，以某种服务方式提供给用户进行挑选使用。Wilson（1989）认为信息服务应该以用户为中心，信息服务方根据用户的使用需求，提供特定的信息服务产品，以满足各种用户不同的需求。Ferguson（2000）认为信息服务应以解决用户所面临的待解决问题为首要目标，但前提在于用户有待解决的问题并需要相关的信息产品服务。和 Wilson（1989）的概念相比，虽然服务者的出发点不同，前者根据用户需求提供信息服务，后者根据用户待解决的问题提供信息服务，但都是以用户为中心。Liu 和 Tong（2004）定义了互联网环境下的信息服务，是一种以信息服务人员为主导、以用户为中心、以现代信息技术为桥梁、以法律法规为保障的多元素集成服务模式。可以看出，虽然不同学者对信息服务的定义各有侧重，不完全相同，但都离不开信息服务人员、用户需求和服务方式这几个要素，因此本书基于信息服务的概念总结了信息服务包含的以下特点。

（1）信息服务是将信息资源和用户连接起来的桥梁。这里的信息资源除了信息本身以及它衍生的知识合集等，还泛指信息服务人员与信息服务设备等。信息服务可以将用户及其所需的信息资源完美匹配到一起。

（2）信息服务不仅要实现信息的接收与传递功能，还需要完成对信息的加工处理。信息服务需要按照用户的需求，利用一些方法或手段将原始信息进行加工、处理、整合后提供给用户，同时实现信息资源价值的增值。

（3）信息服务最终服务于用户，应该始终以满足用户需求为目标。随着用户需求的发展变化，信息服务也应拓展创新，由单向被动的信息服务模式变为主动多向的信息服务模式，始终以用户需求和用户态度为中心，贯彻以人为本的服务理念。

（4）信息服务包括实体的服务和虚拟的服务。实体的服务常用于传统的印刷类信息资源、实物商品等；虚拟的服务常应用于金融、信息技术行业（Vargo and Lusch，2004），依赖于一些信息技术来实现，这些服务通常具有可变性（Martin et al.，2020）。

（5）信息服务有助于信息资源价值的提升。信息服务可以建立信息与信息、信息与用户、用户与用户之间的关系网，有助于发挥信息本身所蕴含的价值。

与信息服务类似，智能信息服务也具有信息服务的大多数特征，因为它是信息服务通过现代信息技术实现的智能化服务。因此对信息服务的特征的分析有助于我们更好地了解智能信息服务的概念。

1.2.2 智能信息服务的概念

智能信息服务定义的异构性与信息服务定义的异构性非常相似。目前，我们可以总结三组主要的定义。

（1）智能信息服务被理解为认知服务，它通过使用人工智能技术和方法，将信息服务由被动转向主动的智能化服务模式，以实现能够以"智能"方式学习、改进和执行相关技术的解决方案。这些服务通常依赖于机器学习方法，并专注于支持学习、自我改进或优化功能，能够掌握（即认知）数据、流程、业务等的当前状态，并相应地采取行动。但其核心并非单纯的技术应用，而是在信息管理中体现智慧认知的过程，是在信息的采集、处理、分析、利用中实现智能化的过程。Wu（2021）认为数据的智能化要经历四个转化过程：①数据向信息的转化，数据在特定环境下的集合构成了信息；②信息的分析，主要是对信息的分割与重组；③知识的创造，知识可以从数据或信息中创造，也可以从已有的知识中提取；④知识的智能化，智能化是对知识的有效利用，使其可以服务于用户，满足用户的需求，这也是一个组织的核心竞争优势。

（2）智能信息服务被理解为适应性强、以用户为中心的服务。这些服务将用户作为最终结果的共同创造者和设计者，它能适应不同的用户需求，并灵活地应对不同的情景或需求的环境。钟义信（2012）将"智能"定义为针对特定的用户需求，对信息进行相应的处理以实现认知过程，为特定环境下的问题提供解决方案，而不是提供"一种适合所有人"的方法，并且提出了信息、知识和智能间的关系解释，他认为信息是最基本的资源，需要将信息提取为知识，知识根据特定用户的需求被激活而形成智能。

（3）智能信息服务是在工业4.0服务的背景下定义的，是基于实体世界和数字世界之间连接的IT服务。它们旨在通过充分整合工业4.0和新技术的发展，来提高和优化价值创造与经济效率。此外，智能信息服务以用户为中心，覆盖的范围超出了单个公司。它们通常是特定于行业的，并由数据、流程、价值链甚至业务模型的集成来促进。在技术方面，智能信息服务高度依赖于数据、集成系统和传感器的可用性。

当然，这三组定义有一些重叠。例如，在工业 4.0 的背景下，智能信息服务可以通过数据分析或机器学习方法实现，从而被理解为认知服务的智能服务。在某些情况下，智能信息服务也通过自动适应用户偏好、识别和支持用户需求的服务来实现。

1.3　智能信息服务外延

本节将对智能信息服务所延伸出的智能信息服务系统及其相似概念（如服务系统、网络物理系统）进行介绍。为了对相关概念做出更全面的定义，我们对相关的文献进行了系统性研究，重点是来自信息系统、服务科学和计算机科学领域的经过同行评议的文章。经过文献筛选后，对每篇文章中描述的定义的分析将在下面的内容中进行总结。为了使读者对这些定义的异同有一个全面的了解，首先对这些概念进行单独描述，然后再对它们进行比较。

1.3.1　服务系统的概念

据可查文献，服务系统的概念最早出现在 Spohrer 等（2007）的学术研究中，他们认为服务系统可以由服务提供者和服务客户在复杂的价值链或网络中合作从而共同创造价值。服务系统由人、技术、通过价值主张连接的内外部服务体系以及共享的信息组成，如个人、公司和国家。Maglio（2014）对 Spohrer 等（2007）的定义进行了补充：服务系统由人、技术、连接价值主张的内外部服务体系和共享信息（如语言、法律、措施和方法）共同创造的价值组成，如个人、城市、公司和国家，个人是服务系统的最小代表，而世界是最大代表。后来的大多数学者都采用了这个定义，尽管其他人的说法略有不同，但原则上保持对服务系统概念的统一。除了详细的定义，部分作者使用了较为简短的定义，不进行具体的描述。例如，Storbacka 等（2016）指出服务系统是一个由价值主张引导的共同创造价值的社会技术系统。

然而，部分作者偏离了这一常见的定义，提出了不同的定义。例如，Höckmayr和 Roth（2017）认为服务系统是由多个实体组成的，它们相互作用，共同创造价值。Alter（2008）参考了工作系统的定义，将服务系统定义为生产的产品或服务的工作系统，可能会涉及共同创造价值的协同合作，工作系统是指参与者或机器利用信息、技术和其他资源为客户创造产品和服务的系统。

综上所述，我们认为应该使用 Maglio（2014）根据 Spohrer 等（2007）补充的定义，因为它是最简洁、最常用的一个，因此本书对服务系统的定义为：由人、技术、连接价值主张的内外部服务体系和共享信息（如语言、法律、措施和方法）共同创造的价值组成的系统。

1.3.2　智能信息服务系统的概念

Barile 和 Polese（2010）将智能信息服务系统这一概念描述为包含自我管理能力的服务系统概念的扩展。Barile 和 Polese（2010）认为：智能信息服务系统可能是为了对信息进行智能交互管理而设计的服务系统，能够自我学习，不断改进配置，以执行能够及时满足所有参与者需求的持续性行为。

Maglio 和 Lim（2016）认为智能信息服务系统能够通过整合传感、驱动、协调、通信、控制等技术，实现自我检测、自我诊断、自我校正或自我控制等功能，通过自动化和自我管理系统，可以降低由人类造成的高成本和安全风险，可以改善其所提供的服务，甚至创造新的服务。

同样地，根据 Maglio 和 Lim（2016）所述，智能信息服务系统拥有学习能力，可以基于数据接收、传输、处理等方式推测未来情况，并通过集成的传感、驱动和通信技术动态地适应环境。此外，Maglio 和 Lim（2016）认为大数据分析有助于推动智能信息服务系统的创新，通过将人类知识和能力融入技术，以实现为人类提供有效服务的目标。他们还强调了这种系统的学习能力，以及对资源的优化使用，从而提高所提供的服务质量。

Beverungen 等（2019）指出，智能信息服务系统是服务系统，服务系统通过相关的智能产品，整合相关参与者的资源和活动，实现互利。

Li 等（2004）认为智能信息服务系统使用专门的技术或软件进行数据的集成监测、处理和管理。这些系统必须利用创新技术和设备，并使用智能管理方法来进行智能数据处理、个性化和自适应学习、控制环境参数等一系列活动，智能信息服务系统应该实现智能决策、智能知识传递和评估、智能协作等功能，为用户提供满足其需求的个性化服务。

通过总结与比较，我们认为 Kondratenko 等（2019）提出的定义是最详细、最全面的，包含了其他定义的大部分特征。因此，我们基于 Kondratenko 等（2019）的定义对智能信息服务系统进行了明确的界定：智能信息服务系统是一种服务性系统，能够基于接收、传输和处理的数据进行学习、动态适应环境并进行决策，以改进其对未来情况的响应。该系统通过传感、驱动、协调、通信、控制等技术的集成，来实现自我检测、自我诊断、自我校正、自我监控、自我组织、自我学习和自我控制等功能来达到服务系统的智能化。

1.3.3　信息物理系统的概念

信息物理系统（cyber-physical system，CPS）的研究最早出现在电子学和计算机科学的学科中，后来扩展到其他领域，如信息系统（information system，IS）。因此，Wang 等（2022）将信息物理系统描述为使用信息技术对传统系统的扩展。Banerjee 等（2012）也提出了一个抽象的定义，将信息物理系统描述为使用来自物理环境的信息，进而影响物理环境的系统，此外，他们还列举了智能电网和无人机等例子。同样，Gölzer 等（2015）认为信息物理系统能够相互沟通、检测环境、解释数据，并对物理世界产生影响，他们还强调了信息物理系统的自我控制和自我优化能力。Gruettner 等（2017）将信息物理系统定义为人、机器和工业过程的智能网络，在产品组件中通过嵌入式传感器与生产设备通信。Bradley 和 Atkins（2012）指出信息物理系统是基于物理的接口和数字世界的模型，并强调了将物理模型和计算模型集成的好处。

Burmester 等（2012）给出了一个正式的定义，将信息物理系统描述为由若干网络组件组成的有限状态系统，部分是网络状态，而部分是物理状态。Akkaya 等（2016）认为信息物理系统具有复杂性、异质性和多学科性质，但没有使用明确的定义。此外，也有一些文章使用了信息物理系统这个术语，但既没有描述也没有定义它，只是举例其应用，如智能电网、机器通信和数据中心等。然而，大多数作者都将信息物理系统描述为网络计算和物理过程的结合，通过对二者之间相互影响的观察和控制，系统可以实现各种功能并达成预期目标。

Böhmann 等（2014）首先搭建了信息物理系统通往服务系统的桥梁，并解释了信息物理系统提供的数据和自动化能力的可用性有助于服务系统的创新。van Lier（2018）也结合了信息物理系统和服务系统的概念，提出信息物理系统是通过全球网络连接实体和网络元素的服务系统。Ribeiro 和 Björkman（2017）强调了此类系统的智能化，并将信息物理系统定义为由数字虚拟或网络技术、软件和物理组件组成的智能系统，并通过信息和物理接口与其他系统进行智能交互。Wan 等（2013）认为信息物理系统具有紧密集成、动态重组和高度自动化等特征。此外，Devadasan 等（2013）提出了适用于智能协同服务的信息物理系统，并描述了其主要的优点和面临的挑战。

综上所述，我们总结了大多数学者的定义，提出关于信息物理系统的定义：信息物理系统是一个智能系统，通过使用传感器和执行器的影响和控制，连接物理和网络世界。

1.3.4 总结与分析

文献综述表明，服务系统、智能信息服务系统和信息物理系统的概念并不是统一定义的，它们之间的区别也并不总是明确的。虽然大多数作者都认同服务系统，但智能信息服务系统和信息物理系统的定义并不明确。我们通过应用开放编码方法对这三个概念进行区分，概念的属性将被分别编码，将具有相似特征的代码聚类在一起。最终，我们确定了服务系统、智能信息服务系统和信息物理系统三个概念共有的五类属性。表 1-1 描述了五个确定的类别：组件、属性、动作、结构和边界，每个类别对应的概念都有一组相应的代码，这些代码来自所分析的文章的不同视图，是这五个类别中最常见的代表。这些代码在本书的定义中也经常被提到，且在概念的定义上非常清晰，特别是在服务系统和智能信息服务系统的概念中。例如，服务系统和智能信息服务系统都包括人员和技术，而在服务系统中，信息这个词很常见，在智能信息服务系统中经常提到数据；信息物理系统由提供计算能力的网络部件、收集数据的传感器以及执行器组成；这三个概念都强调组件之间的交互，同时也强调与环境的交互。

表1-1 （智能信息）服务系统和信息物理系统的概念化

类别	服务系统	智能信息服务系统	信息物理系统
组件	信息，人员，技术	数据，人员，技术	网络部件，传感器，执行器
属性	互动，动态，自适应	互动，适应性，学习，决策	交互，智能，分布式
动作	价值创造	传感，控制	传感，控制
结构	复杂的，以人为本	复杂的，以自我为中心	复杂的，以数据为中心
边界	开放，动态	开放，动态	开放，部分动态

对这三个概念的文献分析表明，服务系统可以理解为社会技术系统，信息物理系统虽然被称为服务系统，但更常被描述为技术系统，因此，它属于社会技术范畴，从而也属于服务系统。此外，智能信息服务系统也是一种特殊类型的服务系统。分析还表明，信息是服务系统的一个关键组成部分，服务系统对信息的需求量是巨大的，数据对智能信息服务系统而言也是如此。信息物理系统可以对数

据进行收集，并进一步将数据处理为信息，通过丰富信息物理系统的连接能力，可以满足（智能信息）服务系统对信息/数据的需求。因此，服务系统、智能信息服务系统和信息物理系统是紧密相连的，具有相似的特征。此外，服务系统和智能信息服务系统可以动态变化，而信息物理系统的物理部分是固定的，但网络部分的组成部分可以动态变化。

（智能信息）服务系统和信息物理系统的概念已经在不同学科的类似背景研究中反复出现，这些概念有着相似的方面和特征，为了准确地定义、寻找异同，我们进行了全面的文献研究，揭示了一些定义不一致的情况，特别是对于智能信息服务系统和信息物理系统的概念。我们从文献中寻找出合适的定义，并将它们融合成一个抽象化的概念，这些定义和概念可以帮助研究人员理解术语及其关系。

1.4　智能信息服务发展前景

在社会发展中，信息服务的智能化可以促使产业结构调整升级，推进新型农业、先进制造业和现代服务业发展，提高传统产业的服务能力和生产效率，优化经济结构，实现新的社会资源配置，实现工业创新、高新技术产业创新、协同创新和管理创新，创造新的经济增长点。因此智能信息服务被应用于各个产业中，如农业（Chen and Liu，2021）、交通和图书馆（Yang et al.，2004）等方面的服务系统和平台。

智能信息服务作为一种创新型服务模式，在未来的发展中必定会面临各方面的挑战，本节总结了以下几种具体挑战。

（1）以用户为中心。虽然用户导向原则上是任何服务模式的核心特征，但智能信息服务需要一种全新的、深入了解用户需求的方法。为了更好地为用户提供智能信息服务，仅仅了解服务中所面临的技术挑战是不够的，更重要的是要详细了解服务流程以及个人的需求、经验和偏好。

（2）结合环境系统的思考。要了解市场和用户的情况，以及自身的服务提供，有必要结合环境进行系统性的思考。例如，智能信息服务过程要密切和环境联系起来，各阶段环环相扣，为用户提供完整的个性化服务。

（3）短周期创新。为了在智能信息服务方面取得成功，有必要将用户需求转化为新的服务，并以高频率将其引入市场，这要求用户尽早参与，并尽早测试新服务，同时反馈有哪些是不感兴趣的服务。这意味着服务开发最初仅限于核心功能和用户感兴趣的那些服务被引入市场。之后，在初步市场经验的基础上，逐步扩大功能和服务的范围。

（4）市场发布的重要性。就像用户导向一样，成功管理市场发布的能力对任何公司来讲都是一个优势。然而，在智能信息服务领域，市场发布中有两个特点值得注意。首先，企业往往以最快的速度引入智能服务，市场发布发生在产品开发生命周期的非常早期阶段，这可能涉及不恰当的最小可行服务思维。其次，由于智能信息服务模式的数字化本质，它往往必须依赖新的（数字）营销和分销形式，以保证盈利。总的来说，智能信息服务的使用和向数字化商业模式的转变具有很大的潜力和很好的盈利前景，但同时也给企业带来了一些巨大的挑战。

为了更好地抓住机遇、应对挑战，智能信息服务的未来发展中必须要注意市场需求和技术发展这两个因素的影响。一方面，市场需求决定了解决方案的形成；另一方面，技术发展决定了创新方案的实现边界限制。因此，市场需求和技术发展可以视为服务和产品背后的两大创新力量，它们代表了需要发展的水平，以便能够提供高质量的可行解决方案。产品和服务的演变可以在多个领域见证，这是由各种推动市场的力量形成的，特别是在服务业的背景下，越来越短的创新周期已经成为发展过程的特征。在这越来越短的演变周期中，用户不再仅仅参与到最终服务的消费中，他们还扮演着服务共同创造者和设计者的角色，用户的需求成为首选项、优先级。与此同时，技术发展决定了服务和产品的实施程度限制，但也激发了创新的实施方案。如今技术的发展，如无处不在的访问、远程和分布式云存储以及基于分布式组件的应用程序，直接影响了服务的实现方法。在智能信息服务的情境下，数据可用性和丰富性以及数据分析和人工智能（artificial intelligence，AI）技术，在推动智能信息服务的开发和形成特定功能方面起到了决定性的作用。

当然，市场需求和技术发展并不是促进创新服务出现的唯一因素。支持采用创新方案的合适环境也同样重要。在智能信息服务的背景下，这种环境是由工业4.0倡议提供的，该倡议最初是由德国政府的高科技战略创造的，旨在促进制造业的数字化转型。工业 4.0 最初专注于通过适应性和高度灵活的生产流程来提供定制个性化的解决方案，这些都是通过引入自我优化、自我配置和自我诊断等方法来实现的，从而导致了认知和智能决策的产生。

参 考 文 献

钟义信. 2012. 人工智能的突破与科学方法的创新[J]. 模式识别与人工智能，25（3）：456-461.

Akkaya I, Derler P, Emoto S, et al. 2016. Systems engineering for industrial cyber physical systems using aspects[J]. Proceedings of the IEEE, 104（5）: 997-1012.

Alter S. 2008.Service system fundamentals: Work system, value chain, and life cycle[J]. IBM Systems Journal, 47（1）: 71-85.

Banerjee A, Venkatasubramanian K K, Mukherjee T, et al. 2012. Ensuring safety, security, and sustainability of mission-critical cyber physical systems[J]. Proceedings of the IEEE, 100（1）: 283-299.

Barile S, Polese F. 2010. Smart service systems and viable service systems: Applying systems theory to service science[J]. Service Science, 2（1/2）: 21-40.

Beverungen D, Müller O, Matzner M, et al. 2019. Conceptualizing smart service systems[J]. Electronic Markets, 29（1）: 7-18.

Böhmann T, Leimeister J M, Möslein K. 2014. Service systems engineering[J]. Business & Information Systems Engineering, 6（2）: 73-79.

Bradley J M, Atkins E M. 2012. Toward continuous state space regulation of coupled cyber physical systems[J]. Proceedings of the IEEE, 100（1）: 60-74.

Burmester M, Magkos E, Chrissikopoulos V. 2012. Modeling security in cyber-physical systems[J]. International Journal of Critical Infrastructure Protection, 5（3/4）: 118-126.

Chen A P S, Liu C W. 2021. Intelligent commerce facilitates education technology: The platform and chatbot for the Taiwan agriculture service[J]. International Journal of e-Education, e-Business, e-Management and e-Learning, 11（1）: 1-10.

Devadasan P, Zhong H, Nof S Y. 2013. Collaborative intelligence in knowledge based service planning[J]. Expert Systems with Applications, 40(17): 6778-6787.

Eugen P, Petruţ D. 2018. Exploring the new era of cybersecurity governance[J]. Ovidius University Annals, Economic Sciences Series, 18（1）: 358-363.

Ferguson C. 2000. "Shaking the conceptual foundations," too: Integrating research and technology support for the next generation of information service[J]. College & Research Libraries, 61（4）: 300-311.

Gölzer P, Cato P, Amberg M. 2015. Data processing requirements of industry 4.0 - use cases for big data applications[C]//European Conference on Information Systems（ECIS）: 61.

Gruettner A, Richter J, Basten D. 2017. Explaining the role of service-oriented architecture for cyber-physical systems by establishing logical links[C]//European Conference on Information Systems, Guimarães: 1853-1868.

Höckmayr B, Roth A.2017. Design of a method for service systems engineering in the digital age[J]. International Conference on Interaction Sciences, 10: 174-180.

Kempson E. 1986. Information for self-reliance and self-determination: The role of community information services[J]. IFLA Journal, 12（3）: 182-191.

Kondratenko Y, Kondratenko G, Sidenko I, et al. 2019.Intelligent information system for investment in uncertainty[C]//IEEE International Conference on Intelligent Data Acquisition and Advanced

Computing Systems：Technology and Applications（IDAACS），Metz，1：216-221.

Li W，Feng Z，Li Y，et al. 2004. Ontology based intelligent information retrieval system[C]//Canadian Conference on Electrical and Computer Engineering 2004 (IEEE Cat. No. 04CH37513), Niagara Falls, 1: 373-376.

Liu S H，Tong X.2004. Information service model in the network environment[J]. Information Science, 22（12）: 1444-1447.

Maglio P P. 2014. Editorial column—smart service systems[J]. Service Science, 6（1）: i-ii.

Maglio P P，Lim C H. 2016. Innovation and big data in smart service systems[J]. Journal of Innovation Management, 4(1): 11-21.

Martin D，Kühl N，Maleshkova M.2020. Grasping the Terminology：Smart Services，Smart Service Systems，and Cyber-Physical Systems[M]//Maleshkova M，Kühl N，Jussen P. Smart Service Management. Cham：Springer：7-21.

Medina-Borja A. 2015. Editorial column—smart things as service providers：A call for convergence of disciplines to build a research agenda for the service systems of the future[J]. Service Science, 7（1）: ii-v.

Monostori L，Kádár B，Bauernhansl T，et al. 2016. Cyber-physical systems in manufacturing[J]. CIRP Annals, 65（2）: 621-641.

Nitti M, Atzori L，Cvijikj I P. 2014. Friendship selection in the social internet of things: Challenges and possible strategies[J]. IEEE Internet of Things Journal, 2(3): 240-247.

Ribeiro L, Björkman M. 2017. Transitioning from standard automation solutions to cyber-physical production systems: An assessment of critical conceptual and technical challenges[J]. IEEE Systems Journal, 12(4): 3816-3827.

Ribeiro-Vaz I，Silva A M，Costa Santos C，et al. 2016. How to promote adverse drug reaction reports using information systems - a systematic review and meta-analysis[J]. BMC Medical Informatics and Decision Making, 16（1）: 1-10.

Spohrer J, Maglio P P, Bailey J, et al. 2007. Steps toward a science of service systems[J]. Computer, 40（1）: 71-77.

Storbacka K, Brodie R J, Böhmann T, et al. 2016. Actor engagement as a microfoundation for value co-creation[J]. Journal of Business Research, 69(8):3008-3017.

van Lier B. 2018. Cyber-physical systems of systems and complexity science: The whole is more than the sum of individual and autonomous cyber-physical systems[J]. Cybernetics and Systems, 49(7/8): 539-566.

Vargo S L，Lusch R F. 2004. The four service marketing myths[J]. Journal of Service Research,6（4）: 324-335.

Wan J F，Chen M，Xia F，et al. 2013. From machine-to-machine communications towards cyber-physical systems[J]. Computer Science and Information Systems，10（3）: 1105-1128.

Wang H，Hauser C，Garcia L. 2022. AutoCPS：Control software dataset generation for semantic reverse engineering[C]//2022 IEEE Security and Privacy Workshops, San Francisco: 236-242.

Wilson T. 1989. Towards an information management curriculum[J]. Journal of Information Science, 15（4/5）: 203-209.

Wu J. 2021. Research on information intelligentization of industrial industry based on ERP environment[C]//2021 International Conference on Wireless Communications and Smart Grid （ICWCSG）, Hangzhou: 517-521.

Yang Q, You X Y, Jiang X H. 2004. Research and design of a digital library knowledge service system based on intelligent information processing[J]. Computer Engineering and Science, 26（10）: 11-14.

Zhang J Q, Xu Z J, Wang Y M. 2010. An intelligent traffic information service system based on agent and GIS-T[C]//2010 International Conference on Mechanic Automation and Control Engineering, Wuhan: 2791-2794.

第 2 章　智能信息服务系统的理论分析

智能信息服务的应用离不开智能信息服务系统的设计，要设计良好的智能信息服务系统，需要以严谨的需求分析和正确的结构设计为基础。本章主要介绍智能信息服务系统的需求分析与架构设计，为智能信息服务系统的构建打下坚实的理论基础。

2.1　智能信息服务系统的需求分析

智能信息服务满足用户需求是软件系统赖以生存和发展的基础，在开发智能信息服务系统前进行用户的需求分析是智能信息服务系统构建成功的关键。智能信息服务系统的需求分析主要是发掘用户对智能信息服务系统的要求和期望，包括系统用户分析、系统功能需求和系统性能需求等（Brooks et al.，1986）。

2.1.1　系统用户分析

智能信息服务系统的对象主体为社会基层人员，兼有决策者及部分科研人员。其用户主要有三类，第一类用户为社会基层人员，主要为信息员，他们主要通过智能信息服务系统获取实用和感兴趣的信息，并进行信息传递。由于这类用户的教育程度和计算机水平不一，构建智能信息服务系统时，要注重系统的交互性，方便用户及时获取信息，并开通专家答疑专栏，对他们的问题进行及时解答。第二类用户为决策者。他们主要通过访问智能信息服务系统获取宏观的信息及现状，并以此来辅助决策，因此系统主要为这类用户提供综合数据及统计分析，并形成直观的图表。第三类用户为相关科研人员。这类用户主要是根据各自的科研实际，访问智能信息服务系统来获取实际信息，与第二类用户有部分相似性，此类用户的计算机水平较高，系统可以分配给他们较多的权限，方便他们访问系统并帮助系统进行完善。由于不同用户对系统的需求有所不同，因此我们构建智能信息服务系统时，在注重突出主体的情况下，也要注意保持全面性，尽量满足不同用户的信息需求。

2.1.2　系统功能需求

1. 信息服务功能

智能信息服务系统需要有较好的信息服务功能，这是智能信息服务系统构建的根本。智能信息服务系统要打破信息孤岛和信息壁垒，为各类用户提供良好的信息服务。系统要能够提供标准化的信息资源和规范化的数据，实现数据的融合和快速访问，设计交互式访问方式，实现全方位、多渠道的信息服务。

2. 多媒体服务功能

智能信息服务系统需具备多媒体服务功能，能提供信息类文本、图形、图像、声音、动画及视频等多种方式的服务。具体表现在：需具备信息媒体的多样性；具有多媒体的交互性，允许用户与系统进行交互操作，为用户提供更加有效地控制和使用信息的手段；具有集成性，系统可以综合处理多种信息媒体，运用多媒体手段为用户提供服务。

3. 信息检索功能

信息检索功能泛指信息的存储、组织及检索等过程，便于用户从庞杂的信息中精确寻找出自身所需的信息。智能信息服务系统需具备良好的信息检索和信息采集功能，能将非结构化的信息从大量的网页中抽取出来保存到智能信息服务系统数据库中。系统能采集、检索各类信息，并根据用户的需求整理存放到特定的数据库中，方便用户访问。信息检索功能可以保证信息的准确、新颖、全面。

4. 信息推荐、推送功能

智能信息服务系统需具备信息推荐、推送功能。为了方便用户从海量的网络信息中获取有效的、感兴趣的信息资源，系统需提供信息推荐、推送功能。系统应具备一定的数据挖掘能力，能够根据用户的特征或喜好进行用户画像的个性化定制，并根据用户画像对数据库中的信息进行检索匹配，能将合适的信息推荐、推送给合适的用户。

5. 系统管理功能

智能信息服务系统需要具备完整的系统管理功能。不论是管理员还是专家用户或普通用户，都能对智能信息服务系统相应的信息具有各自的管理权限，包含用户管理、信息服务系统管理、信息检索管理、信息推荐/推送管理、数据分析及专家答疑管理等（Zantout and Marir，1999）。

2.1.3 系统性能需求

1. 实用性

构建智能信息服务系统要体现实用性性能，系统要满足用户对信息的需求，信息的发布共享要实用、方便，充分考虑用户的特点和具体需求，满足他们的实际需要（Krishnamurthy and Zeid，2004）。

2. 稳定性

智能信息服务系统是基于 Web 运行的系统，服务面涉及各类人员，因此将会具有非常多的用户，这些都要求我们构建系统时要充分考虑系统的稳定性（Yi et al.，2020）。我们认为系统的稳定性主要体现在两个方面：第一，智能信息服务系统要支持海量用户的并发点击访问；第二，系统具有一定的故障自动恢复能力，能保证系统的正常运行。

3. 适用性

系统的适用性包括两方面：一是用户适用性；二是系统运行适用性。用户适用性方面，智能信息服务系统将会面对不同的用户，他们的计算机水平和信息分析能力不一，而且他们使用的个人计算机（personal computer，PC）的性能差别也会比较大，因此我们开发智能信息服务系统要注意适应用户，兼顾用户的水平和 PC 性能（Aparicio et al.，2018）。系统运行适用性方面，主要是开发智能信息服务系统要考虑跨平台的特性，拟采用 Java 开发工具，使系统支持在 Windows、UNIX 和 Linux 上正常运行，智能信息服务系统是基于浏览器/服务器（browser/server，B/S）架构的，构建系统时还要保证系统适应各类浏览器，以方便用户访问。

4. 安全性

智能信息服务系统的安全性是系统正常运行的关键。要保证用户正常地获取信息服务，我们必须使智能信息服务系统具有较高的安全性。智能信息服务系统的安全性主要包括系统数据安全和系统用户的安全（Jiang et al., 2016）。主要表现在构建数据库系统时要使系统具有数据信息保密和安全传输的功能、数据库系统能及时备份、在出现问题时能恢复数据。要保护用户信息，注重用户信息的保密，设计严密的系统认证体系，构建较为强大的抗攻击功能。

2.2   智能信息服务系统构建的可行性分析

智能信息服务系统构建的可行性分析主要是指在需求分析的基础上，确定构建智能信息服务系统所需要的社会、经济和技术条件，分析构建系统的可行性，为智能信息服务系统的构建提供科学的依据。

2.2.1   社会可行性

随着计算机和信息技术的发展，信息成为重要的资源，构成了社会信息化的物质基础。为了从庞杂的信息中找到自己所需的信息，如今的人们非常需要信息服务，这说明智能信息服务系统是非常必要的。我国政府当前非常重视信息化和智能化建设，各级领导和主管部门均认识到构建智能信息服务系统的重要性，大力支持智能信息服务系统的开发与建设。这些都说明了构建智能信息服务系统具有了社会可行性，且智能信息服务系统能方便用户及时获取信息资源，辅助用户做出决策，促进社会的稳定与和谐发展（Ackerman, 2000）。

2.2.2   经济可行性

经济可行性分析是系统构建可行性分析的重要内容。我们主要从分析预期开发费用和运行维护费用及预期经济效益方面进行阐述。

1）预期开发费用和运行维护费用分析

智能信息服务系统开发的网络要求是能够接入互联网（Karimanzira et al.,

2021），硬件要求普通的微型计算机就可以胜任，软件要求主要采用免费、自由共享的软件，基本就可以实现开发。

2）预期经济效益分析

系统建成后能为用户提供各类信息服务，使用户获取最新的政策制定情况、经济信息和文化教育及培训信息，能在一定程度上促进我国的经济和文化发展，有利于推进我国社会主义现代化建设的进程。系统还能在一定程度上显示用户关注的问题，为中央和地方各级政府部门制定相关政策提供信息。这些充分说明系统构建完成后能产生较好的经济效益。

上述两点说明了智能信息服务系统构建具备经济可行性。

2.2.3　技术可行性

计算机技术、信息技术的迅速发展，使各种网络应用成为可能。智能信息服务系统也是网络应用的一种，主要是利用网络为用户提供信息服务，涉及系统的开发、访问及信息的推送技术。这些技术都已经比较成熟，如 Java、结构化查询语言（structured query language，SQL）及 Tomcat 等可以为系统开发提供技术服务，IE、Opera 等浏览器可以为系统的网络访问提供支持，人工智能、大数据等技术的不断创新也为手机信息的智能信息服务系统提供了智能化的决策支撑。服务器系统可以为多用户的并发访问请求提供技术支持（Shaw et al.，2002）。同时，日益增加的网络带宽也促进了智能信息服务系统信息服务能力的提高。这些都说明了开发智能信息服务系统的技术条件已经具备（Treceño-Fernández et al.，2020）。

2.3　智能信息服务系统定位与设计原则

本节将介绍智能信息服务系统的定位与设计原则，设计原则将会从实用性、易用性、可靠性、先进性、开放性、安全性、易管理维护性、可扩展性八个方面来进行阐述。

2.3.1　智能信息服务系统定位

智能信息服务系统定位为一个面向全国用户的智能化信息服务系统，服务对象主体为社会基层人员，兼有部分决策者及科研人员。系统主要针对用户需求，利用现代信息技术手段，为其提供通用的或个性化的信息服务。

系统主要在互联网上运行，使用户能够方便地访问系统。系统采用最新的网络开发技术，建成一个集信息资源管理、用户权限管理、信息检索、多媒体服务及信息推送为一体的自动化系统，其中部分核心组件可支持二次开发以及其他系统接入，方便了系统的升级与维护。系统具有良好的沟通、协调和控制能力，能较好地实现项目管理、文档自动化（主要包括文档信息资源的管理、查询、流转等功能模块，实现信息资源的检索、采集、审批、加密、存储等整个过程的自动化）、信息服务和个性化信息推送等目标。

2.3.2　智能信息服务系统设计原则

本节在分析用户对智能信息服务系统需求的基础上，结合系统开发的软件设计要求，对智能信息服务系统设计原则进行归纳总结。

1）实用性原则

系统要满足各类用户对各类信息的需求，信息的发布共享要实用、方便，信息检索、存储及推送都要考虑用户的实际需要，系统必须以实用为基础。

2）易用性原则

智能信息服务系统的服务对象是各类用户，在设计原则上应该从用户出发，减少他们使用系统的学习成本，能够让各类用户快速上手。因此系统的界面设计应该简洁大方，操作应尽量简单化，在必要的地方有明显的图案标志或者文字指引，使用户能够明确理解各个按钮的实际作用（Alshamari，2016）。因为系统采用 B/S 架构，所以就要求系统在页面展示上尽量减少浏览器的横向移动，让用户能够直接在一页显示屏中获取系统的全部信息。

3）可靠性原则

智能信息服务系统的服务器及网络设备应具有长期重负荷稳定运行和相对较强的抗干扰能力，尽量采用成熟且通用的技术与产品。在系统设计和软硬件选配时尽量进行简化及优化，对系统关键部分做适当的冗余（磁盘阵列），供电系统应稳定而不间断，注意配置质量较高且匹配的不间断电源（uninterruptible power system，UPS）设备。

4）先进性原则

智能信息服务系统的基础结构要立足于目前相关领域国际先进的技术和标准，以发展的眼光选用具有代表性和先进性的技术，建成技术先进、性能优良、功能齐全、运行可靠的智能信息服务系统。

5）开放性原则

智能信息服务系统的设计与开发过程要坚持开放性原则，采用通用的国际、国家标准，使不同厂商的软、硬件产品能融为一体，为系统开发提供良好的开放平台。遵循通用的企业应用集成（enterprise application integration，EAI）标准（Jarke et al.，2014），保证各应用子模块都可以访问主数据库。子系统之间可通过应用程序接口实现无缝连接，并且对后期可能加入的子系统预留开放性接口。

6）安全性原则

智能信息服务系统必须符合多重保护、多层次实现、多个安全单元以及动态发展等安全性策略。在服务器方案和部署设计上，应体现出较为完整的网内安全隔离和网间互联安全保护等原则（Ward and Hirst，1997）。在设备及软件的选型配置上，应对其所具备的安全技术和保护能力等加以充分考虑，形成安全系统机制，并提供有效的备份应急措施，为进行严格的信息安全管理提供技术保障。

7）易管理维护性原则

智能信息服务系统应支持先进、有效的管理策略，提供良好的管理工具或手段，应能够监测服务器各种设备的工作情况，并在安全和系统故障方面进行预警，提交日志和分析报告，及时发现故障点，为平衡负载、优化服务、排除故障提供手段和依据（Han et al.，2021）。

8）可扩展性原则

智能信息服务系统应具有可扩展性，在未来某个时段能够扩展为独立的、可靠的系统，并为其他系统提供连接接口（Shaw et al.，2002），并且智能信息服务系统应能够根据实际需求发生的变化，对流程与模块进行相应的增减与调整。

参 考 文 献

Ackerman M S. 2000. The intellectual challenge of CSCW：The gap between social requirements and technical feasibility[J]. Human–Computer Interaction，15（2/3）：179-203.

Alshamari M. 2016. Usability factors assessment in health information system[J]. Intelligent

Information Management，8（6）：170-180.

Aparicio F，Morales-Botello M L，Rubio M，et al. 2018. Perceptions of the use of intelligent information access systems in university level active learning activities among teachers of biomedical subjects[J]. International Journal of Medical Informatics，112：21-33.

Brooks H M，Daniels P J，Belkin N J. 1986. Research on information interaction and intelligent information provision mechanisms[J]. Journal of Information Science，12（1/2）：37-44.

Han Y Q，Lei Y Y，Bao Z M，et al. 2021. Research and implementation of mobile internet management optimization and intelligent information system based on smart decision[J]. Computational Intelligence and Neuroscience：1-12.

Jarke M，Jeusfeld M，Quix C. 2014. Data-centric intelligent information integration—from concepts to automation[J]. Journal of Intelligent Information Systems，43（3）：437-462.

Jiang P，Winkley J，Zhao C，et al. 2016. An intelligent information forwarder for healthcare big data systems with distributed wearable sensors[J]. IEEE Systems Journal，10（3）：1147-1159.

Karimanzira D，Na C，Hong M，et al. 2021. Intelligent information management in aquaponics to increase mutual benefits[J]. Intelligent Information Management，13（1）：50-69.

Krishnamurthy S，Zeid I. 2004. Distributed and intelligent information access in manufacturing enterprises through mobile devices[J]. Journal of Intelligent Manufacturing，15（2）：175-186.

Shaw N G，Mian A，Yadav S B. 2002. A comprehensive agent-based architecture for intelligent information retrieval in a distributed heterogeneous environment[J]. Decision Support Systems，32（4）：401-415.

Treceño-Fernández D，Calabia-del-Campo J，Bote-Lorenzo M L，et al. 2020. Integration of an intelligent tutoring system in a magnetic resonance simulator for education：Technical feasibility and user experience[J]. Computer Methods and Programs in Biomedicine，195：105634.

Ward N J，Hirst S. 1997. In-vehicle intelligent information technologies as safety benefit systems：Consideration of philosophy and function[J]. Behaviour & Information Technology，16（2）：88-97.

Yi Y X，Zhang Z F，Yang L T，et al. 2020. Reemergence modeling of intelligent information diffusion in heterogeneous social networks：The dynamics perspective[J]. IEEE Transactions on Network Science and Engineering，8（2）：828-840.

Zantout H，Marir F. 1999. Document management systems from current capabilities towards intelligent information retrieval：An overview[J]. International Journal of Information Management，19（6）：471-484.

第3章 智能信息服务系统中的多模态数据采集和知识表示

3.1 智能信息服务系统的多模态数据概述

伴随不同类型的数据收集仪器和方法、技术的不断发展进步，以及与社会发展对应的不同信息源的不断出现，当前关于一个现象或系统的相关信息能通过不同的收集方法与收集角度获得同一收集对象的不同维度信息，即多模态数据信息。由于一个研究现象的系统过程以及该过程所处环境的内生复杂性，尤其在大数据背景下，很少有单一的获取方法与获取角度能够对某个研究现象进行完整的了解，通过使用不同收集方法与收集角度获取的同一研究对象而构建的多模态数据集进行分析已经成为当前数据分析利用的重要手段。

多模态数据分析的关键是"多模态数据融合"，即集成多个数据源以产生比任何单个数据源提供的信息更一致、准确和有用的信息的过程。关于数据融合的理论研究早在20世纪就开始被学术界讨论，对多个数据集的数据融合分析随即成为学术界研究的热点，并且在20世纪70年代左右多组典型相关分析（canonical correlation analysis，CCA）、并行因子分析（parallel factor analysis，PARAFAC）和其他张量分解算法提出后，迎来了数据融合研究的重大理论突破。但在2016年以前，数据融合主要局限于心理测量学和化学计量学等学科使用，随着信息技术的发展进步，越来越多的行业步入"数据时代"，有关同一现象的不同数据集的可获性不断增加，逐步迎来了多模态数据融合分析的发展应用，使其突破了2016年以前较小的应用学科范畴，转而被社会各界用于多模态数据分析。许多多视图、多关系和多模态数据的收集、分析和利用直接影响到商业、社会、生物医学、环境和军事等诸多领域。对于智能服务而言，通过多模态数据的收集与分析，可以获得关于服务对象的情境和问题的全局领域视角。基于这种全信息视角，能够识别服务对象处境中的跨模式与跨时间的通用问题元素，同时辨识问题中的独特信息要素，从而协助服务对象做出相关信息决策。通过进一步从问题数据中提取与服务相匹配的知识信息，帮助服务对象更好地理解问题，进一步辅助其解决问题。

当使用多种仪器、测量设备或采集技术观察现象或系统设置时，每个采集框架被表示为一个模态，并且与对应的一个数据集相关联。在整个设置当中，其中一个人可以访问从多个模态获得的数据，被称为多模态。因此，多模态的一个关键特性是互补性，从某种意义上说，每种模态都会为整体的数据分析带来某种类型的附加值，而这些附加值是无法通过单一的任何其他模态数据推断或获得的。在数学上，这种附加值被称为多样性，多样性允许通过增强唯一性、可解释性、鲁棒性等约束来减少系统中的自由度。简而言之，在多模态中，多样性是一种特性，它允许以单一模态无法实现的方式增强数据分析结果的用途、优势和实际映射能力。在这个过程中，数据融合则是对多个数据集的分析，使不同的数据集可以交互互补，以实现对数据集中知识信息的彻底抽取，由于在实际的数据分析应用中，每组数据通常来自多个收集源，这些收集源可分为携带有价值信息的收集源和不携带有价值信息的收集源，在特定的背景下即为噪声或干扰。考虑测量空间中的一个点 X，其数据分析即可近似为

$$X = f(z) \tag{3-1}$$

式中，$z = \{z_1, z_2, \cdots, z_v\}$ 为潜变量空间中点的集合，这些可以是数据信号、参数或任何其他有助于观察 X 的元素；f 表示相应的潜在转换，即研究现象的内生过程。上述近似模型也可以看作在给定 X 的情况下获得尽可能精确的 z 和 f 的估计。在绝大多数情况下，式（3-1）的具体实现方法可以写为

$$X = \sum_{r=1}^{R} a_r b_r^{\mathrm{T}} = AB^{\mathrm{T}} = (AT^{-1})(TB^{\mathrm{T}}) \tag{3-2}$$

式中，$X \in \mathbb{R}^{I \times J}$ 为测量空间矩阵；$A \in \mathbb{R}^{I \times R}$ 与 $B \in \mathbb{R}^{J \times R}$ 为数据变换矩阵，R 为矩阵的列维度，矩阵 A 和 B 第 r 列的列向量分别为 $a_r = [a_{1r}, \cdots, a_{Ir}]^{\mathrm{T}}$ 与 $b_r = [b_{1r}, \cdots, b_{Jr}]^{\mathrm{T}}$；$T$ 为相应的单位对角阵。式（3-2）提供了 B 矩阵列向量的 I 元线性组合，同理也是 A 矩阵行向量的 J 元线性组合，即在数据表示矩阵 X 中，为 B 矩阵表示提供 I 倍多样性，为 A 矩阵表示提供 J 倍多样性。基于式（3-2）的奇异值分解（singular value decomposition，SVD）和特征值分解（eigen value decomposition，EVD）等矩阵分解通过对底层矩阵施加正交性和对奇异值或特征值施加不等式来实现对数据分析模型假设的约束，以更好地表示数据的自然属性。除此之外，对于满足独立同分布高斯过程的多个数据集可以利用独立向量分析（independent vector analysis，IVA）（图 3-1）和二阶统计（second-order statistics，SOS）进行多模态数据分析，IVA 算法本身由于卷积混合（矩阵 $A^{(m)}$ 表示第 m 个数据对象的卷积矩阵），

以实现第 m 个数据对象的初始表示向量 $X^{(m)}$（其中每个向量元素为 $x_i^{(m)}, i \in [1, I]$，I 为对应的向量维度）到最终表示向量 $S^{(m)}$（元素 $s_i^{(m)}$ 与 $x_i^{(m)}$ 同理）的转变，目前已经广泛用于功能性磁共振成像（functional magnetic resonance imaging，FMRI）数据分析、多个脑成像的多模态融合和时间动态变化分析中。

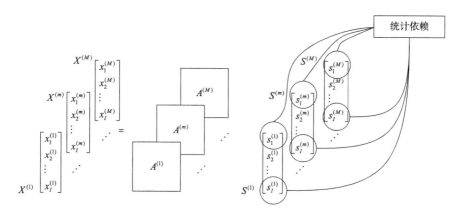

图 3-1　IVA 模型示例

利用对角矩阵的张量分解而构建的 PARAFAC，在所有数据集具有相同的大小并共享相同的分解类型时，张量分解可以视为一种融合和联合分析多个观察数据的方法而逐渐被应用于多模态数据融合分析中。整体而言，多模态数据分析的关键是正确定义数据集之间的链接，以扩展和加强数据分析的独特性和可识别性，超越单个数据集分析所获得的非完整信息，通过多模态数据融合获得单个数据集分析难以获得的分析对象全场景范围的独特性。在 PARAFAC 中，数据融合矩阵共享某些内生的数据特征因素，而在 IVA 中，每个数据融合矩阵都有与模态对应的内生参数，并且通过某些变量之间的统计相关性来建立多模态的联系。这些方法通过数据融合矩阵可以很容易地以多种方式进行微调和修改，通过参数调整来提供算法的灵活性，以更好地适应各种实际生活数据并满足不同实际分析的需求多样性。

虽然人类通常能够根据传递的上下文或他们的个人经验猜测未知数据的含义，但智能服务需要正式的方法和明确的世界模型，这两者都很难完成，需要精心制作的技术和大量的额外努力，而多模态数据能从数据层面提供对于一个对象的"全信息"。因此，智能信息服务系统对于多模态数据的收集处理是智能信息服务的起点。在多模态数据中，不同的模态数据由于句法异质性构成了各种数据格式和供应方法，并且不同模态信息存在封闭孤岛和专有格式存储问题，通过自定义接口和隐式不透明的依赖项进行交换。某种程度上，该问题可以通过基于 JavaScript 对象表示法（JavaScript object notation，JSON）的数据交换得到解决，并且采用 JSON 会降低对开发人员、技术堆栈和维护人员的工作要求。同时，多模态数据收集分析中，识别和传达数据实体的语义也是一大难点，受控词汇表是一种实现共同理解的轻量级方法，通常应用于不同的领域或行业；另一种方法是使用分类法，它以部分或子类关系的形式增加了更深入的层次结构，从而提供更多的知识，相关成功案例有 eCl@ss1 和用于特定领域标识符的国际电工委员会（International Electrotechnical Commission，IEC）通用数据字典（IEC common data dictionary，IEC CDD）。由于多模态数据中本体和基于逻辑的词汇表提供了更形式化的数据结构和机器可解释的逻辑，因此有效地安排多模态数据中命名实体的识别、实体链接以及关系抽取对于相关的多模态数据收集分析至关重要。

3.2　智能信息服务系统的多模态信息处理

3.2.1　智能信息服务系统的多模态命名实体识别

命名实体识别（named-entity recognition，NER）[也称为（命名）实体识别、实体分块和实体提取]是信息提取的一个子任务，旨在将非结构化文本中提到的命名实体定位和分类为预先定义的类别，如人、名称、组织、地点、医疗代码、时间表达、数量、货币价值、百分比等。对于多模态数据而言，由于对一个研究对象将会收集与其相关的多个模态的信息，必然存在结构化与非结构化、文本与非文本数据，因此多模态数据的收集无法绕开命名实体识别。

"命名实体"中的"命名"意味着任务的范围被限定在那些由一个或多个字符串（如单词或短语）相对一致地代表某个特定所指对象的实体上。这个表述实际上参考了 Kripke（1971）对刚性指示符的定义。需要注意的是，命名实体识别不仅涉及处理哲学文本上的"刚性"名称和所指对象，还包括许多非"刚性"名称。例如，亨利·福特在 1903 年创建的汽车公司可以称为福特或福特汽车公司，尽管"福特"也可以指代许多其他实体，如一个人叫"福特"。刚性指示符通常涵盖专有名称、特定生物物种和物质的术语等，但不包括代词（如"它"）、基于属性描述来确定所指对象的表达方式，以及表示事物类别而非特定个体的名称（如"银行"）。

完整的命名实体识别通常在概念上或可能在具体实现中被分解为两个不同的问题：名称的检测，以及根据它们所指的实体类型（如人、组织或位置）对名称进行分类。第一阶段通常被简化为一个分段问题：名称被定义为连续且没有嵌套的标记跨度，因此"人民公园"是一个单一名称，虽然该名称中的子字符串"人民"本身就是一个名称，总的来说，这个分割问题在形式上类似于分块；第二阶段需要选择一个本体来正确组织和划分事物的类别。

在命名实体识别任务的上下文中，时间表达式和一些数字表达式（如金钱、百分比等）也可以视为命名实体。虽然这些类型的一些实例是刚性指示符的有效实例（如 2021 年），但也有许多无效的实例（如我在"六月"休假）。在第一种情况下，2021 年是指公历的 2021 年；在第二种情况下，六月可能指的是未定义年份的月份（过去的六月、次年的六月、每年的六月等）。出于实际原因，在这种情况下，命名实体的定义被放宽是有争议的。因此，术语命名实体的定义并不严格，通常必须在使用它的上下文中进行解释。

通过众学者的研究，目前已经创建了使用基于语言语法的技术以及统计模型（如机器学习）的命名实体识别系统，手工制作的基于语法的系统通常会获得更好的精度，但代价是较低的召回率和较大的计算工作量，统计命名实体识别系统通常需要大量手动注释的训练数据，也有些使用半监督方法来避免部分注释工作。整体来看，命名实体识别的技术大致分为三个主流：基于规则的方法、基于学习的方法和混合方法。

1. 基于规则的方法

早期的系统通常基于手工制定的规则（Nadeau and Sekine，2007），这些系统包括使用信息列表（如地名词典）以及基于句法词汇模式的规则来识别和分类命名实体。基于规则的命名实体识别系统被认为是较高效的，因为它们利用了语言相关知识的属性（Shaalan，2010），通过采用特定领域的特征来获得足够的准确性。然而，这些系统的一些限制是它们非常昂贵、特定于某一领域且不可移植，此外，这些系统需要在特定领域具有语言方面的专业知识以及编程技能的专家来进行开发。除此之外，基于规则的系统不能跨域转移。因此，这种为一个领域制作的系统不能移植到其他领域，导致研究人员的兴趣转移到了基于机器学习的方法上。

2. 基于学习的方法

机器学习是指自动学习复杂模式或序列标记算法的学科，这些算法进一步对数据做出有效决策。基于学习的方法可以分为以下四种。

（1）基于监督学习的方法，主要提供包含正例和负例的标记训练数据，构建与示例相关联的自适应特征，通过使用这些特征并从数据中识别潜在相似信息，选择合适的学习算法来区分正例和负例。受监督的命名实体识别和分类（named entity recognition，NERC）系统框架图如图 3-2 所示。训练数据是监督学习算法的先决条件，它们是命名实体的标记实例，由领域专家手动注释，因此这项任务耗时且劳动强度大，然后使用标记数据来训练学习模型，该模型进一步用于从未注释或测试数据中识别和分类命名实体。

图 3-2　NERC 系统框架图

（2）基于监督学习的命名实体识别系统，特征的选择对于系统性能至关重要。特征是计算模型中文本对象的特性和属性，在表示文本形式的多维方面起着重要作用，这些文本形式被学习算法进一步用于生成模型，该模型能够识别相似数据的模式，并对正例和负例进行分类。命名实体识别的特征空间主要分为三组，即列表查找特征、文档和语料库特征以及基于词的特征。列表查找特征基于语言资源，如词典、地名词典等，这些特征确定一个词是否属于这些资源中的任何一个；文档和语料库特征是基于文档结构和内容设计的；基于词的特征包括拼写、上下文和形态特征。学习算法的选择与特征选择同样重要。当前存在各种学习算法用于命名实体识别系统。这些系统的示例包括：基于隐马尔可夫模型（hidden Markov model，HMM）的系统（Wang et al.，2014）、基于支持向量机（support vector machine，SVM）的系统（Saha et al.，2010）、基于条件随机场（conditional random field，CRF）的系统（Majumder et al.，2012）、基于最大熵马尔可夫模型（maximum entropy Markov model，MEMM）的系统（Saha et al.，2009）、基于逻辑表达式的系统等。

（3）半监督学习是一种特殊的学习形式。由于传统分类器需要大量带注释的训练数据，而训练数据的注释是一项昂贵、困难且耗时的任务，因为它需要有经验的注释者人工手动标注。半监督学习旨在通过使用标记和未标记的语料库提出假设来解决这个问题，这些方法使用少量称为"种子"的训练示例来标记未标记的数据，然后将结果用于重新训练系统以生成更多标记的示例，这个过程会持续数次，以使学习决策得到细化。基于半监督模式的引导方法已用于从英语和泰米尔语数据中识别命名实体。在这种方法中，使用一小组带标签的训练数据来提取词和上下文特征，为每个命名实体类别定义一个五词窗口上下文模式，识别的模式用作种子模式，这些种子模式用于将实体识别与测试集匹配，两个参数用于决定生成新模式所需的修改，这些参数是模式评分和元组值评分，其中模式评分确定下一次迭代使用哪组模式，元组值评分给出哪一组元组对命名实体有贡献，并决定向左或向右移动，并屏蔽一个元组，该元组生成用于学习新上下文以识别命名实体的新模式。

（4）无监督学习是一种使用既不分类也不标记的信息的方法，这些方法纯粹使用未标记的数据来做出决定。无监督学习的目标是生成一个模型，该模型考虑数据的结构和分布特征，以对数据进行深入挖掘，其本质是学习数据中的统计规律或潜在结构。典型的无监督方法是基于聚类和关联规则的方法，基于聚类的方法使用分布统计方法通过利用上下文相似性从未标记的数据中提取命名实体；基于关联规则的方法涉及在大型数据库中的项目之间寻找关联。命名实体识别的无监督技术可以解决跨域和语言缺少带注释的文本的问题。

3. 混合方法

混合方法具有基于学习的方法和基于规则的方法的优点，它通过结合两种或多种机器学习技术或手工规则的结果来找到最终结果。目前已经引入了各种混合命名实体识别系统：使用 CRF 算法和后处理算法的混合来提取生物医学实体（Li et al.，2009）；中文命名实体识别系统是将 CRF、基于转换的学习和规则相结合（Liu et al.，2022）；分类器集成技术已被用于从印地语、孟加拉语和泰卢固语数据中提取命名实体（Ekbal and Saha，2011）；监督（线性 CRF）和无监督方法（基于集群的方法）的混合用于识别来自英文推文的实体（Liu and Zhou，2013）。除了这些命名实体识别系统外，当前已经有较为成熟的命名实体识别平台，其中包括：文本工程通用框架（general architecture for text engineering，GATE）支持开箱即用的跨多种语言和域的命名实体识别，可通过图形界面和 Java 应用程序编程接口（application programming interface，API）使用；OpenNLP 包括基于规则和统计的命名实体识别；spaCy 具有极快的处理速度，并且预置了词性标注、句法依存分析、命名实体识别等多个自然语言处理的必备模型。

3.2.2　智能信息服务系统的多模态实体链接

在对多模态数据进行命名实体识别之后，需要进行相关的实体链接，在自然语言处理中，实体链接（entity linking，EL），也称为命名实体链接（named-entity linking，NEL）、命名实体消歧（named-entity disambiguation，NED）、命名实体识别和消歧（named-entity recognition and disambiguation，NERD）或命名实体规范化（named-entity normalization，NEN），是为文本中提到的实体（如人名、地点或公司）分配唯一身份的任务。例如，给定句子"北京是中国的首都"，想法是确定"北京"指的是北京市，而不是指北京故宫或任何其他可以称为"北京"的实体。实体链接与命名实体识别不同，命名实体识别用于识别文本中命名实体的出现，但不识别它是哪个特定实体。对于同源异构的多模态数据而言，实体链接对相关的非结构化多模态数据收集与分析不可或缺。

在实体链接中，感兴趣的词（人名、地点和公司名称）从输入文本映射到目标知识库中对应的唯一实体。感兴趣的词称为命名实体（name entity，NE），目标知识库取决于预期的应用程序，但对于旨在处理开放域文本的实体链接系统，通常使用源自维基百科（如 Wikidata 或 DBpedia）的知识库。在这种情况下，每个单独的维基百科页面都被视为一个单独的实体，将命名实体映射到维基百科实体的实体链接技术也称为维基化。再次考虑例句"北京是中国的首都"，实体链接系统的预期输出将是北京和中国，统一资源定位符（uniform resource locator，URL）可用作知识库中实体的唯一统一资源标识符（uniform resource identifier，URI），使用不同的知识库将返回不同的 URI，但对于从维基百科开始构建的知识库，存在一对一的 URI 映射。在大多数情况下，知识库是手动构建的，但在大文本语料库可用的应用程序中，可以从可用文本中自动推断知识库，实体链接是将 Web 数据与知识库连接起来的关键步骤，这有利于标注 Web 上大量的原始数据和经常出现噪声的数据，并有助于实现语义网的愿景。

在过去的十年中，实体链接一直是工业界和学术界的热门话题。然而，截至目前，尽管人们提出了许多实体链接系统，但大多数现有挑战仍未得到解决。这些系统各有不同的优势和劣势。通常情况下，实体链接系统难以被明确定性地归类为特定类别，但它们都依赖于知识图谱，如从用于构建知识图谱的文本语料库中提取信息。从广义上讲，现代实体链接系统可以分为两类。

（1）基于文本的方法，从大型文本语料库中提取文本特征[例如，词频-逆文档频率（term frequency inverse document frequency，TF-IDF）、单词共现概率等]（Rao et al.，2013）。Cucerzan 在 2007 年的开创性工作中提出了最早出现在文献中的实体链接系统之一（Cucerzan，2007），并解决了维基化的任务，将文本命名实体链接到维基百科页面，该系统将页面划分为实体、消歧或列表页面，用于为每个实体分配类别，每个实体页面中存在的实体集用于构建实体的上下文，最后的实体链接步骤是通过比较从手工制作的特征和每个实体的上下文中获得的二元向量，来执行集体消歧。Cucerzan 的实体链接系统仍然被许多近期作品用作比较基准。

（2）基于图的方法，现代实体链接系统不仅仅局限于分析从输入文档或文本语料库生成的文本特征，而且利用大型知识图来提高链接的准确性和丰富性，如维基百科中创建的知识图。这些系统通过提取复杂的特征来处理问题。其中，提取的特征是基于知识图谱的拓扑结构，或者考虑实体之间多步连接的关系。这样的特征通常无法仅通过简单的文本分析获得，需要进行更加深入和复杂的处理。此外，创建基于自然语言处理的多语言实体链接系统本身比较困难，需要大型文本语料库（许多语言通常不存在）或手工编写的语法规则，这些规则在不同语言之间差异很大；另一种著名的实体链接方法是基于多模态实体链接和命名实体识别数据集的命名实体的准确在线消歧（accurate online disambiguation of named entities，AODNE），使用一系列复杂的图算法和一种贪心算法，该算法通过同时考虑上下文相似性和顶点重要性特征来识别密集子图的关联，以执行集体消歧（Hoffart et al.，2011）；也有图排名（或顶点排名）表示如 PageRank（PR）和超链接诱导主题搜索（hyperlink induced topic search，HITS）之类的算法，其目标是为每个顶点分配一个分数，以表示其在整个图中的相对重要性，通过使用 PageRank 在消歧图上执行集体实体链接，并了解哪些实体彼此之间的相关性更强，以实现更好的链接（Prajapati，2012）。

3.2.3　智能信息服务系统的多模态关系抽取

在多模态数据中，有众多的数据来自新闻文章、研究出版物、博客、问答论坛和社交媒体等形式生成的大量数字文本，在通过对文档数据集命名实体识别与实体链接后，需要使用自动提取信息的技术来提取隐藏的重要信息。提取的信息可用于改进隐藏在大型文本语料库中的知识的访问和管理，如问答、信息检索等多种应用程序将从这些信息中受益，这也直接影响到智能信息服务系统的功能。由于个人和组织等实体构成了信息的最基本单元，句子中实体的出现通常通过明确定义的关系联系起来，如句子中人与组织的出现可以通过"在""雇用"之类的关系联系起来。关系抽取（relationship extraction，RE）的任务就是自动识别此类关系，该概念在 1995 年第六届信息理解会议（The Sixth Message Understanding Conferences，MUC-6）期间首次提出（Ning and Shi，2020），RE 涉及实体间关系的识别，通常侧重于二元关系的抽取，如基因-疾病关系、蛋白质-蛋白质相互作用等。

当前关系抽取的方法也可分为如下三类。

1）基于监督学习的 RE 方法

监督学习的方法侧重于命名实体识别的关系抽取。这些方法需要标记数据，其中每对实体提取都用预定义的关系类型之一进行标记，一个特殊的关系类型 None 用于标记那些没有任何预定义关系类型的实体对。通常，RE 被表述为一个多分类问题，每个类对应于不同的关系类型（包括 None），这些方法大致分为两类：基于特征的方法和基于内核的方法。基于特征的方法的整体性能在很大程度上取决于所设计特征的有效性，基于内核的方法的主要优点是避免了这种显式的特征工程。在基于内核的方法中，核函数旨在计算两个关系实例的表示之间的相似性，并采用支持向量机进行分类。各种基于内核的 RE 系统为关系实例（如序列、句法分析树等）提出了不同的表示，大多数技术根据它们之间共享的子表示（子树）的数量来衡量任何两个表示（如树）之间的相似性。

基于监督学习的 RE 方法中出现的主要问题之一是类不平衡问题，产生这种问题是因为负实例（即没有关系的实体对）的数量大大超过了正实例（即具有任何一种预定义关系类型的实体对）的数量，这种类不平衡导致更高的精度和更低的召回率，因为分类器往往会过度生成 None 类。对于基于监督学习的 RE 方法来说，一旦设计了特征，基于特征的方法就可以简单地使用机器学习文献中的任何分类器，这些方法中的大部分工作都用于设计"正确"的特征集，获得这样的特征集需要仔细分析每个特征的贡献和潜在语言现象的知识。

2）基于半监督学习的 RE 方法

为 RE 生成标记数据是一项成本、精力和时间密集型任务，因此设计半监督技术背后的主要动机有两个：①减少创建标记数据所需的人工投入；②利用未标记的数据，这些数据通常无须投入太多精力即可轻松获得。本节通过以下两个算法介绍基于半监督学习的 RE 方法。

（1）主动学习（active learning，AL）。应用主动学习（Settles，2008）技术，可以减少创建标记数据所需的注释工作。主动学习的关键思想是允许学习算法请求获取一些选定的未标记实例的真实标签。通过已经提出的各种标准来选择这些实例，其目标是用很少的实例快速学习基本假设。主动学习的主要优势是通过极少数标记实例实现与监督方法相当的性能。该技术的代表性系统则是 Sun 和 Grishman（2012）提出的一种主动学习系统 LGCo-Testing，它基于联合训练设置中的一种 Co-testing 主动学习方法实现较优的算法性能。

（2）标签传播方法（label propagation method，LPM）。标签传播是由 Zhu 等（2009）提出的基于图的半监督方法，其中数据中标记和未标记的实例表示为图中的节点，边反映节点之间的相似性。在该方法中，任何节点的标签信息通过加权边迭代地传播到附近的节点，最后当传播过程收敛时，推断出未标记实例的标签。标签传播方法的主要优点之一是未标记实例的标签不仅由附近的标记实例决定，还由附近的未标记实例决定。该技术应用的代表则是 Chen 等（2006）将数据集中的每个实体对（即关系实例）表示为图中的一个节点，并将特征向量与其关联，特征向量由表征关系实例的各种特征组成，通过将特征向量视为特征的概率分布，使用詹森-香农（Jensen-Shannon，JS）散度来计算任意两个关系实例之间的距离。两个实例之间的相似性与这个距离成反比，该算法的精度可以在某种程度上优于 SVM 和 Bootstrapping。

3）基于无监督学习的 RE 方法

基于无监督学习的 RE 方法使用完全意义上的未标记数据，目前主要是基于聚类的无监督 RE 方法，该方法只需要一个命名实体识别标记器来识别文本中的命名实体，从而使系统能够专注于仅涉及这些命名实体的部分。该方法步骤如下。

（1）文本语料库中的命名实体被标记。

（2）形成共现命名实体对并记录它们的上下文。

（3）计算步骤（2）中识别的实体对之间的上下文相似度。

（4）使用上一步计算的相似度，对这些实体对进行聚类。

（5）由于这些集群中的每一个都代表一个关系，所以会自动为每个集群分配一个标签，描述它所代表的关系类型。

其中共现命名实体对和上下文是指如果两个命名实体之间最多有 N 个中间词，则称它们是共现的，形成所有这些共现命名实体的对，观察所有出现的特定命名实体对，并且记录所有的这样的命名实体对间的中间词语作为上下文，出现在第一个命名实体左侧的词和出现在第二个命名实体右侧的词不被视为上下文的一部分，这是这种方法的局限性之一，因为并非所有关系都是仅使用中间词来表达的，如组织（organization，ORG）的首席执行官（chief executive officer，CEO），每年公布财报。此外，命名实体的顺序也很重要，即（NE1，NE2）被认为与（NE2，NE1）不同，它们的上下文也被单独记录；上下文相似度计算：对于每个命名实体对，使用出现在其上下文中的所有词形成一个词向量，每个单词由 TF×IDF 加权，其中 TF 是单词在上下文中的频率，IDF 是逆文档频率，它与单词出现在其上下文中的命名实体对的数量成反比。两个命名实体对的上下文的相似度计算为它们的词向量之间的余弦相似度，因此相似度值从−1 到 1 不等，其中 1 表示两个命名实体对的上下文完全匹配并且命名实体以相同的顺序出现，相似度−1 表示命名实体对具有完全相同的上下文词，但它们中命名实体的顺序相反；聚类和标记：使用相似度值，命名实体对使用具有完整链接的层次聚类进行聚类，生成的集群也使用集群中所有命名实体对的上下文中的高频词自动标记。

3.3　智能信息服务系统的知识表示概述

1. 知识表示

为了从多模态数据中提炼出合适的知识信息，知识表示必定是智能信息服务的首选，知识表示是人工智能的一个领域，专注于设计计算机表示，以捕获有关世界的信息，可用于解决复杂问题。该技术的初衷是传统的程序代码不是用于解决复杂问题的最佳方式，通过知识表示的应用使复杂的软件比程序代码更容易定义和维护，并且可以在专家系统中使用。例如，智能信息服务为相关的服务客户提供有利于解决用户服务需求的智能信息，以多模态数据提供的背景上下文规则而不是与专家交谈获得的逻辑代码作为出发点，可以缩小用户和开发人员之间的语义鸿沟，并使智能信息服务系统的开发更加实用。当前，知识表示与自动推理齐头并进，因为明确表示知识的主要目的之一是能够对该知识进行推理、断言新知识等，几乎所有知识表示语言都有推理或推理引擎作为系统的一部分，该技术也进一步支持了智能信息服务对相关上下文背景自动做出决策和采取行动的服务功能。知识表示形式设计中的一个关键系统性能权衡是表达性和实用性之间的权衡。以系统的表达能力和数据紧凑性作为评价基准，知识表示的最终范式是数学上的一阶逻辑（first order logic，FOL）。然而，FOL 作为知识表示范式有两个缺点：不能或者很难表示复杂的语句以及不能记录推理过程中的变化，并且对许多软件开发人员来说，一阶逻辑可能很难实现。但是，即使不满足 FOL 的完整范式条件，一种表达语言仍然可以通过更实用的用户界面来提供与 FOL 范式表达语言集相同的表达能力，这对普通开发人员来说更为实用。并且在系统实现的实用性问题上，FOL 范式提供了很强的表现力，如果系统试图验证 FOL 创建的某些语句（如对无限集合进行量化），可能会导致对应的系统验证开销过大甚至无法完成。因此，FOL 的一个子集可以提供更容易使用并且更实用的知识表达，IF-THEN 规则则是一个代表性的例子。纵观大多数早期人工智能知识表示形式的历史，从数据库到语义网络，再到定理证明器和生产系统，都可以被视为关于是否强调表达能力或可计算性和效率的各种设计决策。

2. 知识本体

本体作为一种知识表示方法，知识本体是领域概念及概念之间关系的规范化描述，这种描述是规范的、明确的、形式化的、可共享的。"规范"意味着知识本体的描述和表示方式是按照一定的标准或规则进行构建和定义的。"明确"意味着所采用概念的类型和它们应用的约束实行明确的定义。"形式化"指知识本体是计算机可读的（即能被计算机处理）；"共享"反映知识本体应捕捉该领域中公认的知识，反映的是相关领域中公认的概念集，即知识本体针对的是团体而非个体的共识。知识本体的目标是捕获相关领域的知识，提供对该领域知识的共同理解，确定该领域内共同认可的词汇，并从不同层次的形式化模式上给出这些词汇和词汇间相互关系的明确定义。

概括而言，本体是基于自身对客观事物描述的需求，通过对客观事物共性的总结和提炼，形成的规范化、系统化的领域概念模型。Gruber（1993）所论述的概念为：本体是对事物所具有的概念或类、类的关系、类的属性等要素的明确、清晰的描述，体现了事物内外在的关系。这一描述是目前学术界比较认可的定义之一。本体的定义体现出了本体的四个重要的特点，即概念化、明确性、形式化和共享性。本体的概念化的内涵意为本体是表示各种客观存在的抽象模型，它并不描绘实体的具体形象，而是表达出一个抽象的本质概念；本体的明确性主要体现在对客观事物进行描述的过程中，利用自身严密的概念化表述优势和系统化的思想，准确地展示描述对象的特征；本体的形式化体现在本体使用特定的、严格规范化的、无歧义的语言进行描述，以达到明确、清晰的目的，所以体现出形式化的特点；本体的共享性则是指本体所描述和表达的知识信息是具有共享特性的，它能够被用户普遍认同并使用。

本体学习致力于实现本体的自动构建，能够解决构建过程中自动获取知识这一瓶颈，有助于挖掘更全面的领域概念以及概念之间的关系，提高本体构建的效率（Liu and Hu，2012）。

3.4　智能信息服务中常见的知识表示方法

3.4.1　智能信息服务中泛化的知识表示方法

在理想的情况下，智能信息服务系统将由作为输入的多模态数据指导，在服务用户的数据上下文下应该计划分析并执行一系列智能推理任务以产生所需的结果。为此，智能信息服务系统应具备执行所有步骤所需的知识，从接收指令到确定服务决策，再到使用系统中可用的数据内容执行所有必需的操作。将高层次知识映射至智能信息服务系统，以加深对世界的认知和理解，并灵活地执行智能信息服务。这些知识表示结合了多种信息，并具有一定的泛化能力，使其能够适应多维的知识表示应用环境。就知识表示而言，这些表示应该包括从人类可以理解的高级知识到低级特征的抽象。

知识可以被限制为一组称为本体的术语或语言，而本体的目的是定义一个概念和术语的范围，用于以人类可以理解的格式标记和描述智能信息服务的决策问题空间。对于智能信息服务中的高层次任务表示，由于知识表示自然地反映了本体中的行动方向和决策趋势，这强调了智能信息服务的可靠性、安全性和可用性。为了让智能信息服务有效地执行有关的信息任务，知识表示应该包含多维数据模态的概念或规则，同时允许扩展或学习新概念，并用逻辑和统计推理适当地定义对象、操作/技能和操作所需的状态，以便智能信息服务系统可以自己推理和执行决策。在表示决策方向时，不仅要考虑服务用户的多维数据上下文等细节，还应考虑决策方向背后的语义含义（即决策的执行究竟是什么、其执行后对上下文环境会造成什么后果等）。关于高级知识表示的示例，不得不提到 Ramirez-Amaro 等（2017）通过演示学习的方法，让机器人直接从演示中获取操作技能，这一过程被描述为从演示者到机器人的技能转移；在观察到技能演示后，机器人会模仿人类演示者的动作，最为重要的是这种"迁移学习"的意义不同于机器学习社区中的传统意义，他们可以将语义图创建为树，其中包含了执行三项具有挑战性的厨房任务所需的可迁移技能的知识。这些知识是直接从人类演示者那里提取的，它允许相关的模型系统执行模仿演示者操作物体所需的精确方法，这对于智能信息服务系统来说，可以通过参照已知的人类行为决策方向并结合相关的多维数据集构建更为合理的决策方向，进一步提供高效的信息服务和更低的决策成本，获得人类决策行为作为有序对用以训练推理引擎，这些基于 Prolog 的语义规则可用于理解其中的行为知识并在未来进行推理，同时这些属性也被应用于决策树分类器，以从新的决策行为演示中自动获取知识和规则。

由于智能信息服务中，不同服务对象的上线背景信息存在一定的共性，并且由于多模态数据信息带来了庞大、动态以及同质异构数据，相关的知识表示也存在同质异构的表示形式，同时由于智能信息服务系统的知识往往是模糊的和动态的，因此需要设计一种动态的知识推理方案，该方案可针对专家认知和思维等知识的变化进行调整，而 Petri 网不仅可以描绘关于系统结构和动态行为的基本知识，而且可以以直接的方式表示和分析并发和同步现象（如并发进化、并行推理）（Li et al.，2000），通过 Wu 等（2002）提出的一种模糊 Petri 网模型来解决具有制造资源约束的替代和优化操作计划，该模型可以表示作业计划选择知识，进而可以通过求解代数方程进行作业选择，得到求解 Petri 网的 T 不变量算法。这样就能避免传统信息服务系统中的状态爆炸问题。由于智能信息服务中存在同质异构多模态数据信息，并且在前面通过命名实体识别，实体链接可以构建对应的对象数据集，而对象是结合了陈述性知识和程序性知识的实体，属性、实体、关系和程序代码可以与每个对象相关联，一个对象的知识被封装在系统的其他部分，因此每个对象都是一个独立的软件构建块，可以在许多不同的系统中使用而无须更改程序代码。因此，面向对象的知识表示系统对于智能信息服务而言也具有一定的合理性，面向对象的方法本质上是一种混合知识表示模型，它将对象数据与对这些数据进行操作的特定程序组合成一个对象，对象还结合了数据和程序代码。程序不是将知识传递给过程，而是向对象发送消息以执行已嵌入其中的过程。然后，相同的消息可以传输到许多不同的对象，然而，每个对象可能以不同的方式进行知识表示的实现。当前，存在使用基于面向对象的产品系列建模框架的案例研究来解决单一生产中拓扑的主要变化的实例，该方法可以缩短产品定制的提前期；也存在面向对象的数据模型作为流程规划知识的例子，该例子通过提供加工过程实体及其关系、特征、机器和工具的描述进行相关的知识表示的构建。然而，这些方法依赖于预定义的制造过程，并且这些过程通常由专家手动构建，因此，这些方法缺乏灵活性。

除了上述信息服务任务的高层次表示，为了表达其中的知识，智能信息服务系统的知识表示也可以基于认知架构进行构建，认知架构是一种试图解释人类认知背后的心理学理论以及对认知和行为至关重要的过程、机制和模块的模型。基于不同的认知理论，研究者已经提出并广泛研究了许多架构，包括自适应思维控制（adaptive control of thought-rational，ACT-R）认知架构、状态操作符和结果（state operator and result，SOAR）模型、在线采用规则归纳的连接主义学习（connectionist learning with adoptive rule induction on-line，CLARION）模型（Sun et al.，2001）和执行-过程互动控制（executive- process interactive control，EPIC）模型（Kieras and Meyer，1997）等。每种架构在知识获取、表示、保留（通过长期和短期记忆）以及在其内部认知结构中传播的方式上都各不相同，因为它们都遵循各自的底层认知理论；然而，尽管存在差异，但它们都旨在回答人类认知行为如何运作的问题，如同智能信息服务系统的知识表示一样，认知架构基于认知理论将思想、感知、推理和行动的核心组件模块化，并将它们相互连接起来。通常，认知架构强调如何保留知识并将其用作长期或短期记忆，其中长期记忆可以指概念（目标或实体环境的描述），而短期记忆指的是这样的概念：一旦通过智能信息系统的多模态数据分析识别它们的论点，这些概念和技能中的每一个都会被学习、保留和激活。综合认知和情感推理与统一系统（integrated cognitive and affective reasoning and unified system，ICARUS）（Langley and Choi，2006）等架构已被用于说明如何通过在整个环境中导航或通过与人类互动来学习技能和概念。同时，它们也可用于阐述学习对象实例的识别和位置等概念。这些技能（即提供自动决策方向）是作为长期组件学习的，可以与其他技能结合使用，以在复杂的信息环境中提供智能信息服务。总而言之，认知架构不仅旨在为机器人提供履行其职责所必需的知识，而且最终的目标是探索我们作为人类的认知是如何工作的，因为保留对经验的记忆对于学习语义和符号概念以及解决问题的推理至关重要。

3.4.2　智能信息服务中特殊的知识表示方法

与3.4.1节中较为泛化的知识表示方法相比，还有其他工具可用于智能信息服务系统执行类似人类决策的操作和活动。为了创建理想的知识表示，这种表示必须足够全面，以将高级知识与低级特征/属性联系起来；这些模型可以组合在一起，以整合它们的优势并创建适用于智能信息服务系统的知识表示。目前学术界广泛研究了几种可用于表示不同类型知识的模型，这些知识不仅限于推理或识别视频类型线索，还包括对象之间的关联，如对象-动作-效果关系、实例分类器、行为方向标识符等。

具有代表性的则是使用概率模型作为知识基础的学习方法，这些方法假设智能信息服务系统的世界及其可能执行的决策动作不是离散的，而是本质上不确定的。换句话说，智能信息服务系统的世界受到可能性和不确定性的影响，而这些可能性通常以基于模型的概率形式来表示和捕获。因此，这些模型可基于智能信息服务系统理解自身行为对环境的影响，用以识别活动所需的知识。虽然这些模型是机器学习算法的例子，但它们适合学习高级概念和推理规则。

贝叶斯网络（Bayesian network，BN）是有向无环图形模型，如图 3-3 所示，其节点可以表示实体或概念，边表示这些节点之间的概率依赖性，此外，还表示它们之间可能附带的影响流，网络中的每个节点代表一个条件概率分布，其中概率以贝叶斯规则为基础。如果智能信息服务系统中有一个未知变量，假设智能信息服务系统知道其他变量，这可以使用贝叶斯概率方程来找到未知的概率或变量。这些变量通常是离散的，在应用于智能信息服务系统时反映了在设置或环境中观察到的现象；节点通常用于表示属性或对象的可观察变量。简单来说，一旦存在一个变量到另一个变量之间的路径实例，就可以说存在影响流，因为一个节点依赖于另一个节点；但是，如果没有路径连接两个节点，在数学符号中，假设这些节点变量是 N_1 和 N_2，没有父节点（表示为 $\varnothing$），则写成：$(N_1 \perp N_2)|\varnothing$。更确切地说，这种独立性最好被理解为条件独立性。条件独立性假设两个或更多节点遵循局部马尔可夫假设，其中一个变量被假定为在给定其父节点的情况下独立于其非子节点的节点。一对变量之间存在边表示它们之间存在相关性或依赖关系，而相似的一对变量之间不存在边则表示它们是完全独立的。正是由于这种影响流，BN 非常适合对已知观察现象中的未观察因素进行推断。当前贝叶斯网络广泛用于捕捉动作，进行人类动作学习，考虑到智能信息服务系统能提供对于决策行为的拟定，贝叶斯网络因此也具有一定的应用价值，即把其中的动作捕捉映射成对应的人类决策动作过程，在捕捉此类决策动作过程的效果时，将向智能信息服务系统展示可观察的决策动作过程和决策效果，以了解它们之间的关系，而这些关系可以通过示范学习来教授，它可以分为两个子类别：轨迹级学习和符号级学习。其中，轨迹级学习是一种低级表示方法，旨在轨迹级别上泛化运动，并对动作行为过程（决策行为过程）或任务空间中的现象运动（决策过程中事物环境因素的变动）进行编码；而符号级学习则着眼于高级表示，侧重于背后的含义、活动学习的技能，即智能信息服务系统与服务用户的数据上下文交互用于学习新的决策模型或技能，或者学习与它们进行的现象分析或处理问题现象的技能、特定事物现象发展的特征以及执行决策时产生的效果相关的新属性。智能信息服务系统与其环境的交互用于学习新的决策行为动机因素或技能（轨迹水平），或者学习特定

状况出现时的正确决策方向过程，即通过决策解决对应的问题状况（符号级）。为了实现智能信息服务系统知识表示中的贝叶斯网络，通过拟定对应的知识表示子系统可以使用基本的、预编程的决策行为技能（即是否做出某种行动）来了解对应的事物特征与特征之间的关系，并使用行为技能控制器对相关环境的经验和探索进行调整。

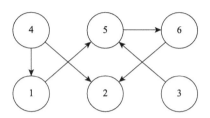

图 3-3　BN 简单示例

马尔可夫随机场（Markov random field，MRF）或马尔可夫网络（Markov network，MN）的概率图方法与贝叶斯网络不同，它们在图的边上存在明显差异，如图 3-4 所示：这些结构中不存在有向边。在一个马尔可夫网络中可以完全捕获循环依赖，这意味着连接的节点对具有相等的信息流影响。与 BN 一样，马尔可夫网络也可以应用局部马尔可夫假设来表示条件独立性。然而，MRF 中的每个变量不一定遵循概率分布，相反，使用因子参数化马尔可夫网络，这些因子是表示每个数据集的关系函数（即所有节点都相互连接的节点子集），把这些因素组合在一起时，就可以表示图的整个状态并构成一个分布。这些模型可用于表示给定数据中存在的现象，特别是用于表示一些不一定不可逆的状态转换现象。

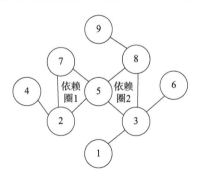

图 3-4　马尔可夫网络简单示例

同时，马尔可夫网络可以进一步专门用于特定目的和功能。条件随机场（conditional random field，CRF）（Lafferty et al.，2001）是马尔可夫模型的另一个实例，是编码条件分布的马尔可夫网络的特殊实例，如图 3-5 所示。给定一组观察变量 X（表示数据或测量值）和目标变量 Y（表示状态），CRF 对基于 X 的

分布进行建模,即 $P(Y|X)$。CRF 分布的定义不会仅仅考虑可观察变量的因素(或派系)(即给定的 C_i 不能仅包含 X 中的变量),CRF 通常用于建模序列数据的预测,其中可观察变量代表了用于预测特定结果的概念,这些概念是目标变量。

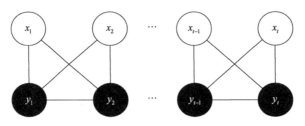

图 3-5　CRF 简单示例

马尔可夫逻辑网络(Markov logic network,MLN)(Richardson and Domingos, 2006)使用马尔可夫模型的结构与一阶逻辑语句或谓词相结合,这些语句或谓词描述了世界的状态以及存在于其中的对象和实体的状态,这些逻辑语句由四部分组成:常量、变量、函数和谓词,每个节点都标有一阶逻辑语句以描述概率场景,并为它们分配权重以反映它们处于活动状态的可能性,基于单个一阶逻辑语句的 MLN 与一阶语句的常规用法不同:如果一个语句或条件不为真,则在 MLN 中,意味着它在那种情况下为真的概率很低,而不是被分配为零概率。通过马尔可夫网络,可以用知识表示系统专注于学习概念之间的依赖关系,而不是贝叶斯网络中固有的因果关系,这有助于从演示中学习并识别未来的行动或活动案例,这对于学习新概念、协助使用服务客户的多模态数据来提供智能信息服务的功能具有重大意义。

作为马尔可夫网络活动识别的一个例子,研究者使用 CRF 来执行操作的对象分类和动作识别,同时对物体和操作进行分类,背后的推理来自:①物体的视点顺序和手的遮挡表明发生的动作类型;②物体的特征表明手的形状可以抓住它,并使用阶乘条件随机场(factorial conditional random field, FCRF)来映射对象特征和可能的动作类型之间的这种双向关系。FCRF 具有映射数据级别(在观察中发现的特征)和标签级别(对象类型和属性及其与动作的相关性)之间关系的优势,从而有效地捕捉手和对象的关联。对于不断产生多模态数据的系统服务环境,可以利用数据来准确指示特定信息事件,从而引导知识表示系统模块学习有关该事件的决策行为方向。这有助于实现真正的智能行为决策,进一步提高系统性能。对于多模态数据中的文本数据来说,FCRF 使用文本数据进行知识表示的效果也明显优于使用纯基于图片外观的描述符来识别某些信息事务或活动。

同时 MRF 也可以用来描述某个场景中信息活动和对象之间存在的关系,这对于多模态数据环境的智能信息服务系统来说依然有利用价值。通过将视频数据分割到获得子活动事件的点，以此提取一个 MRF，其中节点表示对象和观察它们的子活动，边缘表示：①信息事件的发生与其分割出的子活动关系（即某个信息事件发生的可能性取决于它所涉及的子活动）；②信息事件的发生与其环境的关系（即可以根据周围环境活动发生的可能性推断某个事件发生的可能性）；③子活动随时间变化（即构成单个活动的子活动流）；④可能性随时间变化（即信息事件发生的可能性可以根据它们所涉及的子活动随时间变化）。有一个研究实例证实了该知识表示方法的可用性，Koppula 等（2013）使用该模型来识别康奈尔活动数据集（Cornell activity dataset，CDA）收集的视频中发生的人类行为活动，并研究了如何使用 CRF 预测人类行为，以确保知识表示系统在特定情况下做出安全决策反应；也有一种特殊的 CRF，称为预期时间 CRF（anticipatory temporal CRF，ATCRF）（Koppula and Saxena，2016），可以在识别特定动作类型的对象可能性后构建，并且可以有效地描述随着时间的推移可能采取的运动和子活动所有可能的发生轨迹与经过。从这些应用体来看，MLN 使用一阶逻辑语句对推理是有效的；利用这种逻辑表达式，MLN 能有效地代表智能信息服务对知识表示世界的系统编码，因此可以将 MLN 视为一个知识库，因为这些逻辑语句可用于根据智能信息服务系统的多模态数据进行推理和得出结论。例如，通过基于事件发生的可能性进行对应事件的活动识别，我们可以利用马尔可夫逻辑网络形式的知识库来推断与活动相关的对象出现的可能性。这些活动是由视频中人类演示者的姿势所暗示的，通过人类演示者的姿势来预测给定场景中发生的对象和动作来做顺序相反的事情。这需要在收集大量关于可用对象和可能性作为特征的信息后才能完成，但不需要为每种类型的可检测活动训练多个基于对象的任务分类器。像这样的 MLN 可以与其他组件一起用于活动识别，以预测智能信息服务环境上下文中某些类型的信息事件的发生发展并在特定的信息事件发生时采取合适的决策行为。虽然当做出某些存在不确定性的决定时，通过使用贝叶斯网络进行的统计推理，相应的知识表示过程更加可靠，因为"经验"可以通过概率反映，但这种概率分布可能会根据智能信息服务系统能使用的多模态数据的可用性而发生改变。

3.4.3　智能信息服务中语义图知识表示方法

语义网络是一种图形结构，以相互连接的节点和弧线的形式表示知识，它反映了人类联想记忆的心理。通用语义网络是一种可以表示知识并支持自动推理系统的声明性图形表示。因此，图也可以用于表示信息，由此可以进一步以图的形式显示知识，并且人类也可以直观地进行解释和验证。如前所述，概率模型也可以用图形表示并成为出色的推理工具。对于概率图形模型，边将某些变量的可能性描述为导致其他变量发生变化的节点，但是，在本节中，将参考另一个称为语义图的图子集，其节点和边描述了在多模态数据中观察到的实体之间的语义概念和细节。例如，空间概念可以通过语义图来描述，其中节点可以描述场景中的对象，边描述对象之间在位置方面的共性或上下文关系（一个对象可能持有另一个对象、一个对象可能在另一个物体的顶部等）；一些图还体现了时间关系，其中两个或多个特定事件按时间相关（如一个事件必须在另一个事件之前发生）。基本上，这些网络根据智能信息服务的需要可用于压缩信息事务的细节并捕获其中的某些关系。

　　智能信息服务系统知识表示的一个主要问题是学习信息事务活动的发生发展以促进知识向智能信息服务系统的转移。对信息事务活动的发生发展识别和理解的一个主要组成部分是利用多模态数据对正在进行的活动或动作进行预测或决策干涉。知识提取主要通过处理基于对应信息事务的多模态数据或通过解释来自机器或人类决策行为演示者演示的传感器数据来完成，光感应之类的技术用于识别事物的运动模式，然后识别其中的运动类型或基元。这些元素可以用作推理的上下文线索。纵观以前的工作，它们都侧重于使用视频模态数据来理解正在发生的活动，以识别它所暗示的可能的活动和结果，特别是预测将在某个时间发生的下一个动作或动作序列。目前，对于基于视觉线索和时空相关性的对象如何相互使用问题，语义图已被用于表示信息事务发生的可能性。其中，分割技术可以应用于图像以识别具有图特征模态数据中的研究对象，这些分段的"补丁"可用于标记语义图中的节点，以在分割后创建语义图，其重点是理解多模态数据环境中研究对象和相关环境等之间的关系，并概括图语义网络以表示研究对象和数据中识别的特征等这些信息事务的未来实例。这种方法可以归类为无监督学习，因为没有明确指示知识表示对象是什么；相反，对象仅基于矩阵中的操作进行编码，其称为语义事件链（semantic event chains，SEC），这些结构用于捕获段关系（即时间信息）中的变化，然后通过删除活动中的任何冗余来概括这些转换，用于识别类似的信息事务，并将对象的空间关系描述为每个矩阵条目中的非接触、重叠、接触或不存在以及连接图像片段的边缘；也可以使用分割将数据信息场景分成"斑点"（类似于上述的"补丁"，并根据研究对象在多模态数据中的情况将它们聚类为语义图）（Sridhar et al.，2008），以进行信息事务发生可能性的检测，其中的语义图被称为活动图，它描述了单个视频模态数据中的空间（对象是断开的、在周围区域中找到的还是接触的）和时间（对象相对于情节事件的相对时间）关系的结构，以此来表示其中的知识信息。同时，语义图也可以以技能的形式用于决策任务执行，其中包含可以被智能信息服务系统用于决策操作的知识，在这些结构中，节点代表对象和决策动作类型，通过采用一种学习信息事务对象发生可能性的方法，从而以这种方式表示与信息事务相关的知识。这类知识表示方法受到 Petri 网络的启发（Petri and Reisig，2008）。虽然 Petri 网最初用于说明化学反应，但它已被证明适用于其他领域，如机器人和装配。Petri 网是具有两种类型节点的网络：位置节点和过渡节点，位置节点表示对象或实体的状态，过渡节点表示导致状态变化的事件或动作，与 Petri 网相关的状态变化术语是触发转换。通常，要触发转换，所有涉及的信息事务发生的节点都必须存在，因此必须强制执行隐式排序的决策操作和行为；Petri 网也可以表示并发智能信息服务系统的决策动作和信息事务数据资源共享，事件的隐式排序允许它们过滤掉永远不会发生或应该避免的特定决策执行计划。当前，上下文无关文法也是构建或表示语义图或结构的有效方式，因为它们保证了完整性、效率和正确性。上下文无关文法使用定义在称为字母表的有限集中的自己的符号（称为终端）来定义将语义结构和子结构创建为字符串的规则，当替换称为非终结符的变量符号时，可以使用这些终结符；替换过程由产生式规则描述，它允许模型生成句子。通过对上下文无关文法的正式定义，能够使用上下文无关文法定义描述操作/动作类型等概念的规则，这些规则可用于定义智能信息服务系统，可用于执行决策的计划以及将技能组合成其他技能。有研究者提出了一个上下文无关文法的例子，研究了如何通过语法来表示活动中的操作，然后将其分解为视觉语义图，这些解析树是通过演示数据集构建的，然后可用于形成操作动作树库，其中高级表示是用来操作的符号表示，描述了解决给定问题所需的每个步骤。为了抽取独立于服务对象上下文数据信息的泛型知识，可以使用对象-动作复合体（object- action complexes，OAC）（Krüger et al.，2011），这种表示的目的是在可用于决策执行的框架结构中捕获环境状态的变化。OAC 将世界的高级规划和表示与称为实例化状态转换片段（instantiated state transition fragment，ISTF）（Paulius and Sun，2019）的低级智能决策控制机制相结合。ISTF 可以看作微小的、较低级别的结构，可以像上下文无关语法一样组合在一起，以便在执行决策行为运动程序（即动作）之前和之后具体理解决策产生的效果；在学习了各种 ISTF 之后，可以创建 OAC。 ISTF 被概括为只包含与动作元组有关的对象状态更改，因为 ISTF 可以包含可能受特定动作影响或不受影响的对象状态。给定一组学习到的对象能力和关系，可以使用关联网络来编码和检索某个 OAC 排列中可能发生的状态变化。

　　除了上述的一些知识表示方法之外，也有其他的可用于智能信息服务的知识表示方法，如基于规则的知识表达方法、基于谓词逻辑的知识表达方法、基于框架的知识表达方法、基于脚本的知识表达方法、基于神经网络的知识表达方法和基于本体的知识表达方法等，但是由于这些方法内在的特性，其使用结果并不能很好地适应智能信息服务系统的某些应用环境，因此不再进行详细描述。

参 考 文 献

Chen J X, Ji D H, Tan C L, et al. 2006. Relation extraction using label propagation based semi-supervised learning[C]//Proceedings of the 21st International Conference on Computational Linguistics and the 44th Annual Meeting of the Association for Computational Linguistics, New York: 129-136.

Cucerzan S .2007.Large-scale named entity disambiguation based on Wikipedia data[C]// Proceedings of the 2007 Joint Conference on Empirical Methods in Natural Language Processing and Computational Natural Language Learning, Prague: 708-716.

Ekbal A, Saha S. 2011. A multiobjective simulated annealing approach for classifier ensemble: Named entity recognition in Indian languages as case studies[J]. Expert Systems With Applications, 38（12）: 14760-14772.

Gruber T R. 1993. A translation approach to portable ontology specifications[J]. Knowledge Acquisition, 5（2）: 199-220.

Hoffart J, Yosef M A, Bordino I, et al. 2011. Robust disambiguation of named entities in text[C]// Proceedings of the 2011 Conference on Empirical Methods in Natural Language Processing: 782-792.

Kieras D E, Meyer D E. 1997. An overview of the EPIC architecture for cognition and performance with application to human-computer interaction[J]. Human-Computer Interaction, 12（4）: 391-438.

Koppula H S, Gupta R, Saxena A. 2013. Learning human activities and object affordances from RGB-D videos[J]. The International Journal of Robotics Research, 32（8）: 951-970.

Koppula H S, Saxena A. 2016. Anticipating human activities using object affordances for reactive robotic response[J]. IEEE Transactions on Pattern Analysis and Machine Intelligence, 38（1）: 14-29.

Kripke S A. 1971. Identity and Necessity[M]. New York: New York University Press.

Krüger N, Geib C, Piater J, et al. 2011. Object-action complexes: Grounded abstractions of sensory-motor processes[J]. Robotics and Autonomous Systems, 59（10）: 740-757.

Lafferty J D, McCallum A, Pereira F C N. 2001. Conditional random fields: Probabilistic models for segmenting and labeling sequence data[C]//Proceedings of the Eighteenth International Conference on Machine Learning, New York: 282-289.

Langley P, Choi D. 2006. A unified cognitive architecture for physical agents[C]//Proceedings of the 21st National Conference on Artificial Intelligence Conference, New York: 1469-1474.

Li L S, Zhou R P, Huang D G. 2009. Two-phase biomedical named entity recognition using CRFs[J].

Computational Biology and Chemistry, 33（4）: 334-338.

Li X O, Yu W, Lara-Rosano F. 2000. Dynamic knowledge inference and learning under adaptive fuzzy Petri net framework[J]. IEEE Transactions on Systems, Man, and Cybernetics, Part C （Applications and Reviews）, 30（4）: 442-450.

Liu P, Guo Y M, Wang F L, et al. 2022. Chinese named entity recognition: The state of the art[J]. Neurocomputing, 473: 37-53.

Liu P, Hu Y H.2012. Review on ontology learning methods and techniques[J]. Data Analysis and Knowledge Discovery, 28（1）: 19-26.

Liu X H, Zhou M. 2013. Two-stage NER for tweets with clustering[J]. Information Processing & Management, 49（1）: 264-273.

Majumder M, Barman U, Prasad R, et al. 2012. A novel technique for name identification from homeopathy diagnosis discussion forum[J]. Procedia Technology, 6: 379-386.

Nadeau D, Sekine S. 2007. A survey of named entity recognition and classification[J]. Lingvisticae Investigationes, 30（1）: 3-26.

Ning H S, Shi F F.2020. Cyberspace data and intelligence, and cyber-living, syndrome, and health[C] //International 2020 Cyberspace Congress, CyberDI/CyberLife 2020, Beijing: 16-18.

Paulius D, Sun Y. 2019. A survey of knowledge representation in service robotics[J]. Robotics and Autonomous Systems, 118: 13-30.

Petri C, Reisig W. 2008. Petri net[J]. Scholarpedia, 3（4）: 6477.

Prajapati M R. 2012.A survey paper on hyperlink-induced topic search（HITS）algorithms for web mining[J]. International Journal of Engineering, 1（2）: 28-34.

Ramirez-Amaro K, Beetz M, Cheng G. 2017. Transferring skills to humanoid robots by extracting semantic representations from observations of human activities[J]. Artificial Intelligence, 247: 95-118.

Rao D, McNamee P, Dredze M.2013. Entity linking: Finding extracted entities in a knowledge base[C]//Poibeau T, Saggion H, Piskorski J, et al. Multi-source, Multilingual Information Extraction and Summarization. Berlin, Heidelberg: Springer: 93-115.

Richardson M, Domingos P. 2006. Markov logic networks[J]. Machine Learning, 62（1）: 107-136.

Saha S K, Narayan S, Sarkar S, et al. 2010. A composite kernel for named entity recognition[J]. Pattern Recognition Letters, 31（12）: 1591-1597.

Saha S K, Sarkar S, Mitra P. 2009. Feature selection techniques for maximum entropy based biomedical named entity recognition[J]. Journal of Biomedical Informatics, 42（5）: 905-911.

Settles B. 2008. Curious machines: Active learning with structured instances[D]. Madison: University of Wisconsin at Madison.

Shaalan K. 2010. Rule-based approach in Arabic natural language processing[J]. The International Journal on Information and Communication Technologies（IJICT）, 3（3）: 11-19.

Sridhar M, Cohn A G, Hogg D C. 2008. Learning functional object-categories from a relational spatio-temporal representation[J]. Frontiers in Artificial Intelligence and Applications, 178: 606-610.

Sun A, Grishman R. 2012. Active learning for relation type extension with local and global data views[C]//Proceedings of the 21st ACM International Conference on Information and Knowledge Management, Maui: 1105-1112.

Sun R, Merrill E, Peterson T. 2001. From implicit skills to explicit knowledge: A bottom-up model of skill learning[J]. Cognitive Science, 25 (2): 203-244.

Wang Y Q, Yu Z H, Chen L, et al. 2014. Supervised methods for symptom name recognition in free-text clinical records of traditional Chinese medicine: An empirical study[J]. Journal of Biomedical Informatics, 47: 91-104.

Wu R R, Ma L, Mathew J, et al. 2002. Optimal operation planning using fuzzy Petri nets with resource constraints[J]. International Journal of Computer Integrated Manufacturing, 15 (1): 28-36.

Zha Z J, Mei T, Wang J, et al. 2009. Graph-based semi-supervised learning with multiple labels[J]. Journal of Visual Communication and Image Representation, 20(2): 97-103.

第 4 章　智能信息服务中的知识抽取和知识挖掘

4.1　智能信息服务中的知识抽取

知识抽取（knowledge extraction）是指对于给定本体从自然语言文本或非结构化文本中抽取与本体匹配的事实知识，是对一组知识的识别、理解、筛选和格式化，以便将内容中的知识点（包括常识知识和专家知识）以一定的形式提取并存储在知识库中，是知识获取的基础，是信息抽取的升华和深化。该技术与语义标注具有相同的本质，即识别无语义标注信息的语义含义。如何从大量的信息中抽取所需要的知识是知识抽取研究的内容。

知识抽取主要分为两个方面，分别是命名实体识别和关系抽取。关于知识本体、命名实体识别和关系抽取的介绍可以参见第 3 章。按照其发展历程，主要可分为三类方法，分别是基于传统的规则和模板、基于统计机器学习、基于深度学习这三类方法。知识抽取是从数据中提炼、萃取知识信息的过程，图 4-1 是不同知识抽取过程的分类图。按照数据的结构化程度，知识抽取分为结构化数据知识抽取、半结构化数据知识抽取和非结构化数据知识抽取。

4.1.1　智能信息服务中结构化数据的知识抽取

最常见的结构化数据是表格式数据，在传统的信息化系统中存在的大量关系数据库表数据都是表格式数据，尽管其中一些字段可能是文本、二进制数据（即非结构化的），但总体来说都认为是结构化数据。另外，常见的 Excel 表单、Word/便携式文档格式（portable document format，PDF）文件中的表格，也可以看成结

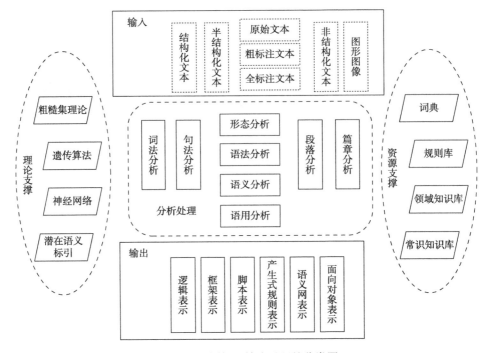

图 4-1　不同知识抽取过程的分类图

构化数据，但那些格式特别自由随意的数据不在此列。熟悉 Excel 操作的人都知道，日常在使用表格软件时，要尽量统一列的格式、避免单元格合并、尽量使用数字等，这其实就是因为结构化数据计算较为方便、便于计算机自动化处理，而那些一开始随意编辑的表格，后续很难利用。

那么既然结构化数据本身已经具有较好的结构，为什么还需要做知识抽取呢？这当然不是因为要构建知识图谱就理所当然应该有这个过程，主要的动机在于数据的结构与知识的结构不一致。建设知识图谱系统的必要性及主要优点是海量数据的汇聚、关联、融合，而数据存在多种来源[文件、数据库、网络、输入/输出（input/output，I/O）设备等]、多种格式（如 TXT、Word、PDF 等）、多种模态（文本、图片、语音、视频）、多种结构（具有不同的数据元定义、组成等），知识抽取就是解决这个关键问题的第一步，之后是知识融合。

举个简单的例子，需要融合来自两套系统的数据，其中系统 A 包含"人物表"（包括字段：id、name、position），系统 B 包含"人员表"（包括字段：身份证号、姓名、性别、年龄），两张表的数据存在一些重复。很显然，我们需要把两张表的数据汇聚、融合，形成"人物"类型的实例。但两张表的结构不一样，数据库系统无法解决这个问题，必须通过更高层的技术和智慧来解决。由于结构化数据本身相对结构化，数据内容也较为规范（如果不规范怎么办？通过数据治理系统进行预处理），数据内容的语义是明确的，所以进行知识抽取最常用的方法是基于规则的方法。这套规则定义如何从输入的结构化数据，映射或转换到知识图谱的目标结构（即本体或知识领域）。

本体可以以概念和关系的形式提供领域知识分类。抽取工具搜索在线文档，抽取与给定分类结构匹配的知识，并以机器可读的格式提供知识，以自动维护在知识库中。通过基于词汇的术语扩展机制，进一步加强知识抽取，扩展本体术语来丰富抽取过程。现在有很多信息提取系统可以识别文档中的实体（例如，伦勃朗是一个人，1606 年 7 月 15 日是一个日期）。然而，如果不了解这些实体之间的关系（例如，伦勃朗出生于"1606 年 7 月 15 日"），这些信息就毫无用处。这种关系的自动提取是一项困难的工作，但它对于完成知识碎片的获取和本体的填充至关重要。知识抽取试图在识别实体关系时，结合本体关系声明和词汇信息。在结构化知识库中存储信息，为各种知识服务提供所需的基础设施，形成一个有组织、可查询和可扩展的存储系统。一种有趣的服务是以新的方式重构原始资料，生成根据用户需求定制的动态表示。之前的研究强调了在动态组装的序列中保持修辞结构的困难（Rutledge et al.，2000）。动态叙述是基于稳健的故事模式的一种方式，类似于新闻节目的格式，其中包含一系列原子公告。通过在本体之上构建故事模式层，我们可以在特定领域内创建动态故事。通过自动知识获取软件填充本体，我们可以将这些故事从存储于 Web 上的大量信息中构建出来。

4.1.2　智能信息服务中非结构化数据的知识抽取

在目前的情况下，Web 是最流行的、交互式的信息发布媒介，Web 是海量动态信息的来源。数据量巨大的互联网成为人们日常生活中查询和获取信息的重要手段。然而，大量的数据资源是动态的、异构的。网络搜索引擎可以很好地帮助用户找到他们喜欢的数据。但搜索结果往往非常粗糙，有很多嘈杂的数据，而且搜索引擎无法验证链接，传统的关系数据库对于这些复杂类型的非结构化数据已经无能为力。因此，知识抽取对 Web 中存在的非结构化信息提出了高效、相关的要求。

非结构化数据是指存储在复杂文本中，并且没有通用模式可供处理的信息。不幸的是，大多数网页是非结构化的，查询或访问这些数据并不是一项简单的任务，因为它是用方便人们阅读的方式呈现的。从 Web 文档中获取和提取知识对于语义网的实现和高级知识服务的提供至关重要。尽管 Web 页面注释可以帮助获取这些知识，但注释很少，而且在不久的将来可能还不够丰富或详细，无法涵盖这些文档中包含的所有知识。手工标注不实用，无法扩展，而自动标注工具还处于起步阶段。因此，专业知识服务可能需要能够从 Web 上的非结构化文本中直接搜索和提取特定知识的工具，并由详细说明要获取的知识类型的本体指导。

本体学习技术在这一过程中发挥了关键作用，基于非结构化数据的本体学习方法是本体学习的主要方法和基本方法，也是本体学习的研究重点。Liu 和 Hu（2012）采用文本聚类方法来计算概念层次，根据其同义词分组。每一聚类由某一特定的、使用频率高的词或术语表示，由此重复该步骤能够获取术语的层次体系。在本体学习过程的本体抽取阶段，利用各类（Web）资源的学习支持，对本体的主要部分，即完整本体或反映本体新子领域的大块进行建模。因此，本体学习技术部分地依赖于给定的本体部分。迭代过程中，随着本体学习不断循环，先前的修改可能会推动后续的修改，更复杂的算法可能会在之前更直接的算法提出的结构上工作。

本体在语义网中也扮演着核心的角色，它可以用来改进机器学习和信息检索等现有技术。因此，近年来，研究者提出了各种各样的基于本体的情态动词。本体通常是特定领域的，这意味着不同的领域有不同的本体，它显示了不同的类和实体之间的关系。而且本体是依赖于应用程序的，它可以为特定的应用程序创建特定的本体。例如，在招聘本体中，候选人的资格、年龄和经验可以作为信息抽取过程的指导。本体-层次化的表示方式，可用于展示任何领域特定概念组件之间的类和子类关系，帮助提取基于特定概念的信息，并构建和更新本体。在这里，流程的输出也是以本体的形式出现的。如此众多的研究进展也提出了多种本体学习方法和系统，这些方法各具特点，旨在实现不同的目标。图 4-2 是基于非结构化数据的本体学习流程。本体学习方法通过处理非结构化和半结构化文本构建本体。这个术语最初是由 Maedche 和 Staab（2001）使用的，Cimiano（2006）将本体学习描述为从数据中获取领域模型，它分为以下步骤。

（1）从语料库的文档提取领域术语和同义词（如{城市}，{国家，民族}）。

（2）在识别主要概念的基础上，发现相关条款和同义词的类（如 c：= country：= nation）。

（3）构建概念的分类（如首都<城市）。

（4）学习概念之间的非分类关系（如 is capital（city，country））。

（5）将关系构建成层次关系（如 is_capital（city，country），（located_incity，country））。

（6）学习概念之间的公理定义（如不连接的、等价的）和关系。

（7）学习一般公理（如 currentProject（person，project），member（project，organization）→member（person，organization））。

本体填充方法旨在在文本中识别出与预定义的领域本体相关的实体。Cimiano（2006）概述了填充本体的三个主要任务主题。

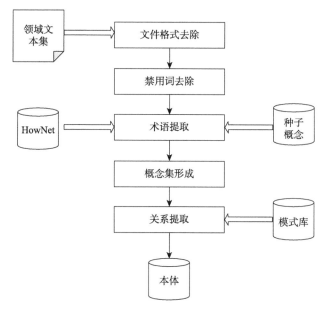

图 4-2　基于非结构化数据的本体学习流程

（1）学习领域本体中的概念实例（如具体的城市、人员或地点）。此任务类似于命名实体识别。

（2）学习两个或多个概念实例之间形式化关系的实例。

（3）用领域本体中关系或概念的实例对实体引用进行语义注释。

4.1.3　智能信息服务中半结构化数据的知识抽取

在半结构化世界中，数据没有预先确定的绝对模式，数据的结构可能是不规则的或不完整的。数据来源没有强加严格的结构（如 Web），并且来自多个异构数据源的数据被组合时，就会出现半结构化数据。与预先知道外部模式的传统关系或面向对象数据库不同，半结构化数据是自描述的，因为每个对象包含自己的模式，模式和数据的区别是模糊的。半结构化数据的其他例子有 LaTeX 和 BibTeX Files、基因组数据库、药物和化学结构、科学数据库、程序库、生产计划、任务定义，以及更普遍的数字图书馆、在线文档、电子商务。类似于百科、商品列表等本身存在一定结构但需要进一步提取整理的数据也是半结构化数据。为了对半结构化数据（如 Web 上的数据）形成有意义的查询，并与源头的某些结构相匹配，我们首先需要了解源头中的信息是如何表示的。这称为模式发现，最近被考虑用于单个对象。在多对象的情况下，模式发现的任务是识别这些对象的典型结构信息作为一个整体（Wang and Liu，1997）。

利用传统的信息挖掘技术和网络内容挖掘技术，从半结构化信息中构建本体主要有两种方法，第一种方法采用出现在文档超文本标记语言（hypertext markup language，HTML）标题中的表达结构，利用网页结构组装一个数据库表，然后利用聚束技术组装它们的本体。而第二种方法则采用 HTML 标题的渐进式结构来区分新思想，将 HTML 页面转换为可扩展标记语言（extensible markup language，XML）的渐进式语义结构，以挖掘分类法和种子思想之间的分类联系。利用两种互补的方法组装本体，图 4-3 描述了百科类知识抽取流程图。

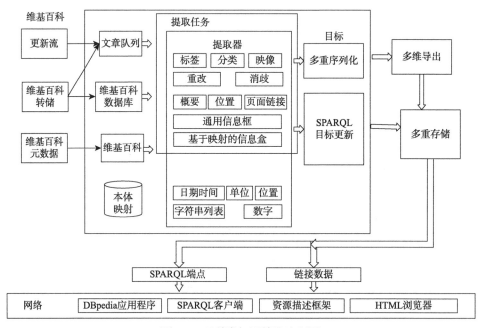

图 4-3　百科类知识抽取流程图
SPARQL（simple protocol and RDF query language）是为 RDF 开发的一种查询语言和数据获取协议

4.2 节描述了这两种方法，即信息挖掘、Web 内容挖掘。以网页数据知识抽取为例，对于一般的有规律的页面，我们可以使用正则表达式的方式写出 XPath 和层叠样式表（cascading style sheets，CSS）选择器表达式来提取网页中的元素。包装器是一个能够将数据从 HTML 网页中抽取出来，并且将它们还原为结构化数据的软件程序，包装器有各种各样的分类，包装器分为四种不同的类别，其中包括具有启发式和归纳方法的手工包装器（Lin Y H and Lin X L，2013）。Laender 等（2002）提出了包装器开发语言的分类，包括支持 HTML 的工具、基于 NLP 的工具、包装器归纳工具、基于建模的工具和基于本体的工具，图 4-4 为包装器信息提取流程。

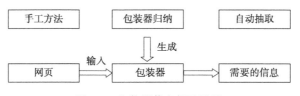

图 4-4　包装器信息提取流程

Web 网页数据抽取可以采用包装器的方法，图 4-5 为包装器生成方法：借助基于有监督学习的方法，自动地从标注好的训练样例集合中学习数据抽取规则，用于从其他相同标记或相同网页模板中抽取目标数据。

图 4-5　包装器生成方法

在处理不规范的网页结构时，常发生前后标签不对称、缺失结束标签等问题。这些不规范的网页结构容易在数据抽取过程中产生噪声。

Web 网页数据抽取的步骤如下。

（1）网页标注：标注所需要抽取的数据。标注的过程可以是给网页中的某个位置打上特殊的标签，表明这是需要抽取的数据。

（2）包装器空间的生成：对标注的数据生成 XPath 集合空间并进行归纳，形成若干个子集。归纳的规则是子集中的 XPath 能够覆盖多个标注的数据项，具有一定的泛化能力。

（3）包装器评估。

评估规则一：准确率。用筛选出来的包装器对原先训练的网页进行标注，统计与人工标注相同的项的数量，除以当前标注的总数量。准确率越高则评分越高。

评估规则二：召回率。用筛选出来的包装器对原先训练的网页进行标注，统计与人工标注相同的项的数量，除以人工标注的总数量。召回率越高则评分越高。

图 4-6 为包装器网页信息抽取过程，经过前面一系列的工作后，包装器处理归纳结果，得到所需抽取信息的 XPath 路径，最后进行自动抽取。对于监督学习，我们知道标注数据是它的短板，因此我们想到自动抽取的方法。网站中的数据通常是用很少的一些模板来编码的，通过挖掘多个数据记录中的重复模式来寻找这些模板是可能的。

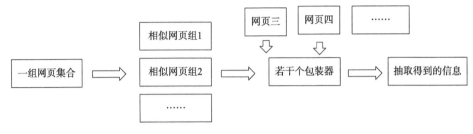

图 4-6　包装器网页信息抽取过程

4.2　智能信息服务中的知识挖掘

领域知识涉及有关特定领域的信息或数据，这些信息或数据是从以前的系统或文档中收集的，或从领域专家那里得到的。领域知识可以用于发现有意义的信息，这些信息可以作为发现过程中的向导。

数据挖掘（data mining，DM），也称为数据库中的知识发现（knowledge discovery in database，KDD），是近几年来随着数据库和人工智能平台发展起来的一门新兴的数据库技术。它从大量原始数据中挖掘出隐含的、有用的且尚未发现的信息和知识，如规则、模型、规律、模式、约束等，帮助决策者寻找数据间潜在的关联，发现被忽略的因素，因而被认为是解决现代社会"数据爆炸"和"数据丰富，信息贫乏"（data rich and information poor）问题的一种有效方法。知识是指事实、过程、规则和启发式信息等，它是一定程度上数据的融合，也可以说是一种数据。知识挖掘（knowledge discovery from knowledge，KDK）就是从已有的知识或规则中挖掘出新知识的过程。从某种意义上来说，KDK 是 DM 的一种引申。它与 DM 的不同在于它处理的对象是已经处理过的规则化数据而不是源数据。

知识挖掘是指从数据中获取实体及新的实体链接和新的关联规则等信息。主要的技术包含实体的链接与消歧、知识规则挖掘、知识图谱表示学习等。其中实体的链接与消歧为知识的内容挖掘，知识规则挖掘属于结构挖掘，知识图谱表示学习则是将知识图谱映射到向量空间然后进行挖掘。

4.2.1　实体的链接与消歧

实体链接是将文本中的实体指称（mention）链向其在给定知识库中目标实体

的过程。实体链接的基本流程包括实体指称识别、候选实体生成和候选实体消歧三个步骤,每个步骤都可以采用不同的技术和方法,图 4-7 为实体链接流程。实体链接的第一步是要识别出文本中的实体指称。该步骤主要通过命名实体识别技术或者词典匹配技术实现。命名实体识别或者词典匹配技术需要首先构建问题领域的实体指称词典,通过直接与文本的匹配识别指称。候选实体生成是确定文本中的实体指称可能指向的实体集合。对于每个实体指称 $m \in M$,实体链接系统试图在候选实体集合 E_m 中找到最合适的实体,以建立实体指称与真实实体之间的链接。候选实体主要有基于实体指称的表面形式与知识库中存在的实体名称之间的字符串表示这两种生成方法。候选实体生成的方法包括下面几种。

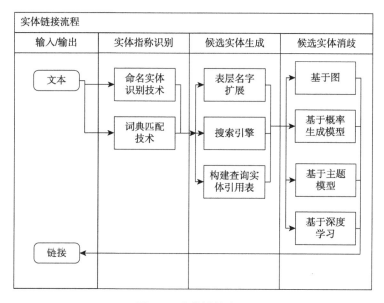

图 4-7　实体链接流程

(1)基于表层名字扩展:某些实体指称是缩略词或其全名的一部分,因此可以通过表层名字扩展技术,从实体指称出现的相关文档中识别其他可能的扩展变体(如全名)。然后,可以利用这些扩展形式形成实体指称的候选实体集合。表层名字扩展可以采用启发式的模式匹配方法实现。

例如,常用的模式是提取实体提及的邻近括号中的缩写作为扩展结果;例如,"University of Illinois at Urbana-Champaign (UIUC)" "Hewlett-Packard (HP)"等。除了使用模式匹配的方法,也有一些方法通过有监督学习的技术从文本中抽取复杂的实体名称缩写。

(2)基于搜索引擎的方法:将实体提及和上下文文字提交至搜索引擎,可以根据搜索引擎返回的检索结果生成候选实体。

例如，可以将实体指称作为搜索关键词提交至谷歌搜索引擎，并将其返回结果中的维基百科页面作为候选实体。此外，维基百科自有的搜索功能也可以用于生成候选实体。

（3）构建查询实体引用表：为了构建查询实体引用表，常用的方法是基于维基百科中的词条页面、重定向页面、消歧页面、词条正文超链接等抽取实体提及与实体的对应关系。

在确定文本中的实体指称和它们的候选实体后，实体链接系统需要为每一个实体指称确定其指向的实体，这一步骤称为候选实体消歧。

一般地，候选实体消歧作为排序问题进行求解，即给定实体提及，对它的候选实体按照链接可能性由大到小进行排序。

总体上，候选实体消歧方法包括基于图的方法、基于概率生成模型的方法、基于主题模型的方法和基于深度学习的方法等。

（1）基于图的方法：将实体指称、实体以及它们之间的关系通过图的形式表示出来，然后对关系进行协同推理。

（2）基于概率生成模型的方法：对实体提及和实体的联合概率进行建模。

（3）基于主题模型的方法：对实体在文本中的相容度、实体与话题的一致性进行联合建模。

（4）基于深度学习的方法：在输入层，每个实体对应的输入信息包括实体 E、实体关系 R、实体类型 ET 和实体描述 D。然后通过词散列层对输入进行降维，接着经过多层神经网络和非线性变换，得到语义层上实体的表示；两个实体的相关度被定义为它们的语义层嵌入向量的余弦相似度。

4.2.2　知识规则挖掘

关联规则学习算法通常用于数据挖掘的原型应用。例如，发现商品之间的关联，如在一组交易中，顾客与超市产品的购买关系。广义关联规则学习算法扩展了其基线，将目标锁定在分类的适当级别，如"零食和饮料一起购买"，而不是"薯条和啤酒一起购买"和"花生和苏打水一起购买"。

知识库中包含了大量信息，如"伦敦是英国的首都""猫王出生在图珀洛""每个歌手都是一个人"等事实。这些知识库提供各种各样的实体信息，如人、国家、河流、城市、大学、电影、动物等。例如，知识库知道谁出生在哪里、哪个演员出演了哪部电影、哪个城市位于哪个国家。知识库包含了数百万个实体和数亿个事实，这些知识库是通过挖掘 Web 中的信息来构建的。然而，近年来，知识库的规模变得如此之大，以至于它们自己都能被挖掘出信息。有可能在知识库中找到描述数据中共同相关性的规则。例如，我们可以挖掘规则：

$$livesIn(h, p) \wedge marriedTo(h, w) \Rightarrow livesIn(w, p)$$

上述规则中，h、w、p 分别代表丈夫、妻子与居住地。通常情况下，一个人的配偶和他住在同一个地方。找到这些规则有四个目的：首先，通过在数据上应用这些规则，可以派生出新的事实，使知识库更完整。例如，如果我们知道 A 住在哪里，并且知道 B 是他的妻子，那么我们就可以推断（很有可能）B 住在哪里。其次，这些规则可以识别知识库中潜在的错误。例如，如果知识库包含 B 住在一个完全不同的地方的声明，那么这个声明有可能是错误的。再次，规则可以用于推理。许多推理方法依赖于其他方提供规则（Nakashole et al.，2012）。最后，描述一般规律的规则可以帮助我们更好地理解数据。例如，我们可以发现说同样语言的国家之间经常进行贸易。

（1）基于归纳逻辑编程（inductive logic programming，ILP）的方法，使用精化算子（refinement operator）作为关键工具。随着 Web 上公开可用和可访问的本体数量不断增加，应用程序使用它们的需求也在不断增加。单一的本体已经不足以支持像语义网这样的分布式环境所设想的任务。需要从多个应用程序访问多个本体。映射可以提供一个公共层，从这个层可以访问多个本体，因此可以以语义上合理的方式交换信息。ILP 可以结构化地映射不同本体的概念，该方法将实例信息转换为一阶逻辑谓词，然后利用归纳逻辑算法从这些逻辑谓词中学习本体映射（Karimi and Kamandi，2018）。ILP 是 20 世纪 70 年代早期引入的。ILP 的黄金年代为 1987~1996 年，这几年 ILP 被用来解决几个问题。ILP 研究的是用一阶谓词逻辑表示的数据和规则的学习方法。谓词逻辑允许量化变量和关系，并且可以使用特征向量来描述无法直接表达的概念。ILP 可以看作逻辑编程和归纳机器学习的交集。最近信息提取方面的新进展创造了大量的知识库，它以机器可读的格式捕获知识。ILP 是一种自动知识构建技术，可用于从这些知识库中挖掘逻辑规则，例如，"如果两个人结婚了，那么他们（通常）生活在同一个城市"。在这一领域，学者提出了许多不同的办法来引进和发展对匹配系统的测量、评价和性能改进。Kamandi 和 Habibi（2009）使用归纳逻辑编程从数据库中导出规则。在这种方法中，数据记录转换为逻辑谓词，然后通过逻辑归纳实现 KDD。结果表明，ILP 能够有效地解决知识发现和规则挖掘问题。Liu 等（2012）提出了一种本体匹配方法，该方法使用多策略映射技术来探索概念之间的语言和结构相似性度量。他们的方法结合了不同的相似度测量，称为相似度立方体。对这些相似度立方体进行切割，得到构成相似度空间的相似度向量，进而将映射发现转化为二值分类。由于支持向量机在求解小样本和非线性问题时能够在模型复杂度和学习能力之间取得最佳的平衡，因此 Liu 等决定在他们的方法中使用支持向量机。

（2）基于统计关系学习（statistical relational learning，SRL）的方法。统计关系学习是机器学习的一个分支，它构建了一个关系数据的联合分布，统计关系学习是统计学习和关系学习的结合，在学习图形模型时，可以区分结构学习和参数学习，前者涉及学习图形模型的图结构，后者涉及学习与图结构相关的因素。统计关系学习常运用于社交网络与链接分析、超文本与网络挖掘、图挖掘、关系学习与归纳逻辑编程等交叉研究领域的新兴研究领域，它可处理多关系、异构和半结构化的数据。

一个数据库的统计关系模型不仅展示了表之间的关系性质，也解释了表之间的属性依赖关系，统计关系模型通常用图形模型表示。在统计关系学习中，重点是定义概率分布的模型，如概率图形模型（包括贝叶斯网络和马尔可夫网络）。图形模型以一种紧凑的方式定义了多个随机变量的联合分布。它们由一个图组成，这个图暗示了变量之间的某种独立关系。这些独立关系意味着联合分布可以写成多个低维因子的乘积。图形模型由图和这些因素组成；图赋予了联合分布的某种结构，而因素决定了它的唯一性。图形模型最著名的例子是贝叶斯网络和马尔可夫网络。在这两种情况下，每个随机变量都有一个节点。贝叶斯网络使用有向无环图（directed acyclic graph，DAG），每个节点都关联一个因子，这个因子等于给定父节点的条件概率分布。马尔可夫网络使用无向图，在这里，一个因子与图中的每个最大团相关联。

最著名的统计关系学习的表示形式是概率关系模型（probabilistic relational model，PRM）（Getoor et al.，2001）。PRM 将贝叶斯网络扩展到关系数据库中使用的关系表示，对关系数据库模式中非关键属性的联合概率分布进行建模。每个这样的属性对应一个节点，直接依赖关系由有向边建模。这样的边可以连接来自（间接）相关的不同实体类型的属性（这种关系称为"槽链"）。PRM 中的推理是通过使用数据库中的数据实例化 PRM 并在后者中执行推理来构造贝叶斯网络的。为了处理贝叶斯网络中的 $1:N$ 关系，PRM 利用了预定义的聚合函数。

图 4-8 展示了一个概率关系模型结构，它指示三类对象（课程、学生和选课关系的实例）的存在性、它们具有哪些属性，以及这些属性如何相互依赖。虚线表示外键关系，箭头表示哪些属性依赖于哪些其他属性。由于学生与成绩之间的关系是一对多的，所以学生的成绩排名对其成绩的依赖性实际上是一个变量对多个变量的依赖性。

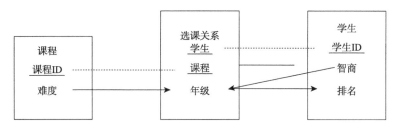

图 4-8　概率关系模型结构

（3）基于关联规则挖掘（association rule mining，ARM）的方法构建事务表、挖掘规则、将规则转换为网络本体语言（Web ontology language，OWL）公理、构建本体。例如，规则 $\{C\}\Rightarrow\{D\}$ 意味着：概念 C 的实例同时属于概念 D，规则的置信度越高，则公理 $C\in D$ 的可能性越大。

支持度：指某频繁项集在整个数据集中的比例。假设数据集有 10 条记录，包含 {'鸡蛋'，'面包'} 的有 5 条记录，那么 {'鸡蛋'，'面包'} 的支持度就是 5/10＝0.5。

置信度：是针对某个关联规则定义的。有关联规则如 {'鸡蛋'，'面包'}→{'牛奶'}，它的置信度计算公式为 {'鸡蛋'，'面包'，'牛奶'} 的支持度/{'鸡蛋'，'面包'} 的支持度。假设 {'鸡蛋'，'面包'，'牛奶'} 的支持度为 0.45，{'鸡蛋'，'面包'} 的支持度为 0.5，则 {'鸡蛋'，'面包'}→{'牛奶'} 的置信度为 0.45/0.5＝0.9。

4.2.3　知识图谱表示学习

知识图谱是由实体（节点）和关系（不同类型的边）组成的多关系图，每条边连接头、尾两个实体，通常用 SPO（subject，predicate，object）三元组进行表示，被称为一个事实。虽然知识图谱在表示结构化数据方面很有效，但这类三元组的潜在符号特性通常使知识图谱很难操作。因此知识图谱表示学习便成为一个热门的研究方向，知识图谱嵌入的关键思想是将图谱中的实体（entity）和关系（relation）转化为连续的向量，在保留知识图谱原有结构的同时使操作更方便。于是便可将实体嵌入和关系嵌入用到下游各种任务中，如图谱补全、关系抽取、实体分类、实体链接及实体融合等。

依据表示学习模型融合信息的情况，可以将知识图谱表示学习模型分为融合事实信息的模型和融合辅助信息的模型两大类。其中融合事实信息的模型仅利用知识图谱中的三元组信息，使用评分函数衡量事实的合理性，因而又称为不含辅助信息的知识图谱表示学习方法；融合辅助信息的模型使用多模态的外部知识提供额外信息作为知识图谱嵌入的补充，如实体的文本描述、类型等。按照评分函数，将融合事实信息的表示学习模型分为翻译距离模型和语义匹配模型。前者使用基于距离的评分函数，通过计算实体之间的距离来衡量事实的可信度，后者使用基于相似性的计分函数，通过语义匹配来衡量事实的可信度。基于距离的方法又可继续分为计算投影距离的结构嵌入（structural embedding，SE）、基于翻译思想的 TransE 及其变体和高斯嵌入，基于相似度匹配的方法则分为 RESCAL 双线性模型及其变体和深度学习方法。

典型的知识图谱表示学习方法通常包括三个步骤：表示实体和关系；定义评分函数；学习实体和关系表示。表示实体和关系，是指在连续向量空间中确定实体和关系的表示形式，实体通常表示为向量，即向量空间中的确定性点。但在一些研究中也会进一步考虑实体的不确定性，并通过多变量高斯分布建立模型。关系通常被视为向量空间中的操作，可以表示为向量、矩阵、张量、多变量高斯分布，甚至混合高斯分布。实体和关系被表示为向量之后，需要定义评分函数 $fr(h,t)$，衡量每个三元组(h,r,t)的合理性。在知识图谱中观察到的三元组往往比未观察到的三元组得分更高。为了学习这些实体和关系的表示（即嵌入），需要解决一个优化问题，即最大限度地提高观察到的三元组(h,r,t)的可信度。

表示学习旨在将研究对象的语义信息表示为稠密低维实值向量，知识表示学习主要是面向知识图谱中的实体和关系进行表示学习。使用建模方法将实体和关系表示在低维稠密向量空间中，然后进行计算和推理。简单来说，就是将三元组表示成向量的这个过程称为表示学习。知识表示的几个代表模型包括翻译模型、距离模型、单层神经网络模型、能量模型、双线性模型、张量神经网络模型、矩阵分解模型等。通常，建模过程归结为提取实体之间的局部或全局连接模式，并通过使用这些模式来泛化观察到的特定实体和所有其他实体之间的关系来执行预测。局部性概念指的是单个关系的特定局部规律，这种规律可能是纯粹基于结构的。例如，在社交网络中，我朋友的朋友就是我的朋友，但也可以依赖于实体，如那些喜欢《星球大战 4》的人也喜欢《星球大战 5》，但他们可能喜欢也可能不喜欢《泰坦尼克号》。与多关系数据相比，单关系数据可以在对数据进行一些描述性分析后进行特别但简单的建模假设，多关系数据的困难在于局域性的概念可能同时涉及不同类型的关系和实体，因此，多关系数据建模需要更通用的方法，这些方法可以选择适当的模式，同时考虑到所有异构关系。在自然语言处理中我们可以通过文字嵌入、句子嵌入甚至是文档嵌入来建立一个低维的统一的语义空间，使语义可以计算。在知识图谱中也类似，可以做实体预测与推理（给定一个实体和一个关系→预测另外一个实体，如给定一个电影实体《卧虎藏龙》和一个关系"观影人群"，来预测另外一个实体是什么）、关系推理、推荐系统。

　　TransE 模型的提出可以很好地适应这种场景，该模型提出基于翻译的参数化模型的主要动机是层次关系在知识库中是极常见的，而翻译是为了解释它们的一个自然变换。实际上，考虑到树的自然表示，兄弟节点彼此距离很近，并且这些节点在 x 轴上以一定的高度排列，父子关系对应于 y 轴上的翻译。由于空翻译向量对应于实体之间的等价关系，因此模型也可以表示兄弟关系。因此，可以选择使用每个关系的参数预算（一个低维向量）来表示知识库中的关键关系。例如，国家和城市之间的"首都"关系可以在模型所代表的嵌入空间中表示为一个翻译向量。类似地，不同类型的实体之间的一对一关系也可以用翻译向量来表示（Bordes et al.，2013）。TransE 模型的目的是加强嵌入空间的这种结构。直观上，将每个三元组实例（head，relation，tail）中的关系 relation 看作从实体 head 到实体 tail 的翻译，通过不断调整 h、r 和 t（head、relation 和 tail 的向量），使 $h+r$ 尽可能与 t 相等，即 $h+r=t$。TransE 也是最具代表性的转化距离模型，TransE 从词向量学习方法中获得启发，Mikolov 等（2013）提出了分布式的词向量表征 Word2vec 模型，在一系列算法和工程技巧的加持下，来捕捉语言的规律性。在 TransE 中，将实体和关系都表示为同一空间中的向量，给定一个三元组 (h,r,t)，关系被解释为一个翻译向量 r，这样嵌入的头实体 h 和尾实体 t 可以通过 r 以较低的误差连接起来，TransE 的优点在于简单、高效，但它的缺点也比较明显，在处理 1 对 N、N 对 1 和 N 对 N 关系时存在缺陷。以 1 对 N 关系为例，由于它对所有 (h,r,t) 都执行规则 $h+r≈t$，这就导致最后学到的 t 向量会非常相似。例如，对于"导演""关系"，尽管《惊魂记》《蝴蝶梦》《后窗》是完全不同的实体，TransE 学习得出的向量表示会非常相似，因为它们都是阿尔弗雷德·希区柯克导演的电影。

　　为了解决这些问题，后续有学者提出了基于 TransE 的改进模型，模型的不同之处是评分函数 $fr(h, t)$ 和用于优化基于边缘的目标函数的算法。TransH 模型（Wang et al.，2014）将每个关系关联到一个特定关系的超平面上，并使用一个投影向量将实体向量投影到该超平面上。TransD 扩展了 TransH 模型，将实体向量投影到特定的关系空间中。TransR/CTransR（Lin et al.，2015）也是对 TransH 模型的扩展，使用两个投影向量和一个投影矩阵来表示实体和关系之间的映射关系。TransD 像 STransE 一样学习特定于关系角色的映射，但是通过投影向量而不是像 STransE 那样的完整矩阵来表示这个映射。因此，STransE 可以看作 TransR 模型的扩展，其中头实体和尾实体与它们自己的项目矩阵相关联，而不是像在 TransR 和 CTransR 中那样，对两者使用相同的矩阵（Nguyen et al.，2016）。知识图谱表示学习模型归纳见表 4-1。

表4-1　知识图谱表示学习模型归纳

模型类别	代表模型
翻译距离模型	TransH、TransR、TransD、TranSparse、TransM、MianfoldE、TransF、TransA、KG2E、TransG、UM、SE 模型等
语义匹配模型	RESCAL、DistMult、HoLE、ComplEx、ANALOGY、SNE、NTN、MLP、NAM 模型等
随机游走模型	DeepWalk、LINE、Node2vec 模型等
子图汇聚模型	GCN、GAT、GraphSage 模型等

4.3　开源工具实践

DeepDive（Niu et al.，2012）是斯坦福大学开发的信息抽取系统，能处理文本、表格、图表、图片等多种格式的无结构数据，从中抽取结构化的信息。系统集成了文件分析、信息提取、信息整合、概率预测等功能。DeepDive 的主要应用是特定领域的信息抽取，系统构建至今，已在交通、考古、地理、医疗等多个领域的项目实践中取得了良好的效果；在开放领域的应用，如维基百科的 Infobox 信息自动增补等项目中也有不错的表现。DeepDive 让开发者只需要关心实体特征，不需要在乎算法，图 4-9 为 DeepDive 构建知识库并实现图谱展示的流程。

DeepDive 实践案例：在上市公司关系抽取项目中，使用 DeepDive 从非结构化的上市公司公告信息中提取出结构化的公司实体间的三元组关系。

1）安装 DeepDive

打开终端并运行：bash <（curl -fsSL git.io/getdeepdive），选择 DeepDive 选项，配置环境变量，DeepDive 的可执行文件一般安装在~/local/bin 文件夹下。

在~/.bash_profile 下添加如下内容并保存：export PATH="/root/local/bin:$PATH"，然后执行 source ~/.bash_profile 设置环境变量。

2）声明要预测的内容

在 DeepDive 中我们想要预测的是一个名为 DDlog 的语言中的随机变量，存储在一个文件中：app.ddlog。

在 app.ddlog 中声明：

```
#预测一对提及的公司实体之间是否表示有相关关系
has_relation?(
    p1_id text,
    p2_id text
)
```

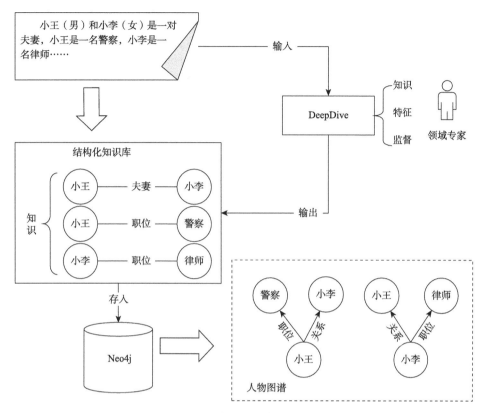

图 4-9　DeepDive 构建知识库并实现图谱展示的流程

其中 p1_id 和 p2_id 的格式如下：1201900355_1_24_29，第一个"1201900355"是初始数据公告 articles 中对应的 id；"1"是该公司实体在公告中的句子的索引，"1"表示第一个句子；"24_29"表示公司在文章中的位置索引，24 是开始位置，29 是结束位置。

3）设置数据库

打开终端并运行：bash <（curl -fsSL git.io/getdeepdive）postgres，安装 PostgreSQL 数据库。

打开终端并运行：echo "postgresql://$USER@$HOSTNAME:5432/db_name" > db.url，建立数据库配置文件，其中 db_name 是数据库名字。

4）数据获取

爬虫目标：在本实验中，实验的目的是从非结构化文本中提取出公司以及公司之间的关系。实验的数据来源于巨潮资讯网主页的信息披露部分的深市主板上金融行业的交易公告。因此爬虫的目标是获取巨潮资讯网上的深市主板上金融行业的交易公告。

　　本次数据使用了巨潮资讯网上（http://www.cninfo.com.cn/new/index）上市公司的深市主板上的金融行业的交易公告信息。从巨潮资讯网上查看控制台中的网络（network）发现巨潮资讯网在公告信息这一模块是通过 post 请求加参数来发送请求（request）的，因此只要构建一个和巨潮资讯网相同的请求的参数列表即可。然后将返回的 URL 链接存入逗号分隔值（comma-separated values，CSV）文件，通过 CSV 文件保存 PDF 文件的链接地址，通过 Python 的 pdfminer 库将 PDF 文件下载存储为一个 TXT 文件。

　　公告新闻是通过 post 请求加参数来发送 request 的，因此只要构建一个和巨潮资讯网相同的请求的参数列表即可。

```
query = {  'stock': '',
      'searchkey': '',
      'plate': szmb,
      'category': category_jy_szsh,
      'trade': '',
      'column': 'szmb',
      'columnTitle': '历史公告查询',
      'pageNum': page_num,
      'pageSize': 50,
      'tabName': 'fulltext',
      'sortName': '',
      'sortType': '',
      'limit': '',
      'showTitle': '',
      'seDate': '2017-01-01 ~ 2017-10-23',
   }
```

　　PDF 转 CSV：从巨潮资讯网上下载的上市公司公告数据是用 PDF 格式保存的，而 DeepDive 工具要使用的数据源是 CSV 格式的文件，因此需要将下载的 PDF 文件融合形成一个 CSV 文件。在 PDF 转 CSV 文件时使用到了 pdfminer 库和 csv 库，其中 pdfminer 是一种从 PDF 文档中提取信息的工具，csv 库用来读写 CSV 文件。

　　数据初始化：在用 DeepDive 处理原始文本时，由于原始文本中出现了一些简称之类的词，NLP 语言里面并没有处理此类情况的方法，所以会造成公司实体识别不准确的情况，会降低程序处理结果的正确性，因此在将文本导入 DeepDive 之前要对文本进行预处理操作。

　　由于公告信息中大部分采用简称的方式来表示公司的情况，我们采用了哈尔滨工业大学研发的语言技术平台（language technology platform，LTP）工具来进行公告中公司实体的识别，通过设置应用程序编程接口（application program interface，API）参数中的 Pattern = ner&format = plain 识别出公司名称并返回，然后用正则表达式匹配公告中的***公司（以下简称"***"），提取出公司和相应的简称之间的对应关系，然后用全称替换掉公告中的简称来进行原始文本的初始化。

5）数据处理

加载原始输入数据：准备待抽取的文章（示例使用上市公司公告），命名为 articles.csv，放在 input 文件夹下，在 app.ddlog 中建立对应的 articles 表的格式：

```
articles(
    id      text,       #文章的id
    content text        #文章的内容
)
```

将 articles.csv 文件加载到数据库的 articles 表格中。

6）添加 NLP 标记

采用 Standford NLP 进行文本处理，根据输入的文本数据，NLP 模块将以句子为单位，返回每句的分词、lemma、pos、ner 和句法分析的结果。

在 app.ddlog 中建立对应的 sentences 表的格式：

```
sentences(
    doc_id          text,           #doc_id表示的是articles表中公
告对应的id
    sentence_index int,
    #sentence_index 表示的是公司所在的句子在文章中对应的索引
    sentence_text   text,
    #sentence_text 表示的是公司所在的句子的内容
    tokens          text[],
    #tokens 的结构如下：1:"证券",其中 1 是分词的索引，"证券"是分词的
内容
    lemmas          text[],
    # lemmas 与 pos_tag、ner_tags、dep_types 和 tokens 的结构是一
样的，表示词元
    pos_tags        text[],     #pos_tags 表示的是句子的词性
    ner_tags        text[],
    #ner_tags 表示的是实体类型的识别，如果是公司则表示为"ORG"
    doc_offsets     int[],
    #doc_offsets 表示的是每个分词在文章中的开始位置的索引
    dep_types       text[],     #dep_types 表示的是每个分词的句法
```

结构

```
    dep_tokens      int[]
    )
```

7）提取提及的公司实体

在 app.ddlog 中定义实体数据表：

```
company_mention(
    mention_id      text,
#mention_id 的格式和 has_relation 中 p1_text 的格式相同
    mention_text    text,       #保存公司的名称
    doc_id          text,        #保存文章的索引
    sentence_index int,        #保存公司所在句子的索引
    begin_index     int,        #保存公司实体的开始位置的索引
    end_index       int         #保存公司实体的结束位置的索引
    )
```

8）提取可能有关系的公司实体对

在 app.ddlog 中定义实体数据表：

```
    transaction_candidate(
        p1_id   text,
        p1_name text,
        p2_id   text,
        p2_name text
    )
```

在 map_transaction_candidate.py 程序中遍历每个数据库中的句子，找出每个句子中的公司实体，将公司实体两两组成实体对，过滤掉两个相同实体组成的实体对，并将实体对的数据保存到数据库的 transaction_candidate 表中。

9）提取候选实体对的文本特征

在 app.ddlog 中定义实体数据表：

```
transaction_feature(
    p1_id   text,
    p2_id   text,
    feature text
    )
```

这里的目标是通过一组属性或特征来表示每个候选公司对提及的关键方面，然后让机器学习模型了解每个特征与我们的决策变量相关的程度。函数调用 extract_transaction_features.py 来抽取特征，这里调用了 DeepDive 自带的 ddlib 库，

得到各种 POS/NER/词序列的窗口特征。

10）样本打标

在 app.ddlog 中定义 transaction_label 表，存储监督数据：

```
transaction_label(
    p1_id   text,
    p2_id   text,
    label   int,
    rule_id text
)
```

其中 rule_id 代表规则名称。label 为正值表示正相关，负值表示负相关。绝对值越大，相关性越大。同时进行初始化定义处理，复制 transaction_candidate 表到 transaction_label 中，将 label 均定义为零。

11）数据的监督

在 app.ddlog 中定义实体数据表：

```
transaction_dbdata(
    company1_name text,
    company2_name text
)
```

通过匹配有交易的股票代码对和代码-公司对，过滤出存在交易关系的公司对，存入 transaction_dbdata.csv 中，将实体对保存到数据库的数据表中。

通过匹配 transaction_dbdata 数据表中的数据和 transaction_label 表中的数据，如果公司实体对在 transaction_dbdata 数据表中出现了，则将该实体对标记为真，将 rule_id 标记为 from_dbdata。

12）规则的监督

函数调用 supervise_transaction.py，在脚本中定义规则名称和所占的权重，程序将所有的候选公司实体对与定义好的规则相匹配，如果候选实体对的规则与定义好的规则相同，则将 label 设置为程序中定义好的规则名称，然后将规则和权重保存到 transaction_dbdata 表中。一部分规则和权重定义如下。

（1）在句子中提及相隔太远的候选公司实体对被标记为假并且设置规则为 far_apart。

（2）将句子实体对中包括一些特殊字符的候选公司实体标记为假，并且设置规则为"中间有特殊符号"。

（3）有公司实体对中间有其他公司的候选实体对被标记为假并且设置规则为 third_company_between。

（4）在实体对中间的语句中提及"子公司""简称""购买"等词的候选实体

对标记为真并且设置规则为"A 子公司 B"。

（5）在实体对中间的语句中提及"无关联关系"的候选实体对标记为假并且设置规则为"AB 无关联关系"。

（6）如果在实体对中间出现了"对""向"，后面出现了"投资"等词，则将候选公司对标记为真并且设置规则为"A 投资 B"。

13）定义变量表

变量表是最终存储数据的表格，其中"？"表示此表是用户模式下的变量表，即需要推导关系的表。这里我们预测的是公司间是否存在交易关系。

在 app.ddlog 中定义变量表：

```
has_transaction?(
    p1_id text,
    p2_id text
)
```

14）指定特征

将每个 has_spouse 变量连接到相应的 spouse_candidate 行的特征，并通过 DeepDive 从远程监督的数据来学习这些特征的权重。在 app.ddlog 中定义：

```
has_transaction(p1_id, p2_id) :-
    transaction_candidate(p1_id, _, p2_id, _),
    transaction_feature(p1_id, p2_id, f)
```

15）进行学习和推理

通过 DeepDive 基于数据库中的数据对模型进行基础研究，了解权重，推断模型中变量的期望或边际概率，然后将它们加载回数据库，得到 has_transaction 变量推断的概率。

参 考 文 献

Bordes A，Usunier N，Garcia-Durán A，et al. 2013.Translating embeddings for modeling multi-relational data[J]. Advances in Neural Information Processing Systems，26：2787-2795.

Cimiano P. 2006. Ontology learning and population from text：Algorithms，evaluation and applications[J]. Springer US，27：50-75.

Getoor L，Friedman N，Koller D，et al. 2001. Learning probabilistic relational models[C]//Relational Data Mining. Berlin，Heidelberg：Springer Berlin Heidelberg：307-335.

Kamandi A，Habibi J. 2009. A comparison of metric-based and empirical approaches for cognitive analysis of modeling languages[J]. Fundamenta Informaticae, 90 (3): 337-352.

Karimi H, Kamandi A. 2018. Ontology alignment using inductive logic programming[C]//2018 4th International Conference on Web Research (ICWR), Tehran: 118-127.

Laender A H F, Ribeiro-Neto B A, da Silva A S, et al. 2002. A brief survey of Web data extraction tools[J]. ACM SIGMOD Record, 31 (2): 84-93.

Lin Y H, Lin X L. 2013. An architecture for unstructured data management[J]. Advanced Materials Research, 756/757/758/759: 1280-1284.

Lin Y K, Liu Z Y, Sun M S, et al. 2015. Learning entity and relation embeddings for knowledge graph completion[C]//Proceedings of the Twenty-Ninth AAAI Conference on Artificial Intelligence, Austin: 2181-2187.

Liu L, Yang F, Zhang P, et al. 2012. SVM-based ontology matching approach[J]. International Journal of Automation and Computing, 9 (3): 306-314.

Liu P, Hu Y H. 2012. Review on ontology learning methods and techniques[J]. Data Analysis and Knowledge Discovery, 28 (1): 19-26.

Maedche A, Staab S. 2001. Ontology learning for the Semantic Web[J]. IEEE Intelligent Systems, 16 (2): 72-79.

Mikolov T, Yih W T, Zweig G. 2013. Linguistic regularities in continuous space word representations[C]//Proceedings of the 2013 Conference of the North American Chapter of the Association for Computational Linguistics: Human Language Technologies: 746-751.

Nakashole N, Sozio M, Suchanek F, et al. 2012. Query-time reasoning in uncertain RDF knowledge bases with soft and hard rules[J]. CEUR Workshop Proceedings, 884: 15-20.

Nguyen D Q, Sirts K, Qu L Z, et al. 2016. STransE: A novel embedding model of entities and relationships in knowledge bases[J]. Journal of Artificial Intelligence Research, 10(2): 460-466.

Niu F, Zhang C, Ré C, et al. 2012. DeepDive: Web-scale knowledge-base construction using statistical learning and inference[J]. CEUR Workshop Proceedings, 884: 25-28.

Rutledge L, Davis J, van Ossenbruggen J, et al. 2000. Inter-dimensional hypermedia communicative devices for rhetorical structure[C]//Multimedia Modeling, Nagano: 89-105.

Wang K, Liu H Q. 1997. Schema discovery for semistructured data[C]//Proceedings of KDD, Newport Beach: 271-274.

Wang Z, Zhang J W, Feng J L, et al. 2014. Knowledge graph embedding by translating on hyperplanes[C]//Proceedings of the Twenty-Eighth AAAI Conference on Artificial Intelligence, Québec City: 1112-1119.

第 5 章　智能信息服务中的知识存储

5.1　智能信息服务知识存储数据库的基本知识与存储需求

在知识数据时代背景下，海量的数据整理成为各个企业急需解决的问题。随着云计算、物联网等技术快速发展，多样化已经成为数据信息的一项显著特点，为了充分发挥信息的应用价值，有效存储已经成为人们关注的热点。

5.1.1　知识存储数据库的存储需求

为了有效应对现实世界中复杂、多样性的大数据处理需求，需要针对不同的大数据应用特征，从多个角度、多个层次对知识数据进行存储和管理。然而，目前知识数据存储面临着以下三个问题。

（1）存储规模大。知识数据的一个显著特征就是数据量大，起始计算量单位至少是 PB，甚至会采用更大的单位 EB 或 ZB，导致存储规模相当大。

（2）种类和来源多样化，存储管理复杂。目前，数据主要来源于搜索引擎服务、电子商务、社交网络、音视频、在线服务、个人数据业务、地理信息数据、传统企业、公共机构等领域。因此数据呈现方法众多，可以是结构化、半结构化和非结构化的数据形态，不仅使原有的存储模式无法满足知识信息时代的需求，还导致存储管理更加复杂。

（3）对数据服务的种类和水平要求高。海量数据的价值密度相对较低，以及数据增长速度快、处理速度快、时效性要求高，在这种情况下如何结合

实际的业务，从浩瀚的数据中有效地组织管理、存储这些数据，挖掘其更深
层次的数据价值亟待解决。大规模的数据知识资源蕴含着巨大的社会价值，
有效管理数据对国家治理、社会管理、企业决策和个人的生活学习将带来巨
大的作用和影响，因此解决海量数据的高效存储问题十分重要（Mays et al.，
1991）。

由此可见，如何实现高效的知识数据存储是目前面临的主要问题，而存储的
主要方式则多依赖数据库等工具或物理设备，因而本节将对知识存储数据库的构
建目标和原则进行简要介绍和梳理。

5.1.2　知识存储数据库构建目标和原则

知识存储数据库承担着整个系统数据的存储及管理的功能，其数据结构和关
系非常重要。一般来说，智能信息服务中的数据库构建目标包括以下几点。

（1）利用数据库的构建实现相关数据资源的融合，多方面信息数据的访问、
调用，避免信息数据资源闭塞，从而提高数据的使用效率。

（2）满足智能信息服务系统中信息资源数据的发布与共享要求，为信息服务、
公众信息发布及多媒体信息资源服务提供相关的各类实时、历史数据。

（3）便于信息的聚类分析，为信息采集检索、信息的推荐/推送提供较为完
善的信息支持。

（4）为智能信息服务系统的各类应用进行各种活动提供有效、丰富、实时、
形象的信息支撑。

智能信息服务中的数据库构建原则包括以下几点。

（1）实用性原则：智能信息服务数据设计体现出实用性的原则，主要满足特
定用户对信息的需求，数据的采集录入与发布、系统维护要实用、方便，充分考
虑某一具体智能信息服务的特点和要求，尽可能减少不必要的冗余（Basu and
Ahad，1992）。

（2）标准化原则：智能信息服务系统的数据库要统一规划、统一布局，注意
层次分明、布局合理。数据库中的数据类别界定应清晰，定义明确，字段说明翔
实。数据表结构和各类属性格式的定义要符合统一的标准，能方便各类用户及时、
准确地检索、查询和分析数据。数据库构建时要注重系统的标准化，各类术语的
使用要尽量符合我国的相关标准。对没有国家标准的相关数据或信息，需要在构
建数据库时参考接近的国家标准进行定义，使用与相关国家标准相同的代码表，
来保障数据库的标准化。

（3）安全性原则：智能信息服务系统的数据库设计时，必须保证数据库的

实时有效和数据的安全可靠。保证数据库系统的数据独立性、安全性和完整性，使数据库系统具有并发控制及故障恢复等功能。数据独立性拟采用物理和逻辑独立方法；数据安全性主要是将数据库中需要保护的内容独立开来，采用授权规则（如账户、口令和权限控制等）和对数据进行加密存储的措施；数据完整性主要是保证数据的正确、完整；并发控制，保证多用户存取数据的正确性；故障恢复，由数据库管理系统提供方法，及时发现故障和修复故障，从而防止数据被破坏。

（4）开放性原则：智能信息服务系统的数据库设计要注重开放性原则，允许各类系统数据库的安全接入，并满足以后系统功能扩展的需要。考虑到特定领域智能信息服务系统信息服务的特点以及系统将来的可扩展性，数据库必须遵循开放性原则。

5.2　常见智能信息服务知识数据存储方法

知识存储系统是指计算机中由存放程序和数据的各种存储设备、控制部件及管理信息调度的设备（硬件）和算法（软件）所组成的系统。计算机的主存储器不能同时满足存取速度快、存储容量大和成本低的要求，在计算机中必须有速度由慢到快、容量由大到小的多级层次存储器，以最优的控制调度算法和合理的成本，构成性能可接受的存储系统。

5.2.1　知识数据存储接口

在对存储方式进行介绍之前，需要先了解常用的存储接口。由于存储方式和架构不同，需要用到各种各样的连接协议或者接口，这是选择存储方式的前提，因此，对存储接口的梳理和总结是必要的。

（1）IDE 的英文全称为 integrated drive electronics，即"电子集成驱动器"，是曾经主流的硬盘接口，也是光储类设备的主要接口。最初，IDE 只是一项以把控制器与盘体集成在一起为主要意图的硬盘接口技术，随着 IDE/增强型 IDE（enhanced IDE，EIDE）得到日益广泛的应用，全球标准化协议将该接口自诞生以来使用的技术规范归纳成为全球硬盘标准，这样就产生了高级技术附加装置（advanced technology attachment，ATA）。

IDE 是曾经普遍使用的外部接口，主要接硬盘和光驱，采用 16 位数据并行传送方式，体积小，数据传输快（针对当时的数据存储量来说）。一个 IDE 接口只能接两个外部设备。IDE 接口的主要优点有价格低廉、兼容性强、性价比高；其缺点则主要是数据传输速度慢、线缆长度过短、连接设备少。

IDE 接口，也称为 ATA 接口。IDE 与 ATA 的区别是，ATA 技术是一个关于 IDE 的技术规范族，即 IDE 技术出现后，行业为了规范化，制定了 ATA 技术规范族作为行业标准，目前，行业一般认为 IDE 和 ATA 指代的是同一种接口、技术或设备。

（2）FC（fiber channel）又称为光纤通道，网状通道技术开发于 1988 年，最早是用来提高硬盘协议的传输带宽的，侧重于数据的快速、高效、可靠传输。到 20 世纪 90 年代末，FC SAN（storage area network，存储区域网络）开始得到大规模的广泛应用。

（3）小型计算机系统接口（small computer system interface，SCSI）、Internet 小型计算机系统接口（Internet small computer system interface，iSCSI）、串行连接 SCSI（serial attached SCSI，SAS）。SCSI 是一种用于计算机和智能设备之间（硬盘、软驱、光驱、打印机、扫描仪等）系统级接口的独立处理器标准。SCSI 是一种智能的通用接口标准，支持多个设备、多任务处理和更长的传输电缆，并占用极少的中央处理器（central processing unit，CPU）资源。

iSCSI 又称为 IP-SAN，简称 SAN，是一种基于互联网及 SCSI-3（SCSI-3 fast-20 parallel interface）协议的存储技术（数据传输率为 20Mbit/s），由国际互联网工程任务组（The Internet Engineering Task Force，IETF）提出，并于 2003 年 2 月 11 日成为正式的标准。

与传统的 SCSI 技术比较起来，iSCSI 技术有以下三个革命性的变化：把原来只用于本机的 SCSI 协议透过传输控制协议/网际协议（transmission control protocol/Internet protocol，TCP/IP）网络发送，使连接距离可进行无限的地域延伸；连接的服务器数量无限（原来的 SCSI-3 的上限是 15）；由于是服务器架构，因此也可以实现在线扩容以致动态部署（Lim and Choi，2005）。

SAS 是串行连接小型计算机系统接口。SAS 是新一代的 SCSI 技术，和现在流行的串行 ATA（serial ATA，SATA）硬盘相同，都是采用串行技术以获得更高的传输速度，并通过缩短连接线改善内部空间等。SAS 是并行 SCSI 之后开发出的全新接口。此接口的设计是为了改善存储系统的效能、可用性和扩充性，提供与 SATA 硬盘的兼容性。

SAS 的接口不仅看起来和 SATA 类似，而且可以向下兼容 SATA 标准。即 SAS 系统的背板（back panel）既可以连接具有双端口、高性能的 SAS 驱动器，也可以连接高容量、低成本的 SATA 驱动器。因此 SAS 驱动器和 SATA 驱动器可以同时存在于一个存储系统中。然而，SATA 系统并不兼容 SAS，所以 SAS 驱动器不能连接到 SATA 背板上。

（4）磁盘阵列（redundant arrays of independent drives，RAID），有"独立磁盘构成的具有冗余能力的阵列"之意，是由很多价格较便宜的磁盘组合成一个容量巨大的磁盘组，利用个别磁盘提供数据所产生的加成效果提升整个磁盘系统的效能。利用这项技术，将数据切割成许多区段，分别存放在各个硬盘上。

磁盘阵列还能利用同位检查（parity check）的观念，在数组中任意一个硬盘出故障时，仍可读出数据，在数据重构时，将数据计算后重新置入新硬盘中。

RAID 是把相同的数据存储在多个硬盘的不同地方的方法。通过把数据放在多个硬盘上，输入输出操作能以平衡的方式交叠，改良性能。因为多个硬盘增加了平均故障间隔时间（mean time between failure，MTBF），也为存储冗余数据增加了容错。

磁盘阵列作为独立系统在主机外直连或通过网络与主机相连。磁盘阵列有多个端口可以被不同主机或不同端口连接。一个主机连接阵列的不同端口可提升传输速度。因此，RAID 可用于直连式存储（direct-attached storage，DAS）、SAN、网络附属存储（network-attached storage，NAS）。

5.2.2　知识数据存储方式

根据服务器类型，存储方式可以分为封闭系统的存储和开放系统的存储，封闭系统主要指大型机，开放系统则指基于 Windows、UNIX、Linux 等操作系统的服务器；主要知识存储方式分类如图 5-1 所示。

图 5-1　主要知识存储方式分类

1）DAS

DAS 与我们普通的 PC 存储架构一样，外部存储设备都直接挂接在服务器内部总线上，数据存储设备是整个服务器结构的一部分。DAS 已经有近 40 年的使用历史，随着用户数据的不断增长，尤其是数百 GB 以上时，它在备份、恢复、扩展、灾备等方面的问题日益困扰着系统管理员。

DAS 依赖服务器主机操作系统进行数据的 I/O 读写和存储维护管理，数据备份和恢复需要占用服务器主机资源（包括 CPU、系统 I/O 等），数据流需要回流主机再到服务器连接着的磁带机（库），数据备份通常占用服务器主机资源的 20%~30%，因此许多企业用户的日常数据备份常常在深夜或业务系统不繁忙时进行，以免影响正常业务系统的运行。DAS 的数据量越大，备份和恢复的时间就越长，对服务器硬件的依赖性和影响就越大。

DAS 主要适合小型网络、地理位置分散的网络以及特殊应用服务器。其一，网络规模较小，数据存储量小，且复杂度低，采用这种存储方式对服务器的影响不会很大，因而经济便捷，适合拥有小型网络的企业用户；其二，部分企业虽然总体网络规模较大，但在地理分布上很分散，通过 SAN 或 NAS 在它们之间进行互联非常困难，此时各分支机构的服务器也可采用 DAS 方式，这样可以降低成本；其三，在一些特殊应用的服务器上，如微软的集群服务器或某些数据库使用的原始分区，均要求存储设备直接连接到应用服务器。

2）SAN

在 SAN 中，所有的数据传输在高速、高带宽的网络中进行，SAN 存储实现的是直接对物理硬件的块级存储访问，提高了存储的性能和升级能力。

SAN 存储方式创造了存储的网络化。存储网络化顺应了计算机服务器体系结构网络化的趋势。SAN 的支撑技术是光纤通道技术，它是美国国家标准学会（American National Standards Institute，ANSI）为网络和通道 I/O 接口建立的一个标准集成（Wu et al.，2017）。SAN 的硬件基础设施是光纤通道，用光纤通道构建的 SAN 由以下三个部分组成。

（1）存储和备份设备：包括磁带、磁盘和光盘库等。

（2）光纤通道网络连接部件：包括主机总线适配卡、驱动程序、光缆、集线器、交换机、光纤通道和 SCSI 间的桥接器。

（3）应用和管理软件：包括备份软件、存储资源管理软件和存储设备管理软件。

因而 SAN 具备特殊优势：①网络部署容易；②具有高速存储性能，由于 SAN 采用了光纤通道技术，所以它具有更高的存储带宽，存储性能明显提高，SAN 的光纤通道使用全双工串行通信原理传输数据，传输速率高达 1062.5Mbit/s；③具备良好的扩展能力，由于 SAN 采用了网络结构，扩展能力更强。光纤接口提供了 10km 的连接距离，这实现了物理上分离，不在本地机房的存储变得非常容易。

3）NAS

NAS 是一种将分布、独立的数据整合为大型、集中化管理的数据中心，以便对不同主机和应用服务器进行访问的技术。狭义理解就是连接在网络上，具备资料存储功能的装置，因此也称为网络存储器。它是一种专用数据存储服务器，以数据为中心，将存储设备与服务器彻底分离，集中管理数据，从而释放带宽、提高性能、降低总拥有成本、保护投资。其成本远远低于使用服务器存储，而效率却远远高于后者。

NAS 是与网络直接连接的磁盘阵列，它具备了磁盘阵列的所有主要特征：高容量、高效能、高可靠性。NAS 将存储设备通过标准的网络拓扑结构连接，可以无须服务器而直接上网，不依赖通用的操作系统，而是采用一个面向用户设计的、专门用于数据存储的简化操作系统，内置了与网络连接所需的协议，因此整个系统的管理和设置较为简单。另外，NAS 是真正即插即用的产品，并且物理位置灵活，可放置在工作组内，也可放在其他地点与网络连接。

由于 NAS 和通用网络文件系统（common Internet file system，CIFS）都是基于操作系统的文件共享协议，所以 NAS 的性能特点是进行小文件级的共享存取。其优点包括：即插即用，NAS 是独立的存储节点存在于网络之中，与用户的操作系统平台无关；存储部署简单，NAS 不依赖通用的操作系统，而是采用一个面向用户设计的、专门用于数据存储的简化操作系统，内置了与网络连接所需要的协议；存储设备位置非常灵活；管理容易且成本低，但是，NAS 的存储性能较差、可靠度不高。

4）三种存储方式比较

存储应用最大的特点是没有标准的体系结构，这三种存储方式共存、互相补充，以此满足知识存储的需要。

NAS 大大提高了存储的安全性、共享性和成本，但是 I/O 渐渐成为性能瓶颈。随着应用服务器的不断增加，网络系统效率会急剧下降。为了解决这个问题，出现了 SAN 存储方案。SAN 是在 NAS 基础上做的演进，它通过专用光纤通道交换机访问数据，采用 iSCSI、FC 协议。SAN 和 NAS 的关键区别就在于文件系统的位置，如图 5-2 所示。

从连接方式上对比，DAS 采用存储设备直接连接应用服务器的方式，具有一定的灵活性和限制性；NAS 通过网络[TCP/IP、异步传输模式（synchronous transfer mode，ATM）、光纤分布式数据接口（fiber distributed data interface，FDDI）]技术连接存储设备和应用服务器，存储设备位置灵活，随着万兆网的出现，传输速率有了很大的提高；SAN 则是通过光纤通道技术连接存储设备和应用服务器，具有很好的传输速率和扩展性能。

总的来说，对上述三种方法的对比，如表 5-1 所示。

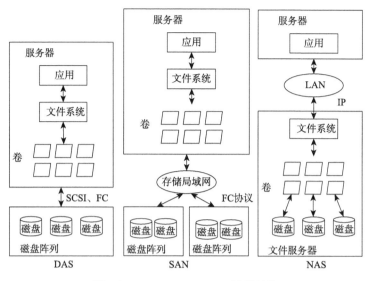

图 5-2　DAS、SAN、NAS 连接结构

表5-1　三种存储连接方式对比

存储系统架构	DAS	NAS	SAN
安装难易度	不一定	简单	困难
数据传输协议	SCSI/FC/ATA	TCP/IP	FC
传输对象	数据块	文件	数据块
使用标准文件共享协议	否	是（NFS/CIFS）	否
异种操作系统文件共享	否	是	需要转换设备
集中式管理	不一定	是	需要管理工具
管理难易度	不一定	以网络为基础，容易	具有一定难度
提高服务器效率	否	是	是
灾难忍受度	低	高	高
适合对象	中小企业服务器、捆绑磁盘	中小企业、SOHO 族（特指在家办公的自由职业者）	大型企业数据中心
业务模式	一般服务器	Web 服务器、多媒体资料存储、文件资料共享	大型资料库、数据库
应用环境	局域网、文档共享程度低、独立操作平台、服务器数量少	局域网、文档共享程度高、异质格式存储需求高	光纤通道存储区域网、网络环境复杂、文档共享程度高、异质操作系统平台、服务器数量多
档案格式复杂度	低	中	高
容量扩充能力	低	中	高

5.3　智能信息服务相关知识存储关键技术

目前在知识数据存储方面已经发展了诸多技术（Geng et al.，2019）。为了实现高可用性，需要多副本技术、容灾技术；为了达到低成本的目标，需要使用分布式 RAID 技术、存储删冗技术；而实现高性能存储则需要存储阵列扩展技术与分级存储。本节将针对目前主要的存储关键技术，即多副本技术、容灾技术、分级存储技术以及其他技术进行介绍。

5.3.1　多副本技术

1. 多副本技术的意义

存储副本允许更有效地利用多个数据中心。通过拉伸或复制群集，工作负荷可在多个数据中心运行，以使本地邻近用户和应用程序能够更加快速地对其进行访问，以及更好地分布负载和使用计算资源。如果灾难导致一个数据中心脱机，可以将其典型的工作负载暂时移动到另一个站点。

存储副本可以作为低端灾难恢复解决方案，替代现有的文件复制系统，如分布式文件系统复制（distributed file system replication，DFSR）。分布式文件系统（distributed file system，DFS）复制在极低带宽网络上运行非常出色，同时其延迟时间很长——通常以小时或天为单位。这是由文件关闭需求和防止网络拥塞的人为限制所引起的。正因为具备这些设计特性，DFS 复制很难复制最新和最热门的文件副本。存储副本在文件级别以下运行，并且没有这些限制。

存储副本还支持适用于更广范围和更高延迟网络的异步复制。因为它不是基于检查点的，而是连续复制的，所以更改的增量往往比基于快照的产品要低得多。此外，存储副本在分区层进行操作，因此它将复制由 Windows Server 或备份软件创建的所有卷影复制服务（volume shadow copy service，VSS）快照；这允许将应用程序一致的数据快照用于时间点恢复，尤其是异步复制的非结构化用户数据。

2. 支持的配置

拉伸群集允许在单个群集中配置计算机和存储，其中某些节点共享一组非对称存储，而另一些节点共享另一组，然后通过站点感知进行同步或异步复制。此方案可以利用具有共享的 SAS 存储的存储空间、连接了 SAN 和 iSCSI 的逻辑单元号（logical unit number，LUN）。它通过 PowerShell 和故障转移集群管理器图形工具进行管理，并允许自动化工作负载故障转移，其结构如图 5-3 所示。

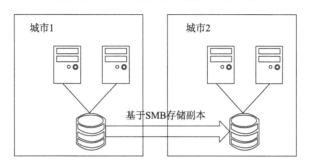

图 5-3　在拉伸群集中使用存储副本的存储复制

SMB 表示服务器信息块（server message block）

除此之外，它还支持两个独立集群之间的存储复制以及服务器到服务器之间的存储复制。

3. 复制方式

1）同步复制

同步复制可确保应用程序在 I/O 完成之前将数据一次写入两个位置。由于这种复制对网络和存储投资有一定的要求，且有降低应用程序性能的风险，所以它更适合于任务关键数据。当源数据副本上发生应用程序写入操作时，源存储不会立即确认 I/O。相反，那些数据更改会被复制到远程目标副本，并等待远程目标副本确认后才返回 I/O 确认给应用程序。这可确保远程站点与源站点的固定同步，有效地跨网络扩展存储 I/O。在源站点故障时，应用程序可以将故障转移到远程站点并恢复其运行，同时保证零数据丢失。

如图 5-4 所示，同步复制的主要步骤如下：应用程序写入数据、写入日志数据并将数据复制到远程站点、在远程站点写入日志数据、从远程站点确认、确认应用程序写入。

2）异步复制

异步复制意味着当应用程序写入数据时，将在没有立即确认保证的情况下将该数据复制到远程站点。此模式允许系统更迅速地响应应用程序，并支持按地理位置划分的指定路由器（designated router，DR）解决方案。当应用程序写入数据时，复制引擎将捕获该写入数据并立即向应用程序确认。然后，捕获的数据将复制到远程位置。远程节点处理数据的副本，并延迟返回向源副本确认。由于复制性能不再处于应用程序 I/O 路径中，因此远程站点的响应速度和距离都是不太重要

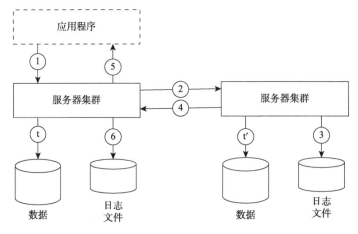

图 5-4 同步复制

1: 更新操作; 2: 数据同步 1; 3: 返回 2; 4: 数据同步 2; 5: 更新成功; 6: 返回 1;
t: 读数据 1; t': 读数据 2

的因素。如果源数据丢失且数据的目标副本仍在缓冲区,则存在数据丢失的风险。

如图 5-5 所示,异步复制的主要步骤如下:应用程序写入数据、写入日志数据、确认应用程序写入、数据复制到远程站点、日志数据在远程站点写入、从远程站点确认。

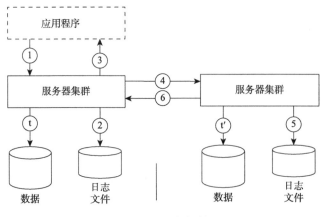

图 5-5 异步复制

5.3.2 容灾技术

存储容灾是在灾难导致信息系统损坏后,实现关键数据恢复和生产系统重运行所采用的技术方法。如图 5-6 所示,容灾技术主要有基于主机层容灾技术、基于网络层容灾技术和基于阵列层容灾技术三种。

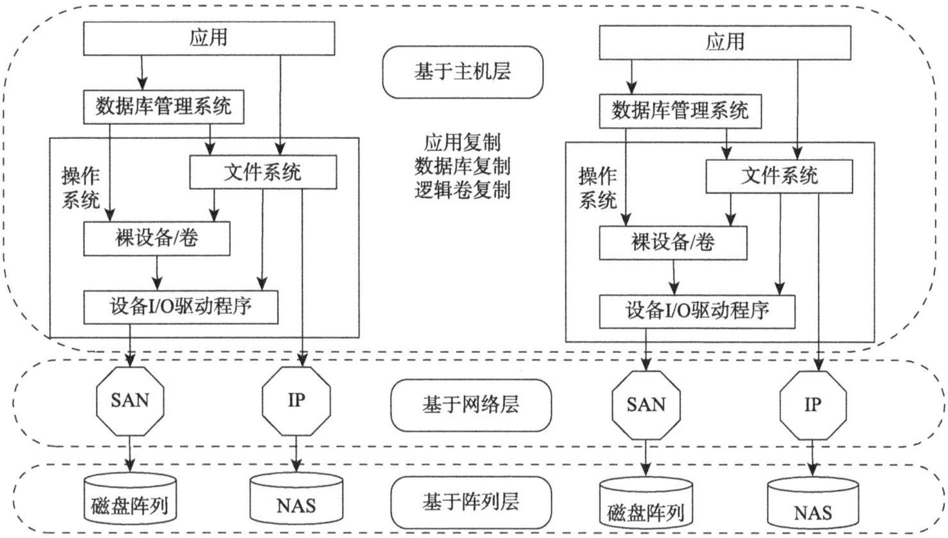

图 5-6 容灾技术分类

1）基于主机层容灾技术

在生产中心和灾备中心的服务器上安装专用的数据复制软件，如卷复制软件，以实现远程复制功能。两中心间必须有网络连接作为数据通道。可以在服务器层增加应用远程切换功能软件，从而构成完整的应用级容灾方案。这种数据复制方式相对投入较少，主要是软件的采购成本；兼容性较好，可以兼容不同品牌的服务器和存储设备，较适合硬件组成复杂的用户。但这种方式要在服务器上通过软件来实现同步操作，占用主机资源和网络资源非常大。

2）基于网络层容灾技术

基于 SAN 网络层的数据复制技术是在前端应用服务器与后端存储系统之间的 SAN 加入存储网关，前端连接服务器主机，后端连接存储设备。存储网关将在不同存储设备上的两个卷之间建立镜像关系，将写入主卷的数据同时写到备份卷中。当主存储设备发生故障时，业务将会切换到备用存储设备上，并启用备份卷，保证数据业务不中断。

3）基于阵列层容灾技术

基于阵列层容灾技术主要采用了阵列间的数据复制技术，将数据从本地阵列复制到灾备阵列，在灾备存储阵列产生一份可用的数据副本。当主阵列故障时，可以将业务快速切换到备用阵列，从而最大可能地保障业务的连续性。

5.3.3　分级存储技术

　　分级存储技术，即根据数据不同的重要性、访问频次等指标将数据分别存储在不同性能的存储设备上，采取不同的存储方式。如图 5-7 所示，分级存储一方面可大大减少非重要性数据在一级本地磁盘所占用的空间，另一方面还可改善整个系统的存储性能。

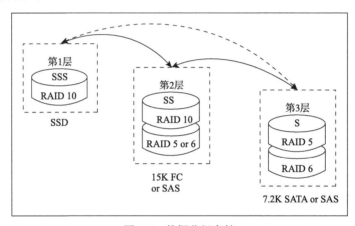

图 5-7　数据分级存储

SSS 表示分布式块存储，以数据块为基本单位进行存储；SS 表示分布式文件存储，以文件为基本单位进行存储；
S 表示分布式对象存储，以对象为基本单位进行存储；SSD 表示固态硬盘驱动（solid state drive）

　　1）分级存储分类

　　目前常用于数据存储的存储设备主要有磁盘（包括磁盘阵列）、磁带（包括磁带机和磁带库）和光盘[包括一切可记录式 CD（compact disk-recordable，CD-R）、可重写式 CD（compact disc-rewritable，CD-RW）、可记录式 DVD（digital video disc-recordable，DVD-R）、可重写式 DVD（digital video disc-rewritable，DVD-RW）等光盘塔和光盘库设备]。从性能上来说，磁盘最好，光盘次之，磁带最末；而从价格上来说，单位容量成本磁盘最高，光盘次之，磁带最低。这就为我们不同的应用追求最佳性价比提供了条件，因为这些不同的存储媒介可应用于不同的存储方式中。这些不同的存储形式包括在线存储（on store）、近线存储（near store）和离线存储（off store）。数据分级存储的工作原理是基于数据访问的局部性。通过将不经常访问的数据自动移到存储层次中较低的层次，释放出较高成本的存储空间给更频繁访问的数据，可以获得更好的总体性价比。

　　在线存储又称工作级的存储，存储设备和所存储的数据时刻保持"在线"状态，是可随意读取的，可满足计算平台对数据访问的速度要求。例如，PC 中常用的磁盘基本上都是采用这种存储形式。一般在线存储设备为磁盘和磁盘阵列等磁盘设备，价格相对昂贵，但性能较好。

离线存储主要用于对在线存储的数据进行备份，以防范可能发生的数据灾难，因此又称为备份级的存储。离线海量存储的典型产品就是磁带或磁带库，价格相对低廉。离线存储介质上的数据在读写时是顺序进行的。当需要读取数据时，需要把带子卷到头，再进行定位。当需要对已写入的数据进行修改时，所有的数据都需要全部进行改写。因此，离线海量存储的访问是速度慢、效率低的。

近线存储，就是指将那些并不是经常用到或者说数据的访问量并不大的数据存放在性能较差的存储设备上。对这些设备的要求是寻址迅速、传输率高。因此，近线存储对性能的要求相对来说并不高，但由于不常用的数据要占总数据量的大多数，这也就意味着近线存储设备首先要保证的是容量。

2）分级存储管理

分级存储管理（hierarchical storage management，HSM）就是将用户拥有的所有存储资源统一管理，提高每种存储设备的利用率，节约成本。在分级存储中，存储的分级是十分明显的，仅从设备上说，就有磁带机、磁带库、NAS、中低端盘阵、高端存储系统等。而且在线、近线与离线存储存放的数据价值不同，如何根据用户数据的不同价值合理利用好每种存储资源是一个不小的挑战。

分级存储管理是一种将离线存储与在线存储融合的技术。它将高速、高容量的非在线存储设备作为磁盘设备的下一级设备，然后将磁盘中常用的数据按指定的策略自动迁移到磁带库等二级大容量存储设备上。当需要使用这些数据时，分级存储系统会自动将这些数据从下一级存储设备调回上一级磁盘。对于用户来说，上述数据迁移完全是透明的，只是访问磁盘的速度略慢，而逻辑磁盘的容量明显感觉大大提高了。通俗地讲，数据迁移是一种可以把大量不经常访问的数据存放在磁带库、光盘库等离线介质上，只在磁盘阵列上保存少量访问频率高的数据的技术。当那些磁带等介质上的数据被访问时，系统自动地把这些数据回迁到磁盘阵列中；同样，磁盘阵列中很久未访问的数据被自动迁移到磁带介质上，从而大大降低了投入和管理成本。由此可见，分级存储管理更多地从降低成本、不影响数据应用效果的角度解决数据的存储问题。

5.3.4　其他技术

1. 分布式 RAID 技术

RAID 中主要有三个关键概念和技术：镜像（mirroring）、数据条带（data

stripping）和数据校验（data parity）。

镜像：将数据复制到多个磁盘，一方面可以提高可靠性，另一方面可并发从两个或多个副本读取数据来提高读性能。典型地，采用镜像技术将会同时在阵列中产生两个完全相同的数据副本，分布在两个不同的磁盘驱动器组上。镜像提供了完全的数据冗余能力。

数据条带：将数据分片保存在多个不同的磁盘上，多个数据分片共同组成一个完整的数据副本。条带粒度可以是 1KB 至几 KB，分块越小，并行处理能力就越强，数据存取速度就越快，但同时就会增加块存取的随机性和块寻址时间。实际应用中，要根据数据特征和需求来选择合适的分块大小，在数据存取随机性和并发处理能力之间进行平衡，以争取尽可能好的整体性能。

数据校验：利用冗余数据进行数据错误检测和修复，冗余数据通常采用汉明码、异或操作等算法来计算获得。利用校验功能，可以在很大程度上提高磁盘阵列的可靠性、鲁棒性和容错能力。当其中一部分数据出错时，就可以对剩余数据和校验数据进行反校验计算来重建丢失的数据。

2. 存储删冗技术

目前，清华大学提出了一种新的主存储器删冗系统（primary storage deduplication system，PDFS），其基本架构如图 5-8 所示。

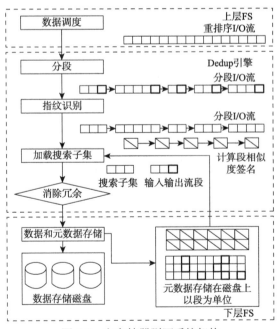

图 5-8　主存储器删冗系统架构

FS 为文件系统（file system）

删冗是一种数据精减方法，将重复数据以指针代替，主要有备份存储删冗和主存储器删冗两种删冗方案（Mao et al., 2016）。其中，主存储器删冗系统能够延缓主存储增长的速度、节省存储空间、降低存储成本、提高主存储器系统性能、减少备份数据量、增强通过网络异地备份数据的能力；但同时，由于要求高，写数据时删冗过程计算开销大、数据划分造成元数据量激增导致元数据访问成为瓶颈（Fu et al., 2016）。

上述由清华大学提出的新的删冗架构在一定程度上提高了存储效率和性能。其基本架构是将多个连续数据块划分成一个数据段，利用位置敏感哈希函数或者 Broder 定理识别相似的数据段，每个数据段在执行删冗时，一个数据段内只需查询这一个删冗元数据桶，提高了写效率；具有碎片应对机制，保证数据写入顺序，提高读取效率。因此，它具备一定的优越性能。

5.4　开源工具实践

目前数据库主要分为传统的关系型数据库（SQL）和非关系型数据库（NoSQL），此外，还有近几年新出现的 New SQL 新型数据库、分布式数据库等。本节主要梳理目前主流的关系型数据库、非关系型数据库和新型数据库。

5.4.1　关系型数据库

传统的关系型数据库因为严谨的一致性以及通用的关系型数据模型接口，收获了很大一批用户。关系型数据库将数据以表的形式进行存储，然后在各个表之间建立关系，通过这些表之间的关系来操作不同表之间的数据。

其优点主要有：数据安全（磁盘），数据一致性，二维表结构直观、易理解，使用 SQL 语句操作非常方便，可用于比较复杂的查询；其缺点主要是读写性能较差、不擅长处理较复杂的关系（Sroka et al., 2015）。

常见的关系型数据库有 MySQL、Oracle、PostgreSQL 等。关系型数据库是依据关系模型来创建的数据库，所谓的关系模型是指一对一、一对多、多对多，通过关系模型来构建二维表格（Misaki et al., 2016）。

本节主要对几个开源关系型数据库进行对比，其优缺点如表 5-2 所示。

表5-2　主流关系型数据库对比

数据库	优势	缺点
MySQL	（1）MySQL 性能卓越，服务稳定，很少出现异常宕机 （2）MySQL 开放源代码且无版权制约，自主性及使用成本低，版本更新较快 （3）MySQL 软件体积小，安装使用简单，并且易于维护，安装及维护成本低 （4）MySQL 支持多种操作系统，提供多种 API，支持多种开发语言，特别对流行的超文本预处理器（hypertext preprocessor，PHP）语言有很好的支持	数据量大时处理性能不及 Oracle
SQL Sever	（1）真正的客户机/服务器体系结构 （2）图形化的用户界面，使系统管理和数据库管理更加直观、简单 （3）丰富的编程接口工具，为用户进行程序设计提供了更大的选择余地 （4）提供数据仓库功能，这个功能只在 Oracle 和其他昂贵的数据库管理系统中才有	只能在 Windows 系统下运行
Oracle	（1）Oracle 能在所有主流平台上运行 （2）Oracle 性能高，保持开放平台下决策支持的基准程序（transaction processing corp-D，TPC-D）和在线事务处理的基准程序（transaction processing corp-C，TPC-C）世界纪录 （3）获得最高认证级别的国际标准化组织标准认证	价格昂贵
PostgreSQL	（1）PostgreSQL 稳定性强 （2）PostgreSQL 多年来在地理信息系统领域处于优势地位，因为它有丰富的几何类型，此外 PostgreSQL 还有大量字典、数组、bitmap 等数据类型 （3）PostgreSQL 是唯一支持事务、子查询、多版本并行控制系统、数据完整性检查等特性的一种自由软件的数据库管理系统 （4）PostgreSQL 对数据量大的文本以及 SQL 处理较快	内存性能较差

5.4.2　非关系型数据库

传统关系型数据库在数据密集型应用方面显得力不从心，主要表现在灵活性差、扩展性差、性能差等方面。而 NoSQL 摒弃了传统关系型数据库管理系统的设计思想，采用了不同的解决方案来满足扩展性方面的需求。由于它没有固定的数据模式并且可以水平扩展，因而能够很好地应对海量数据的挑战。相对于关系型数据库而言，NoSQL 最大的不同是不使用 SQL 作为查询语言。NoSQL 数据库的主要优势有：避免不必要的复杂性、高吞吐量、高水平扩展能力和低端硬件集群、避免了昂贵的对象-关系映射。NoSQL 的关键是它们放弃了传统关系型数据库的强事务保证和关系模型，通过最终一致性和非关系数据模型（如键值对、图、文档）来提高 Web 应用所注重的高可用性和可扩展性。

表 5-3 和图 5-9 展示了四种非关系型数据库的存储方式的不同，下面分别对上述几种具有代表性的数据库进行介绍。

表5-3　非关系型数据库分类

分类	数据模型	优势	数据库
键值数据库	哈希表	查询快、易部署、高并发	Redis、Memcached
列存储数据库	列式数据存储	查询快、数据压缩率高、不需要额外建立索引	HBase
文档型数据库	键值对扩展	将数据以文档的形式存储、数据结构不定	MongoDB
图数据库	节点和关系组成的图	利用图结构的相关算法	Neo4j、JanusGraph

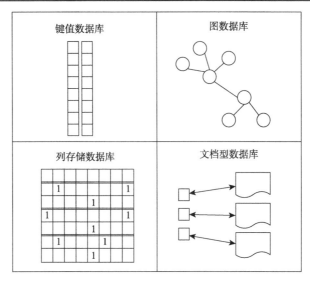

图 5-9　非关系型数据库存储方式

　　键值数据库类似于传统语言中使用的哈希表，可以通过键值来添加、删除、查询数据，因为使用 key 主键来访问，所以键值数据库有很高的性能及拓展性。

　　不同于关系型数据库的以行为单位存储，列存储数据库将数据存储于列族中。列存储数据库主要用于海量数据分析。由于在进行数据分析的时候，我们通常只会查询表中的一列或者几列，这时只需要把目标列提取出来即可，从而提高了检索的效率。

　　文档型数据库与键值数据库是类似的，只不过它将数据用文档的形式存储，数据存储可以是 XML、JSON 等多种形式。MongoDB 是一个介于关系型数据库和非关系型数据库之间的产品，它支持的数据结构非常松散，是类似 JSON 的二进制序列化文档格式（binary serialized document format，BSON），因此可以存储比较复杂的数据类型。

　　图数据库允许我们将数据以图的方式存储。实体作为顶点，而实体之间的关系则作为边。因为使用的是灵活的图模型，所以可以拓展到多个服务器上。图数据库一般用于推荐系统、处理社交网络等（Zhang et al.，2020）。Neo4j 是一个高性能的 NoSQL 图数据库，它将结构化数据存储在网络上而不是表中。

5.4.3 新型数据库

New SQL 数据库采用了不同的设计，它取消了耗费资源的缓冲池，摒弃了单线程服务的锁机制，通过使用冗余机器来实现复制和故障恢复，取代原有的昂贵的恢复操作。这种可扩展、高性能的 SQL 数据库被称为 New SQL。New SQL 主要包括两类系统：其一，拥有关系型数据库产品和服务，并将关系模型的好处带到分布式架构上；其二，提高关系型数据库的性能，使之达到不用考虑水平扩展问题的程度。

New SQL 可以理解为传统的关系型数据库与 NoSQL 结合的产物。它试图将传统关系型数据库的数据一致性优势与 NoSQL 平台的可伸缩性结合起来，为需要高度可扩展的在线事务处理（online transactional processing，OLTP）平台的应用程序提供了一种解决方案。以谷歌 Cloud Spanner 为例，谷歌将 Cloud Spanner 描述为："唯一一款专为云构建的企业级、全球分布且高度一致的数据库服务，专门将关系型数据库结构的优势与非关系横向扩展相结合。"Cloud Spanner 允许 SQL 查询并且没有规模限制。分布式数据库具有 ACID 特性，即原子性（atomicity）、一致性（consistency）、隔离性（isolation）、持久性（durability），它以提供可用性和一致性而闻名。

参 考 文 献

Basu A，Ahad R. 1992. Using a relational database to support explanation in a knowledge-based system[J]. IEEE Transactions on Knowledge and Data Engineering，4（6）：572-581.

Fu M，Feng D，Hua Y，et al. 2016. Reducing fragmentation for in-line deduplication backup storage via exploiting backup history and cache knowledge[J]. IEEE Transactions on Parallel and Distributed Systems，27（3）：855-868.

Geng D Q，Zhang C Y，Xia C J，et al. 2019. Big data-based improved data acquisition and storage system for designing industrial data platform[J]. IEEE Access，7：44574-44582.

Lim H，Choi S. 2005. Design and implementation of iSCSI-based virtual storage system for mobile health care[C]//Proceedings of 7th International Workshop on Enterprise Networking and Computing in Healthcare Industry，Busan：37-40.

Mao B，Jiang H，Wu S Z，et al. 2016. Leveraging data deduplication to improve the performance of primary storage systems in the cloud[J]. IEEE Transactions on Computers，65（6）：1775-1788.

Mays E，Lanka S，Dionne B，et al. 1991. A persistent store for large shared knowledge bases[J]. IEEE Transactions on Knowledge and Data Engineering，3（1）：33-41.

Misaki M，Tsuda T，Inoue S，et al. 2016. Distributed database and application architecture for big data solutions[J]. IEEE Transactions on Semiconductor Manufacturing，30(4):328-332.

Sroka J，Panasiuk A，Stencel K，et al. 2015. Translating relational queries into spreadsheets[J]. IEEE Transactions on Knowledge and Data Engineering，27（8）：2291-2303.

Wu Y X，Wang F，Hua Y，et al. 2017. I/O stack optimization for efficient and scalable access in FCoE-based SAN storage[J]. IEEE Transactions on Parallel and Distributed Systems，28（9）：2514-2526.

Zhang X，Yang Q Q，Ding J R，et al. 2020. Entity profiling in knowledge graphs[J]. IEEE Access，8：27257-27266.

第6章 智能信息服务中的知识融合

知识融合在本书中定义为从智能信息服务中大数据公开的碎片化数据中获取多源异构、语义多样、动态演化的知识，通过冲突检测和一致性检查，对知识进行正确性判断，去粗取精，将验证正确的知识通过对齐关联、合并计算有机地组织成知识库，提供全面的知识共享的重要方法。

在知识融合中，如何刻画开放网络知识的质量、消除知识理解的不确定性、发现知识的真值、将正确的知识更新扩充到知识库中是研究者关注的重点。知识融合不同于数据融合、信息融合。知识融合处理的对象是知识，值得重点关注的是知识，不是数据的简单累积，而是有序的可用于指导实践的信息。面向智能信息服务中大数据的知识融合方法的研究具有非常重要的意义。目前，国内外工业界和学术界对知识融合的关键技术展开了广泛的研究。然而，现有工作大部分是针对知识融合中的局部问题或特定技术，如知识评估、实体链接、分类对齐、分类合并等，还没有形成一套系统的理论方法以及完整的计算模式和框架。

6.1 智能信息服务的多模态知识数据融合

在大数据时代，从社交媒体到交通运输，从医疗保健到无线通信网络，不同领域产生了多样化的数据。在解决问题时，我们通常需要利用多个不同的数据集（Zheng et al., 2014）。为了更好地理解图像的语义含义，我们可以使用其周围的文本和从其像素中导出的特征。因此，如何从不同领域的多个数据集中释放知识的力量在大数据研究中至关重要，这从本质上区分了大数据与传统的数据挖掘任务。

　　然而，来自不同领域的不同数据集由多种模态组成，每种模态都有与之对应的特征：表示、分布、规模和密度。例如，同等对待不同的数据集或简单地将来自不同数据集的特征连接起来无法在数据挖掘任务中取得良好的性能(Guillaumin et al., 2010)。因此，跨模态的数据融合成为大数据研究的新挑战，需要使用先进的数据融合技术。

　　本书将可以融合多个数据集的方法分为三类。第一类数据融合方法在数据挖掘任务的不同阶段使用不同的数据集，我们称它为基于阶段的融合方法。例如，Zheng 等（2014）首先通过道路网络数据将城市划分为不相交的区域，然后根据人类移动数据检测连接不良的区域对。这些区域对可以表示城市交通网络中过时的设计。第二类方法使用深度神经网络（deep neural network，DNN）学习从不同数据集提取的原始特征的新表示。然后将新的特征表示输入模型中进行分类或预测。第三类方法根据语义混合数据，可以进一步分为以下四组。

　　（1）基于多视图的方法：这组方法将不同模态的数据或数据集特征视为对象或事件的不同视图。向不同的模型中输入不同特征，从不同的角度描述一个对象，结果随后合并在一起或相互加强。联合培训就是此类方法的一个例子。

　　（2）基于相似性的方法：这组方法利用不同对象之间的潜在相关性（或相似性）来融合不同的数据集。一种典型的方法是耦合协同过滤（collaborative filtering，CF），也就是上下文感知 CF，其中不同的数据集由具有共同维度的不同矩阵建模。通过将这些矩阵（或张量）分解在一起，我们可以获得比单独分解单个矩阵（或张量）更好的结果。流形对齐属于这种方法。

　　（3）基于概率依赖性的方法：这组方法使用图形表示对不同数据集之间的概率因果关系（或依赖性）进行建模。贝叶斯网络和马尔可夫随机场是代表性模型，将从不同数据集中提取的特征表示为图节点，将两个特征之间的依赖关系表示为边缘。

　　（4）基于迁移学习的方法：这组方法将知识从一个源域转移到另一个目标域，处理目标域中的数据稀疏问题。迁移学习甚至可以在不同的学习任务之间迁移知识，例如，从书籍推荐到旅行推荐。

6.1.1　与传统数据集成的关系

　　传统数据融合（Bleiholder and Naumann，2009）被视为数据集成的一部分，是将表示同一现实世界对象的多个数据集成为一致、准确和有用的表示的过程。图 6-1（a）展示了传统数据融合的范例。例如，三个不同的数据提供者生成了三个北京的兴趣点（point of interest，POI）数据集。传统的数据融合旨在通过模式映射和重复检测的过程将三个数据集合并成一个具有一致数据模式的数据库，描述相同 POI 的记录（来自不同数据集），例如，一个餐厅是在同一个域中生成的，即 POI。

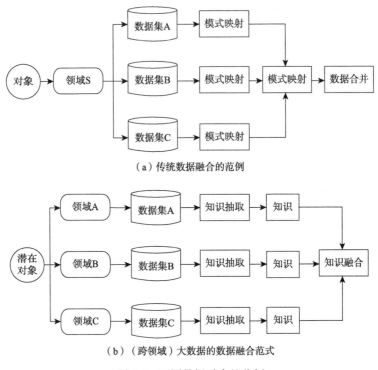

（a）传统数据融合的范例

（b）（跨领域）大数据的数据融合范式

图 6-1　不同数据融合的范例

　　然而，如图 6-1（b）所示，在大数据时代，在不同领域生成了多个数据集，这些数据集由潜在对象隐式连接。例如，一个地区的交通状况、兴趣点和人口统计共同描述了该地区的潜在功能，而它们来自三个不同的领域。从字面上看，来自三个数据集的记录分别描述了不同的对象，即路段、POI 和社区。这更多是与知识融合而不是模式映射有关，这显著区分了传统的数据融合（在数据库社区中研究过）和跨领域数据融合。

6.1.2　与异构信息网络的关系

　　信息网络代表现实世界的抽象，关注对象和对象之间的交互。与现有的许多将互联数据视为同构图或网络的模型不同，异构信息网络由不同类型的节点和关系组成。例如，一个书目信息网络由作者、会议和论文作为不同类型的节点组成。

该网络中不同节点之间的边可以表示不同的语义，例如，作者发表论文、论文在会议上发表、作者参加会议。目前研究者已经提出了相当多的算法来挖掘异构网络，如排名和聚类（Sun et al.，2009）。

异构信息网络几乎可以在任何领域构建，如社交网络、电子商务和在线电影数据库。但是，它只链接单个域中的对象，而不是跨不同域的数据。例如，在书目信息网络中，人物、论文和会议都来自书目领域。在 Flickr 信息网络中，用户、图片、标签和评论都来自社交媒体领域。如果我们想跨完全不同的领域融合数据，例如，交通数据、社交媒体和空气质量，这样的异构网络可能无法在不同领域的对象之间找到具有语义含义的显式链接。因此，用于挖掘异构信息网络的算法不能直接应用于跨域数据融合问题。

6.2　基于本体概念层的智能信息服务知识融合

所谓的信息社会要求完全访问可用信息，这些信息通常是异构的和分布式的。为了建立高效的信息共享，需要解决许多技术问题。首先，必须找到一个合适的信息源，该信息源可能包含给定任务所需的数据。寻找合适的信息源是信息检索和信息过滤领域的一个问题（Belkin and Croft，1992）。一旦找到信息源，就必须提供对其中数据的访问。这意味着第一步中找到的每个信息源都必须与查询信息的系统协同工作。将异构和分布式计算机系统结合在一起的问题称为互操作性问题。

其次，必须在技术和信息层面提供互操作性，简而言之，信息共享不仅需要提供对数据的完全访问，还要求访问的数据可以由远程系统处理和解释。由于数据的异质性而可能出现的问题在分布式数据库系统社区中已经众所周知：结构异质性（示意图异质性）和语义异质性（数据异质性）。结构异质性意味着不同的信息系统将其数据存储在不同的结构中。语义异质性考虑信息项的内容及其预期含义。

为了在异构信息系统中实现语义互操作性，必须跨系统理解交换信息的含义。每当两个上下文不使用相同的信息解释时，就会发生语义冲突。Goh（1997）确定了语义异质性的三个主要原因。

（1）当信息项似乎具有相同的含义但实际上不同时，就会发生混淆冲突，例如，由于不同的时间背景导致含义的不同。

（2）当使用不同的参考系统来测量一个值时，会发生比例冲突。示例是不同的货币。

（3）当信息的命名方案显著不同时，会发生命名冲突。一个常见的示例是同音异义词和同义词。

使用本体来解释隐含和隐藏知识是克服语义异质性问题的一种可能的方法。Uschold 和 Gruninger（1996）提到互操作性是本体的关键应用，并且已经开发了许多基于本体的方法用于信息集成以实现互操作性。

在本书中，我们对现有解决方案进行了调查，特别关注本体在这些方法中的使用。我们分析了大约 25 种智能信息集成方法，包括多源空间数据无缝集成（seamless integration of multisource spatial data，SIMS）、用于实验验证和评估调控元件的在线生物信息学系统（online bioinformatics system for experimental verification and evaluation of regulatory elements，OBSERVER）、服务质量（quality of service，QoS）感知的信任系统的合作和自适应资源协商（cooperative and adaptive resource negotiation for QoS-aware trust-based systems，CARNOT）、InfoSleuth、用于容错的知识重用（knowledge reuse for fault tolerance，KRAFT）、点对点信息中心安全电子图书馆（peer-to-peer information-centric secure electronic library，PICSEL）、数据仓库质量（data warehouse quality，DWQ）、OntoBroker、简单的 HTML 本体扩展（simple HTML ontology extensions，SHOE）等都涉及本体的作用和使用。这些系统大多数使用一些本体的概念，因此，我们根据三个主要标准评估其余方法。

本体的使用：本体的作用和架构严重影响本体的表示形式。

本体表示：根据本体的使用，推理能力因方法而异。

映射的使用：为了支持集成过程，本体必须与实际信息相关联。如果在一个集成系统中使用多个本体，本体之间的映射也很重要。

6.2.1 本体的作用

最初，本体是作为"概念化的显式规范"而引入的（Gruber，1993）。因此，本体可用于集成任务来描述信息源的语义并使内容更明确。在数据源的集成方面，本体可以用于识别和关联语义对应的信息概念。然而，在一些项目中，本体可能会承担额外的任务。

1）内容说明

在几乎所有基于本体的集成方法中，本体都用于信息源语义的显式描述。但是，使用本体的方式可能会有所不同。一般来说，可以确定三个不同的方向：单一本体方法、多本体方法和混合方法。图 6-2 概述了三种主要架构。

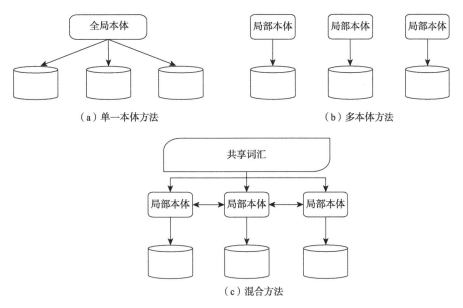

（a）单一本体方法　　　　　　　　　（b）多本体方法

（c）混合方法

图 6-2　使用本体进行内容解释的三种架构

　　基于单一本体的集成似乎是最简单的方法，因为它可以被其他方法模拟。一些方法提供了可以实现所有三种架构的通用框架。以下将简要概述三种主要的本体架构。

　　（1）单一本体方法：单一本体方法使用一个全局本体，为语义规范提供共享词汇表，见图 6-2（a）。所有信息源都与一个全局本体相关。这种本体集成的一个突出方法是 SIMS（Arens et al.，1996）。应用领域的 SIMS 模型包括一个分层的术语知识库，每个源都与全局本体简单相关。

　　全局本体也可以是几个专门本体的组合。组合多个本体的一个原因可能是潜在的大型单一本体的模块化。该组合由本体表示形式支持，即导入其他本体模块。

　　单一本体方法可以应用于集成问题，其中所有要集成的信息源在域上提供几乎相同的视图。但是如果一个信息源对一个域有不同的看法，例如，提供另一个粒度级别，则找到最小的本体成为一项艰巨的任务。此外，单一本体方法易受信息源变化的影响，这会影响本体中表示的领域的概念化。这些缺点导致了多本体方法的发展。

　　（2）多本体方法：在多本体方法中，每个信息源都由它自己的本体描述，见图 6-2（b）。例如，在 OBSERVER 中（Mena et al.，2000），信息源的语义由单独的本体描述。

（3）混合方法：为了克服单一本体方法或多本体方法的缺点，混合方法被开发出来，见图6-2（c）。与多本体方法类似，每个源的语义由其自己的本体描述。但是为了使本地本体能够相互比较，它们是从全球共享的词汇表中构建的。共享词汇表包含域的基本术语（原语），这些术语组合在本地本体中以描述更复杂的语义。有时，共享词汇也是一个本体。

在混合方法中，有趣的一点是如何描述本地本体。在影响中心网络（center of influence networking，COIN）中，信息的局部描述，即所谓的上下文，只是一个属性值向量。上下文的术语源自全局本体和数据本身。在移动边缘计算离载流量分析（mobile edge computing offloading traffic analysis，MECOTA）中，每个源概念都由一个标签注释，该标签结合了共享词汇表中的原始术语。组合运算符类似于在描述逻辑中已知的运算符，但进行了扩展，例如，由运营商指示信息是几个单独信息的集合（例如，带有编号的街道名称）。用于信息提取和检索的语义类型化实体关系模型的构建和使用（building and using semantic typed entity relationship models for information extraction and retrieval，BUSTER）（Stuckenschmidt et al.，2000）中，共享词汇是一个（通用）本体，它包含了所有可能的改进。通用本体定义了其概念的属性值范围。源本体是一般本体的（部分）细化，限制了某些属性的取值范围。因为源本体只使用通用本体的词汇，所以源本体与通用本体保持了一定的一致性和可比性。

混合方法的优点是无须修改即可在轻松添加新源的同时还支持本体的获取和演化。但是混合方法的缺点是现有的本体不能轻易重用，而必须从头开始重新开发。

2）本体的附加作用

一些方法不仅将本体用于内容说明，还用作全局查询模型或用于验证（用户定义的或系统生成的）集成描述。下面将更详细地考虑本体的这些附加角色。

查询模型：集成信息源通常提供集成的全局视图。一些集成方法使用本体作为全局查询模式。例如，在SIMS中，用户根据本体制定查询。然后SIMS将全局查询重新构造为每个适当来源的子查询，收集和组合查询结果，并返回结果。

使用本体作为查询模型的优点是查询模型的结构更直观，更符合用户对领域的认知和理解。但从数据库的角度来看，该本体仅充当全局查询模式。如果用户提出查询，他必须知道本体的结构和内容；他无法根据他喜欢的模式制定查询。因此，对于全局本体作为查询模型的适用性存在一定的争议。

确认：在集成过程中，必须指定从全局模式到本地源模式的多个映射。如果可以自动验证映射，则可以大大提高此类映射的正确性。如果本地子查询提供部分查询答案，则子查询相对于全局查询是正确的，即子查询必须包含在全局查询中（查询包含）。因为本体包含概念化的完整规范，所以可以相对于本体来验证映射。查询包含是指本地子查询对应的本体概念包含在全局查询相关的本体概念中。

在 DWQ（Calvanese et al.，1999）中，假设每个源都是关系表的集合。每个表都在连接查询的帮助下根据其本体进行描述。全局查询和分解的子查询都可以基于本体概念展开。如果子查询的本体概念包含在全局本体概念中，则子查询是正确的，即包含在全局查询中。概念模式和实体链接的路径推理（path inference for conceptual schema and entity linking，PICSEL）项目（Goasdoué et al.，2000）也可以验证映射，但与 DWQ 相比，它还可以自动生成映射假设，接下来针对全局本体进行验证。

6.2.2 本体表示

在信息集成的上下文中出于不同目的使用本体所产生的问题与所使用本体的性质有关。调查这个问题，我们主要关注使用的语言类型，以及可以找到的一般结构。我们不讨论本体内容，因为我们认为内容在很大程度上取决于必须集成的信息类型。我们进一步将评估限制为以对象为中心的知识表示系统，这些系统构成了大多数应用程序中使用的语言的核心。

1）描述逻辑

当我们研究基于本体的智能信息集成的不同方法时，我们首先要注意的是，使用描述逻辑的一些变体作为本体表示语言的系统的压倒性优势。最常被引用的语言是 CLASSIC，它被不同的系统使用，包括 OBSERVER，以及 Kashyap 和 Sheth 的作品（Kashyap and Sheth，1998）。其他术语语言包括图形和推理算法集成环境（graphical and reasoning algorithm integration environment，GRAIL）、基于概念层次结构的系统建模和仿真（system modeling and simulation based on conceptual hierarchies）和本体交换语言（ontology interchange language，OIL），用于 BUSTER 方法中的术语整合。

为了对它们的表达能力有一个印象，我们将它们与它们提供的语言结构进行了比较（表 6-1）。比较的范围集中在这些逻辑中使用的典型结构上，包括使用逻辑运算符构建类表达式、描述类特征的属性和约束时隙，以及陈述术语公理的形式化表示。此外，我们还考虑了这些语言是否支持实例的存在描述。

表6-1　信息集成的评估描述逻辑的表达能力

属性	CLASSIC	OIL	基于概念层次结构的系统建模和仿真
逻辑运算符			
连词	×	×	×
析取		×	×
反面		×	×
时隙约束			
时隙值	×		×
类型限制	×	×	×
射程限制	×	×	×
存在限制	×	×	×
基数	×	×	×
时隙定义			
功能属性	×	×	×
时隙连接			×
传递时隙		×	
反向时隙		×	×
公理			
相等	×	×	×
含义	×		
不相交	×	×	×
覆盖		×	
断言			
实体	×	×	×
关系实例	×	×	×

　　这种比较突出了高度表达概念定义的重要性。被比较的语言几乎可以处理所有常见的概念形成操作符。一个例外是 CLASSIC，它不允许使用析取（或运算）和否定（非运算）来定义概念。出现这种短板的原因是存在支持 A-Box 推理的有效包含算法。OIL 也可用于定义实例，但仅对语言的 T-Box 部分提供完善和完整的推理支持。另外，基于概念层次结构的系统建模和仿真为 A-Box 和 T-Box 提供推理支持，但不能保证健全性和完整性。

　　关于时隙和术语公理的定义，目前的研究还不完全。我们得出结论，超出功能时隙定义的复杂时隙定义对于手头的应用程序并不重要。似乎很重要的术语公理是相等和不相交。这个假设可以通过应用程序来解释，其中一个重要的任务是在语义层面上处理同义词和同音异义词。我们假设，如果目的是对信息源中的单个术语进行精确定义，那么经典描述逻辑可以提供很好的表达语言和推理支持，用于一致性检查和自动构建包含层次结构。

除了上面提到的纯术语语言之外，还有一些使用描述逻辑和规则库等方法来进行扩展的语言。扩展语言的已知用途是在 PICSEL 系统中使用通用代数推理与推断网络（common algebraic reasoning and inference network，CARIN），这是一种使用无函数 horn 规则扩展的描述逻辑和 DWQ 项目。在 AL-log 方法中，使用了简单描述逻辑与 Datalog 的组合。Calvanese 等（1999）使用具有 n 元关系的描述逻辑（description logic with n-ary relations，DLR），它是一种具有 n 元关系的描述逻辑，用于同一项目中的信息集成。描述逻辑与基于规则的推理的集成使得必须限制语言术语部分的表达能力以保持可判定性。

扩展描述逻辑比较清楚地反映了扩展所产生的语义困难。所使用的概念定义的表达能力不强，主要通过减少逻辑运算符的结合类型和存在来实现表达。AL-log 还有一个 A-Box。因此，当要表示的信息高度互联时，可以使用这些类型的语言。规则语言的存在也有助于将本体与实际信息联系起来。我们得出的结论是，如果目的不仅是定义一个术语，而且要捕获信息源的结构和信息项之间的依赖关系，则需要规则语言或 n 元关系来表达这些依赖关系。

2）基于帧的系统

在基于本体的信息集成系统中使用的第二组主要语言是经典的基于框架的表示语言。这种系统的例子有 COIN、KRAFT 和 InfoSleuth，提到的语言是 Ontolingua 和本体知识库连接（ontology knowledge base connectivity，OKBC）。还有一些方法直接使用 F-Logic 和自定义语法（如 OntoBroker）。

Calvanese 等（1999）提到的所有三种语言都为概念和关系的定义提供了通用元素，如类型、默认值和基数。此外，与描述逻辑语言相比，所使用的基于框架的语言具有更多种类的用于获取术语知识的选项。这主要是在本体规范中定义一阶公理的可能性的结果，这使用户能够对不同的术语公理进行编码。Ontolingua 也是如此，它甚至在其框架本体中提供了预定义的公理。只有 OKBC 没有提供足以描述术语公理的公理语言。当本体的目的是多方面的或没有精确定义时，将使用通用框架语言，如 Ontolingua。在这些情况下，模型的通用性比对特定推理任务的良好内置支持更重要。定义一阶公理的概念对于拓展模型具有重要意义。

3）其他方法

除了使用描述逻辑或基于框架的本体语言的最常见方法之外，还有几种方法可以以不同的方式表示有关要集成的信息的知识。从知识工程的角度来看，这些方法通常也将这些模型称为本体，但是，这些模型并不总是被视为本体。

形式概念分析：基于计算不同信息源之间的通用概念层次结构，是一种用于信息集成的方法。例如，Kokla 和 Kavouras（1999）发明了空间概念格的概念，用于整合地理信息系统中使用的土地利用分类方式。形式概念分析的优势在于建立良好的数学模型以及构建和修改概念层次结构的可能性。主要缺点是与简单数据库表相比，表达能力有限。

对象语言：具有非常不同的范围和结构的信息集成系统经常使用对象语言。这些语言通常是为非常特殊的目的而设计的，很难进行比较。专门对象语言的例子来自地理领域。例如，自适应多模态神经语言理解模型（adaptive multi-modal neural language understanding model，AMUN）声称为空间和主题信息的结构和语义集成提供了一个集成解决方案。然而，它与"真正的"本体语言相比，解决语义冲突的能力非常有限。

注释逻辑：有时用于解决冲突。因此，置信度或信念值是将最有可能的事实纳入通用模型的基本依据。使用注释逻辑的例子是面向知识的企业转型模型（knowledge-oriented model for enterprise transformation，KOMET）方法中使用的企业学习的知识获取与管理（knowledge acquisition and management for enterprise learning，KAMEL）和高度可扩展的资源管理和专家系统（highly extensible resource management and expert system，HERMES）项目。

6.2.3　映射的使用

集成异构信息源能够实现将本体置于上下文中的任务，它们不能被视为世界的独立模型，它们更应该被视为将各种信息组合在一起的黏合剂。因此，本体与其环境的关系在信息集成中起着至关重要的作用。我们使用术语映射来指代本体与应用系统其他部分的连接。下面我们将讨论信息集成所需的映射的两个最重要的用途：本体和它们描述的信息之间的映射以及系统中使用的不同本体之间的映射。

1）与信息源的连接

映射的第一个也是最明显的应用是将本体与信息源的实际内容相关联。本体可能与数据库方案有关，但也可能与数据库中使用的单个术语有关。不管这种区别，我们可以观察到在本体和信息源之间建立连接的一般方法的差异。

结构相似：将本体与数据库方案连接的一种直接方法是简单地生成数据库结构的一对一副本，并将其编码为一种使自动推理成为可能的语言。然后在模型的副本上执行集成，并且可以轻松地追溯到原始数据。这种方法可在 SIMS 中实现。

元注释：一种相当新的方法是使用元注释，将语义信息添加到信息源。由于需要集成万维网中存在的信息，其中注释是添加语义的一种自然方式，这种方法变得越来越突出。为了在万维网上使用而开发的方法是 OntoBroker 和 SHOE。我们可以进一步使用处理真实信息和避免冗余的方法。SHOE 是前者的一个例子，OntoBroker 是后者的例子。

2）本体间映射

许多现有的信息集成系统使用多个本体来描述信息。但是，映射不同本体之间的相关概念是知识工程中众所周知的问题。我们不会试图审查在该领域进行的所有研究，而是更愿意讨论信息集成系统中使用的一般方法。

定义的映射：本体映射问题的一种常见方法是提供定义映射的可能性。其优点是保证了极大的灵活性，但它无法确保保留语义，即使它们没有意义甚至产生冲突，用户也可以自由定义任意映射。

词汇关系：OBSERVER 尝试为不同本体中概念之间的映射提供相对直观的语义。这些方法通过从语言学借来的量化的本体间关系扩展了一个通用的描述逻辑模型。在 OBSERVER 中，使用的关系是同义词、上位词、下位词、重叠、覆盖和不相交。虽然这些关系类似于描述逻辑中使用的结构，但它们没有形式语义。因此，包含算法是启发式的，而不是正式的。

顶层接地：为了避免语义的损失，在定义不同本体之间的映射时[如数据仓库（data warehouse，DW）]，留在形式主义中的一个直接方法是将所有使用的本体与单个顶级本体相关联。这可以通过从通用顶级本体继承概念来完成。这种方法可用于解决冲突和歧义。虽然这种方法允许根据常见的超类在来自不同本体的概念之间建立联系，但它没有建立直接的对应关系。当需要精确匹配时，这可能会引发问题。

语义对应：是为了克服通过顶层基础间接映射概念引起的歧义而采用的一种方法，该方法可以识别来自不同本体的概念之间是否存在充分的语义对应关系。为了避免概念之间的任意映射，这些方法必须依靠通用词汇表来定义跨不同本体的概念。

6.3　基于实例层的智能信息服务知识融合与匹配

Web 数据在数量、种类和跨组织速度方面呈指数增长，因此需要关注与本体设计、模式匹配以及本体实例级别匹配的相关问题。现有的研究已经达到一定程度，以找到解决与 Web 数据相关的语义异质性问题的方法（Maree and Belkhatir，2015）。这些解决方案解决了许多不同的问题，例如，不同本体规范语言的应用、描述感兴趣领域的细节、高水平的半自动化以及模式和实例级别的可能匹配解决方案（Warren，2006）。

目前，语义信息的高度表达性使网络资源的自动或半自动处理成为可能。工业界和学术界已经发现语义网可以简化内部和跨业务流程的互操作性与集成。为了实现信息系统的有效性，一些系统必须通过集成进行重用，如果不是全部，就在系统的某些特定功能中执行。许多匹配系统已经在计算机科学的不同领域进行了研究，如人工智能、数据库系统以及信息系统的某些领域（Lindsell et al.，2020）。此外，匹配算法和匹配工具在语义 Web 系统框架中变得必不可少，该框架不仅关注基于模式的匹配，而且专注于基于实例的匹配，以支持发现和管理表示相同现实世界对象的个人或实体的实例。

本书旨在研究实例级别的本体匹配，重点关注面向大规模实例匹配方法的技术和工具。这种兴趣有双重动机：①与研究领域的不同研究相关，以确定其成熟度。因此，本体匹配被视为联合研究领域，尤其是在模式级别中已经存在许多基础类型的研究；②关于模式匹配，基于实例的匹配被认为是一个新的研究领域，需要对其成熟度给予关注和贡献，以便更好地对实例匹配技术、匹配工具以及提出的大规模匹配方法框架进行分类。此外，本书参考了 2010~2016 年的本体对齐评估倡议（Ontology Alignment Evaluation Initiative，OAEI）实例匹配跟踪参与者。该跟踪于 2009 年被引入 OAEI 活动，以评估实例匹配工具的性能。

6.3.1　本体匹配

本体匹配可以简单地指寻找语义相关的对象或不同本体的实体之间的对应关系，以表示一个现实世界的对象。本体匹配为不同格式和语言的数据共享与知识表达提供了环境。本体匹配的输入在大多数情况下是两个本体并产生对齐映射作为匹配过程的输出。此外，在本体匹配中表达实体可能足够复杂，如概念定义、查询和公式。计算机科学和工程领域已经提出了许多匹配技术，如人工智能、信息系统和数据库系统。

匹配系统的一般工作流程包括通过分别指定一个源本体和另一个目标本体来获取两个输入本体。图 6-3 显示了匹配过程的工作流程的详细信息。匹配子工作流可以以三种不同的方式工作：顺序、并行以及前两者的组合。

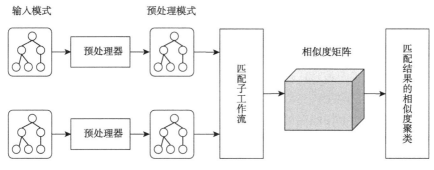

图 6-3　工作流匹配技术示例

6.3.2　基于实例的本体匹配

关于基于实例的本体匹配的简单印象被认为是两个对象的相似实例中重叠的显著性越高,这些对象的关系越密切。这里的问题是如何定义重叠的显著性程度。图 6-4 描述了基于实例的本体匹配的一般架构。

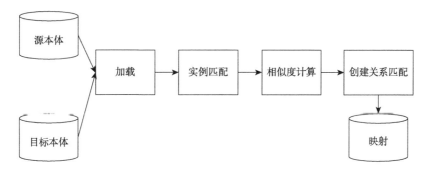

图 6-4　基于实例的本体匹配的一般架构

本体实例匹配是一种匹配,它比较两个或多个对象或类的个体集合,以决定它们是否可以代表现实世界的对象。它们将项目组合成一个单一的形式,然后产生结果作为映射对齐。实例匹配是本体集成的一个重要方面,因为它将实例的所有重要点分组,以便在不同信息源之间实现更好的互操作性。

有很多证据可以证明为什么一个真实世界的实体会出现在不同的来源中。在一个开放和社会化的数据源中,任何人在遵守适合他的应用的表示规则的前提下,都有充分的权利来发布数据和/或信息。此外,由于不同的数据获取方法可能存在差异,这也可以作为支持上述观点的另一个证据。

实体本质上是动态的,它们随着时间的推移而变化,导致实体频繁更新,这通常要么是不可能的，要么很难被发现。如果整合多个来源的数据，整合过程必然会涉及不规则的数据。

1）实例匹配技术

基于实例的匹配技术广泛地改编自数据库中的记录链接平台。记录链接技术允许以非常好的精度确定和识别对应于单个现实世界对象的记录。Castano 等（2011）提出了基于相似性的匹配技术的扩展分类。这些技术分为两组：与粒度级别相对应的面向价值和面向记录的技术。

（1）面向价值的技术：在这些技术中，可以通过在粒度值假设下匹配它们的可比属性来获得两条记录的相似性。此外，面向价值的匹配主要集中在计算字符串属性的相似性上，因为它们是最常用的数据类型，也是对象或实体的真实世界描述的来源。正确的阈值识别是基于相似性技术的主要难点，其中区分匹配和非匹配记录具有挑战性。

（2）面向记录的技术：这些技术被视为基于相似性形式的技术。与面向价值一样，相似性值是针对基于相似性的技术中的每对记录进行分配的。但相似性值的输出是二进制的，即如果输入指代了特定的现实世界实体，则相似性值为 1，否则为 0。这些方法的主要优势在于，即使有一个不可用的主要特征，也可以识别一组属性来区分每条记录。这些技术提供了精确的对齐映射，然而，它们是独立于域的，因此可能难以确定适合于选择域的启发式规则。

2）最先进的基于实例的本体匹配系统

根据本体实例匹配的定义，实例在相同或不同本体中相互比较，目的是识别相同的现实世界对象。然而，为了评估异构知识源中实例在表示给定域中相同现实世界实体方面的相似程度，需要解决异构性中的多种挑战，包括价值转换、结构异构性和逻辑异构性。

在 Jean-Mary 等（2009）的研究中，开发了一种本体匹配算法，即带验证的本体自动语义匹配（automatic semantic matching of ontology，ASMOV），通过将两组元素级和结构级的相似性度量与方法形式语义相结合来匹配处理，以验证本体对应和首选属性的一致性问题。形式语义通过使用同义词库 API 适配器显示了 ASMOV 的适应性特征。然而，这种方法的性能在本体的预处理中受到限制，以展示更多用于语义验证的信息，这是有关 OAEI 2010 测试技术的实例匹配（instance matching，IM）跟踪评论的一部分。此外，该系统无法处理大规模的本体匹配。

为了提高实例匹配的能力以匹配大量实例，Saïs 等（2010）提出了一种称为逻辑和数字参考协调（logical and numerical reference coordination，LN2R）的匹配技术，该技术的目标是通过识别本体中陈述的知识来协调数据。逻辑和数字参考协调的匹配技术又名知情技术。LN2R 在 OAEI 2010 活动的实例匹配跟踪中作为无监督(线性分类器)知识基础进行了测试,它分别基于学习排序(learning to rank,L2R)和神经网络排序(neural network ranking,N2R)两种方法。这种方法的主要优点是能够通过过滤步骤最小化比较次数,这有助于缩短执行时间。然而,由于缺乏对属性功能的了解,该技术的性能受到影响,它也不太能够处理涉及大规模数据集应用的大规模本体。

6.3.3 本体对齐评估计划

由于用于本体匹配的方法数量迅速增加,需要对这些方法进行评估,因此需要形成 OAEI 组织。OAEI 的任务是协调国际倡议活动以应对本体匹配挑战。

考虑到人们对基于实例的本体匹配的兴趣,OAEI 在 2009 年引入了本体实例匹配跟踪,旨在评估匹配工具的性能,旨在检测以 OWL 形式表示的实例对之间的相似度和重叠程度。

参 考 文 献

Arens Y,Hsu C N,Knoblock C A. 1996. Query processing in the SIMS information mediator[J]. Advanced Planning Technology,32:78 93.

Belkin N J,Croft W B. 1992. Information filtering and information retrieval[J]. Communications of the ACM,35(12):29-38.

Bleiholder J,Naumann F. 2009. Data fusion[J]. ACM Computing Surveys,41(1):1-41.

Calvanese D,De Giacomo G,Lenzerini M. 1999. Reasoning in expressive description logics with fixpoints based on automata on infinite trees[J]. IJCAI,99:84-89.

Castano S,Ferrara A,Montanelli S,et al.2011. Ontology and instance matching[C]//Paliouras G,Spyropoulos C D,Tsatsaronis G. Knowledge-Driven Multimedia Information Extraction and Ontology Evolution. Berlin,Heidelberg:Springer:167-195.

Goasdoué F,Lattès V,Rousset M C. 2000. The use of CARIN language and algorithms for information integration:The picsel system[J]. International Journal of Cooperative Information Systems,9(4):383-401.

Goh C H. 1997. Representing and reasoning about semantic conflicts in heterogeneous information systems[D]. Cambridge:Massachusetts Institute of Technology.

Gruber T R. 1993. A translation approach to portable ontology specifications[J]. Knowledge Acquisition,5(2):199-220.

Guillaumin M，Verbeek J，Schmid C. 2010. Multimodal semi-supervised learning for image classification[C]//2010 IEEE Computer Society Conference on Computer Vision and Pattern Recognition，San Francisco：902-909.

Jean-Mary Y R，Shironoshita E P，Kabuka M R. 2009. Ontology matching with semantic verification[J]. Journal of Web Semantics，7（3）：235-251.

Kashyap V，Sheth A. 1998. Semantic heterogeneity in global information systems：The role of metadata，context and ontologies[J]. Cooperative Information Systems：Current Trends and Directions，139：178-192.

Kokla M，Kavouras M. 1999. Spatial concept lattices：An integration method in model generalization[J]. Cartographic Perspectives，（34）：23-38.

Lindsell C J，Stead W W，Johnson K B. 2020. Action-informed artificial intelligence-matching the algorithm to the problem[J]. JAMA，323（21）：2141-2142.

Maree M，Belkhatir M. 2015. Addressing semantic heterogeneity through multiple knowledge base assisted merging of domain-specific ontologies[J]. Knowledge-Based Systems，73：199-211.

Mena E，Illarramendi A，Kashyap V，et al. 2000. OBSERVER：An approach for query processing in global information systems based on interoperation across pre-existing ontologies[J]. Distributed and Parallel Databases，8（2）：223-271.

Saïs F，Niraula N，Pernelle N，et al. 2010. LN2R - A knowledge based reference reconciliation system：OAEI 2010 results[J]. CEUR Workshop Proceedings，689：172-179.

Sun Y Z，Han J W，Zhao P X，et al. 2009. RankClus：Integrating clustering with ranking for heterogeneous information network analysis[C]//Proceedings of the 12th International Conference on Extending Database Technology：Advances in Database Technology，Saint Petersburg：565-576.

Stuckenschmidt H，Wache H，Vögele T，et al. 2000. Enabling technologies for interoperability[J]. Tzi University of Bremen,20:35-46.

Uschold M，Gruninger M. 1996. Ontologies：Principles，methods and applications[J]. The Knowledge Engineering Review，11（2）：93-136.

Warren P. 2006. Knowledge management and the semantic Web：From scenario to technology[J]. IEEE Intelligent Systems，21（1）：53-59.

Zheng Y，Capra L，Wolfson O，et al. 2014. Urban computing[J]. ACM Transactions on Intelligent Systems and Technology，5（3）：1-55.

第 7 章　智能信息服务中的知识推理

　　推理是模拟思维的基本形式之一，是从一个或几个已有判断（前提）中推导出新判断（结论）的过程。AlphaGo 之所以能够在中国象棋中获胜，是因为它具有超强的推理能力和人工智能，可以通过少量数据提供新的解释。因此，推理能力非常重要。DeepMind 指出，人工智能算法必须具备推理能力，它依赖先验知识和经验知识工程的支持，需要构建大规模的知识图谱，如 YAGO、WordNet 和 Freebase。知识图谱包含大量的先验知识，也可以有效地组织数据。它们已广泛用于问答系统、搜索引擎和推荐系统。知识图谱能够从海量数据中挖掘、组织和有效管理知识，提高信息服务质量，为用户提供更智能的服务。所有这些方面都依赖于知识推理对知识图谱的支持，因此这是推理领域的核心技术之一。

　　基于知识图谱的知识推理旨在识别错误并从现有数据中推断出新的结论。实体之间的新关系可以通过知识推理推导出来，并可以反馈以丰富知识图谱，进而支持高级应用。考虑到知识图谱的广泛应用前景，在大规模知识图谱上进行知识推理的研究成为近几年自然语言处理的研究热点之一。

7.1　智能信息服务的知识推理相关定义

　　推理技术由来已久，早在古希腊时期，著名哲学家亚里士多德就提出了三段论，这是现代演绎推理的基础。从定义计算机的 Lambda 演算到各种智能计算平台，从专家系统到大规模知识图谱，都离不开推理。对于知识推理的基本概念，学术界给出了不同的定义。最初推理是对各种事物进行分析、综合和决策的过程，从收集存在的事实开始，发现事物之间的相互关系，发展出新的洞察力。简而言之，推理就是按照规则从现有事实中得出结论的过程。Kompridis（2000）认为推理是一系列能力的统称，包括理解事物、应用逻辑以及基于现有知识校准或验证架构的能力。随后，知识推理的概念定义为基于现有事实和逻辑规则推断新知识的机制。

一般来说，知识推理是利用已知知识推断新知识的过程。早期的推理研究是在逻辑和知识工程领域的学者中进行的。逻辑学者主张用形式化的方法来描述客观世界，认为所有的推理都是建立在已有的逻辑知识的基础上的，如一阶逻辑和谓词逻辑。他们总是关注如何从已知的命题和谓词中得出正确的结论。为了减轻推理过程的僵化，研究者开发了非单调推理（McCarthy, 1980）和模糊推理（Zadeh, 1965）等方法，以便在更复杂的情况下使用它。

与逻辑领域的学者使用命题或一阶谓词来表示客观世界中的概念不同，知识工程领域的学者使用语义网络来表示更丰富的概念和知识来描述实体和属性之间的关系。然而，早期的知识图谱完全依赖于专家知识。

知识图谱中的实体、属性和关系完全由该领域的专家手工制作，如 Cyc 知识库（Elkan and Greiner, 1993）。随着互联网数据规模的爆炸式增长，传统的基于人工构建的知识库的方法已经不能满足大数据时代对大量知识进行挖掘的需要。为此，数据驱动的机器推理方法逐渐成为知识推理研究的主流。

7.2　智能信息服务中面向知识推理的知识图谱

7.2.1　智能信息服务中常见的知识图谱

2012 年，谷歌推出了知识图谱项目，并利用它来提高查询结果的相关性和改善用户的搜索体验。由于 Web 资源量的增加和链接开放数据（linked open data, LOD）项目的发布，已经构建了许多知识图谱。在本节中，我们将简要介绍世界领先的知识图谱。

WordNet：WordNet 是一个英语词汇数据库。WordNet 由普林斯顿大学认知科学实验室于 1985 年创建。名词、动词、形容词和副词被分组为一组认知同义词（synsets），每一个都表达一个不同的概念。同义词通过概念-语义和词汇关系相互关联，例如，狗和哺乳动物之间的 is-a 关系或汽车和发动机之间的 part-whole 关系。WordNet 已在信息系统中用于多种用途，包括词义消歧、信息检索、文本分类、文本摘要、机器翻译甚至填字游戏生成。WordNet 3.0 版是可用的最新版本，包含超过 150 000 个单词和 200 000 个语义关系。

Freebase：Freebase 是一个大型协作知识库，主要由其社区成员的数据组成，它是 MetaWeb 构建的。Freebase 包含从 Wikipedia、NNDB（Notable Names Database）、Fashion Model Directory（时尚模特目录）和 MusicBrainz 等来源收集的数据，以及由其用户提供的数据。Freebase 的主题被称为"主题"，它们的数据存储取决于它们的"类型"，类型本身被分组为"域"。谷歌的知识图谱部分由 Freebase 提供支持。目前 Freebase 中有大约 30 亿个三元组。

YAGO：YAGO 是由马克斯·普朗克研究所开发的开源知识库。YAGO 中的信息是从 Wikipedia（例如，类别、重定向、信息框）、WordNet（例如，synsets、hyonymy）和 GeoNames 中提取的。YAGO 将 WordNet 的清晰分类法与 Wikipedia 类别系统的丰富性相结合，将实体分配到超过 350 000 个类别。YAGO 将时间维度和空间维度附加到它的许多事实和实体中。它从 10 个不同语言的维基百科中提取和组合实体与事实。目前，YAGO 拥有超过 1700 万个实体（如个人、组织、城市等）的知识，并包含超过 1.5 亿个关于这些实体的事实。YAGO 已用于 Watson 人工智能系统。

DBpedia：DBpedia 是一个跨语言项目，旨在从维基百科项目创建的信息中提取结构化内容。DBpedia 与包括 Freebase、OpenCyc 等在内的外部数据集之间有超过 4500 万个链接。DBpedia 使用资源描述框架（resource description framework，RDF）来表示提取的信息。DBpedia 的实体被分类在一个一致的本体中，包括人、地点、音乐专辑、电影、视频游戏、组织、物种和疾病。DBpedia 被用作 IBM Watson 的 Jeopardy 获胜系统中的知识源之一，并且可以集成到 Amazon Web Services 应用程序中。

Wikidata：Wikidata 是一个多语言、开放、链接、结构化的知识库，可供人和机器阅读和编辑。它支持 280 多种语言版本的 Wikipedia，具有通用的结构化数据源。Wikidata 继承了维基百科的众包协作机制，也支持基于三元组的编辑。它依赖于项目和陈述的概念。一个项目代表一个实体，一个语句由一个主要的属性-值对组成。

永无止境的语言学习（never-ending language learner，NELL）系统：它是一种语义机器学习系统，该系统通过 7×24 小时的机制，基于 Bootstrapping 思想+间歇性的人工干预的方法，使用自动抽取三元组知识的方式提取互联网上的 Web 信息。它是由卡内基·梅隆大学的一个研究团队开发的。NELL 的输入包括：一个初始本体，定义了 NELL 预计会阅读的数百个类别和关系，以及每个类别和关系的 10~15 个种子示例。给定这些输入，NELL 会自动从 Web 中提取三重事实。目前，NELL 通过阅读网络已经积累了超过 1.2 亿个候选信念，它使用不同的置信度来考虑这些信念，以及利用数百个学习到的短语、形态特征和网页结构来从网络中提取信念。

7.2.2　基于知识图谱的知识推理

随着知识图谱的发展，对知识图谱的推理也越来越受到人们的关注。参考推理的定义，我们给出知识图谱上推理的定义如下：给定一个知识图谱 KG =< E, R, T >和关系路径 P，其中 E、T 表示实体集合，R 表示关系集合，R 中的边连接两个节点形成三元组$(h,r,t) \in T$，生成一个在 KG 中不存在的三元组 $G=\{(h,r,t)|h \in E, r \in R, t \in T, (h,r,t) \notin /KG\}$。

其目标是使用机器学习方法推断实体对之间的潜在关系，并根据现有数据自动识别错误知识，以补充 KG。例如，如果 KG 包含像（Microsoft, IsBasedIn, Seattle）、（Seattle, StateLocatedIn, Washington）和（Washington, CountryLocatedIn, USA）这样的事实，那么我们将获得缺失的链接（Microsoft, HeadquarterLocatedIn, USA）。知识推理的对象不仅是实体之间的属性和关系，还包括实体的属性值和本体的概念层次。例如，如果一个实体的身份证号码属性已知，则可以通过推理得到该实体的性别、年龄等属性。

KG 基本上是一个语义网络和结构化的语义知识库，可以正式解释现实世界中的概念及其关系（Xu et al., 2016）。知识图谱不需要在结构化表达式中采用框架和脚本（Norenzayan et al., 2002）等烦琐的结构，而是具有更灵活形式的简单三元组。因此，基于知识图谱的推理方法不限于传统的基于逻辑和规则的推理，还可以使用多种多样的方法。同时，知识图谱由实例组成，这使推理方法更加具体。

近年来，研究人员已经实现了许多开放信息提取（open information extraction, OIE）系统，例如，TextRunner（Etzioni et al., 2008）、证据权重（weight of evidence, WOE），大大扩展了知识图谱构建的数据源。

因此，丰富的知识库内容为知识推理技术的发展提供了新的机遇和挑战。随着知识表示学习、神经网络等技术的普及，一系列新的推理方法不断问世。

7.3　智能信息服务中基于逻辑规则的知识推理

包括本体推理在内的早期知识推理方法受到了广泛关注，并产生了一系列推理方法。这些方法包括谓词逻辑推理、本体推理和随机游走推理，都可以应用于知识图谱的推理。

7.3.1　基于一阶谓词逻辑规则的知识推理

在统计关系学习研究的早期，推理主要依赖一阶谓词逻辑规则。一阶谓词逻辑使用命题作为推理的基本单位，而命题包含个体和预测。可以独立存在的个体对应于知识库中的实体对象。它们可以是具体的事物，也可以是抽象的概念。谓词用于描述个体的性质或个体之间的关系。例如，人际关系可以用一阶谓词逻辑进行推理，将关系视为谓词，将字符视为变量，使用逻辑运算符来表达人际关系，然后设置关系推理的逻辑和约束来进行简单推理。使用一阶谓词逻辑进行推理的过程如以下公式所示，（姚明，wasBornIn，上海）∧（上海，位于中国）⇒（姚明，国籍，中国），一阶归纳学习器（first order inductive learner，FOIL）是谓词逻辑的典型工作，旨在搜索知识图谱中的所有关系，并获取每个关系的 Horn 子句集作为预测该关系是否存在的特征模式。最后，利用机器学习方法得到关系判别模型。

有大量关于 FOIL 的相关作品。例如，nFOIL 和 tFOIL（Landwehr et al.，2007）分别集成了朴素贝叶斯学习方案和树增强朴素贝叶斯与 FOIL。nFOIL 通过朴素贝叶斯的概率分数指导结构搜索。tFOIL 放宽了朴素贝叶斯假设，以允许子句之间存在额外的概率依赖性。kFOIL 公司（Landwehr et al.，2010）结合了 FOIL 的规则学习算法和内核方法，从关系表示中导出一组特征。因此，FOIL 搜索可用作内核方法中提取特征的相关子句。此外，还有一种结合软演绎规则和硬规则的不确定 RDF 知识库查询时的一阶推理方法。软规则用于推导新事实，而硬规则用于在知识图谱和推断事实之间强制执行一致性约束。Galárraga 等（2013）提出了基于不完备知识库的关联规则挖掘(association rule mining under incomplete evidence，AMIE）算法系统，用于在知识图谱上挖掘 Horn 规则。通过将这些规则应用于知识库，可以导出新的事实来补充知识图谱和检测错误。

7.3.2　基于规则的知识推理

基于规则的知识推理模型的基本思想是通过应用简单的规则或统计特征对知识图谱进行推理。NELL 的推理组件学习概率规则，然后在手动筛选后实例化该规则，最后从其他学习的关系实例中推断出一个新的关系实例。Spas YAGO 通过将三元组抽象为等价的规则类来扩展知识图谱。Paulheim 和 Bizer（2014）提出了 SDType 和 SDValidate，它们利用属性和类型的统计分布来进行类型补全和错误检测。SDType 使用属性的头部实体和尾部实体位置中类型的统计分布来预测实体的类型。

SDValidate 计算每个语句的相对谓词频率（relative predicate frequency，RPF），低 RPF 值表示不正确。此外，PageRank（ProPPR）能够进行个性化编程，以对知识图谱进行推理。ProPPR 的推理是基于风格化图层描述器（styled layer descriptor，SLD）的解析，并利用定理证明器构建的证明来进行个性化 PageRank 过程。Chen 等（2020）表明 ProPPR 可用于执行知识图谱推荐，他们将问题表述为概率推理和学习任务。

7.3.3　基于本体的知识推理

知识图谱上的知识推理与资源描述框架模式（resource description framework schema，RDFS）和 OWL 等本体语言密切相关，与本体密切相关。知识图谱可以看作一种知识存储的数据结构。尽管它没有正式的语义，但它可以通过将 RDFS 或 OWL 规则应用于知识图谱来进行推理。相关文献证明了以 OWL-EL 为代表的本体适合转化为知识图谱并对其进行有效的推理，其中 EL 概要文件是为处理具有大量属性和/或类的本体而设计的。基于本体的推理方法主要使用较为抽象的频繁模式、约束或路径进行推理。在通过本体概念层进行推理时，概念主要由 OWL 描述。OWL 能够提供丰富的语句并且能够进行知识表示。

Zou 等（2004）提出了一个推理引擎：功能本体网络语言（functional ontology Web language，F-OWL），它使用基于框架的系统来推理 OWL 本体。F-OWL 支持知识库的一致性检查，通过解析提取隐藏的知识，并通过导入规则支持进一步的复杂推理。Sirin 等（2007）提出了 OWL-DL（description logic，描述逻辑）推理器 Pellet，通过重用先前步骤的推理结果来增量更新过程，以支持针对动态知识图谱的增量推理。Chen 等（2016）提出了本体寻路（ontological pathfinding，OP）算法，该算法通过一系列优化和并行化技术推广到网络规模的知识库：一种依次使用推理规则的关系知识库模型，一种新颖的规则挖掘算法将挖掘任务划分为较小的唯一子任务，以及在使用它们之前去除噪声和资源消耗规则的修剪策略。Ehimwenma 等（2020）提出并实现了基于 OWL2-规则语言（ontology Web language 2-rule language，OWL2-RL）推理规则[基于描述逻辑程序（description logic programs，DLP），它的表达能力是 OWL2-RL（可以使用描述逻辑处理的片段）的子集]的分布式知识图谱推理系统，它具有更强大的推理能力，因为规则更具表达性。通过优化可以消除冗余数据，使推理结果更加紧凑。此外，它还可以在知识图谱中找到不一致的数据。

为了实现基于本体的推理方法的有效性，一个重要的方法是使它们能够扩展到大规模的知识图谱。Zhou 等（2006）提出了一个用于大规模 OWL 本体的存储和推理系统 Minerva。 Minerva 结合了 DL 推理器和用于本体推理的规则引擎以提高效率。为了提高推理的可扩展性和性能，后人提出了两种方法来并行化 OWL 知识库的推理过程。在数据划分方法中，知识图谱被划分并且完整的规则库被应用于知识图谱的每个子集。在规则库划分方法中，规则库被划分，并行系统的每个节点将一个规则子集应用于原始知识图谱。Marx 等（2017）提出了一个更简单、基于规则的多属性谓词逻辑片段，可用于在大型知识图谱上进行本体推理。

7.3.4　基于随机游走算法的知识推理

一系列研究证明，将路径规则纳入知识推理可以提高推理性能。受此启发，许多研究人员将路径规则注入知识推理任务中。路径排序算法（path ranking algorithm，PRA）是一种在图中执行推理的通用技术。为了在知识库中学习特定边缘类型的推理模型，PRA 查找边缘类型序列，这些边缘类型通常作为被预测边缘类型实例的节点进行链接。然后，PRA 使用这些类型作为逻辑回归模型中的特征来预测图中缺失的边。典型的 PRA 模型由三个部分组成：特征提取、特征计算和特定关系分类。第一步是找到一组链接实体对的潜在有价值的路径类型。为此，PRA 在图上执行路径约束随机游走，以记录从 h 开始到 t 结束且长度有限的那些路径集合。第二步是通过计算随机游走概率来计算特征矩阵中的值。给定节点对 (h, t) 和路径 π，PRA 将特征值计算为随机游走概率 $p(t|h,\pi)$，即当给定从 h 开始的随机数时到达 t 的可能性包含在 π 中的关系。实例 e 能够通过关系到达实例 e'，其路径为 π'。计算如下：

$$p(t|\ h,\pi) = \sum_{e' \in \text{range}(\pi')} p(h,e';\pi') P(t|\ e';r_l)，\ \text{且}\ P(t|\ e';r_l) = \frac{r_l(e',t)}{|r_l(e',t)|}$$

式中，p 为随机游走概率；h、t 为随机数；r_l 为实体对(h,t)之间的特定关系。

然后，计算实体对(h,t)之间特定关系 r_l 的概率。最后一步是训练每个关系并使用逻辑回归算法获得路径特征的权重。

PRA 模型不仅准确率高，而且显著提高了计算效率，为解决大规模知识图谱的推理问题提供了有效的解决方案。Lao 等（2011）表明，基于约束、加权、随机遍历知识图谱的组合的软推理程序可用于可靠地预测 KB 的新信念。他们描述了一种数据驱动的寻路方法，而原始的 PRA 算法通过枚举生成路径。为了使 PRA 适用于大规模知识图谱的推理，他们修改了 PRA 中的路径生成过程，以仅生成对任务可能有用的路径。具体来说，他们要求在 PRA 模型中只包含训练集中出现过的实体，并确保能够检索到一个目标实体，以及该目标实体至少能通过一个长度小于 1 的路径，因为少量可能的关系路径有利于推理。最后，两个实体之间所有路径的加权概率和分数用于衡量两个实体之间存在关系的可能性。此外，Lao 等（2011）还表明，当利用大规模解析文本语料库和背景知识相结合时，路径约束随机游走模型可以有效地预测新信念。实验结果表明，该模型通过结合解析文本中的句法模式和背景知识中的语义模式，可以高精度地推断出新的信念。

现有随机游走模型采用的基本假设存在两个潜在问题。首先，该算法通过随机采样提取关系路径特征，在提高计算效率的同时牺牲了对知识图谱中现有信息的利用。其次，使用监督学习方法建立关系推理模型，模型的有效性取决于训练数据，尤其是受数据稀疏性影响的数据。据此，研究者提出了双向语义假设和关系特定图推理假设，并设计实现了两层随机游走算法（two-tier random walk algrithm，TRWA），模型如图 7-1 所示。TRWA 的主要思想是结合两种不同的特征建模方法，将知识图谱的拓扑结构细分为全局图和局部子图，分别进行特征提取。最后，对全局模块和局部模块进行加权合并，得到完整的逻辑规则推理算法。

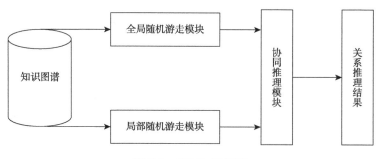

图 7-1　TRWA 示例图

总体而言，基于逻辑规则的知识推理趋势是逐渐摒弃人工规则，利用模式识别自动挖掘规则或特征，用机器学习方法训练模型。这类模型将知识图谱表示为一个复杂的异构网络，因此推理任务可以通过转移概率、最短路径和广度优先搜索算法来完成。但是，这种表示方法还存在缺陷。首先，基于逻辑规则的推理方法的计算复杂度仍然很高，可扩展性较差。其次，知识图谱中的节点倾向于服从长尾分布，即只有少数实体和关系出现频率较高，而大部分实体和关系出现频率较低。因此，稀疏性严重影响推理性能。此外，如何处理多条推理问题仍然是逻辑模型面临的更大挑战。因此，Das 等（2017）将路径的长度限制为最多 3 步，以反映不同对象之间的逻辑联系。因此，学者主要关注基于分布式表示的推理方法，该方法对数据稀疏性不敏感，可扩展性更强。

7.4 智能信息服务中基于分布式表示的知识推理

　　以前挖掘和发现未知知识的工作依赖于逻辑规则和随机游走图，因为缺乏并行语料库。现在，基于嵌入的方法在自然语言处理中引起了广泛关注。如图 7-2 所示，这些模型将语义网络中的实体、关系和属性投影到连续向量空间中，以获得分布式表示。研究人员提出了大量基于分布式表示的推理方法，包括张量分解、距离和语义匹配模型。

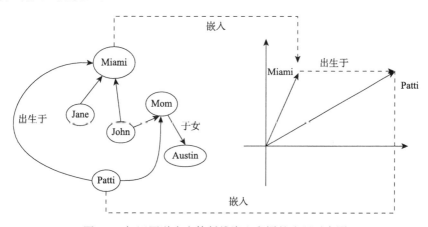

图 7-2　知识图谱中实体低维嵌入翻译的流程示意图

7.4.1　基于张量分解的知识推理

　　在推理过程中，知识图谱常被表示为一个实数，然后通过张量分解来推断未知的事实。张量分解是将高维数组分解为多个低维矩阵的过程。采用三维张量 X，其中两个节点由域的连接实体构成，并且第三种节点表示关系。张量项 $X_{ijk}=1$ 表示事实（第 i 个实体，第 k 个谓词，第 j 个实体）存在。如果不是，对于未知和未见过的关系，该条目设置为零。然后，通过因式分解得到的向量计算三元组得分，选择得分高的候选作为推理结果。

RESCAL 模型是张量分解模型的一种代表性方法。图 7-3 提供了这种方法的说明。RESCAL 将高维和多关系数据分解为三阶张量，降低了数据维度，保留了原始数据的特征。它可以用于对知识图谱进行推理并获得更好的结果。RESCAL 因子分解形式的张量分解被证明是语义网二元关系数据的一种合适的推理方法，并证明了因子分解能够成功地推理出 YAGO 上看不见的三元组。Chang 等（2014）提出了一种高效且可扩展的新知识推理模型 Typed-RESCAL（解决输入张量高度稀疏所带来的过拟合问题）。他们通过两项创新推动了张量分解模型。首先，他们从损失中删除不满足关系约束的三元组；其次，他们引入了一种数学技术，可以显著降低时间计算复杂度和空间计算复杂度。

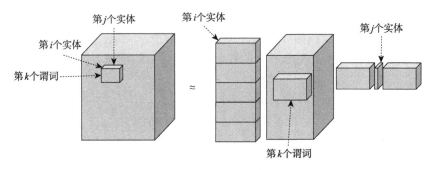

图 7-3　RESCAL 示例图

RESCAL-Logit 使用不同的优化策略来提高推理精度。Wu 等（2017）提出了基于张量分解路径的预测，使用 PRA 来查找连接源节点和目标节点的所有路径。然后，通过张量分解对这些路径进行分解以进行推理。Zhang 等（2019）介绍了一种新的矩阵分解（matrix factorization，MF）和张量分解（tensor factorization，TF）的组合，用于知识库推理。它表明推理算法在不同的数据上工作稳健，模型组合可以获得更好的推理性能。

7.4.2　基于语义匹配模型的知识推理

结构表示（structured embedding，SE）使用两个单独的矩阵来投影每个关系 r 的头实体和尾实体，这不能有效地表示实体和关系之间的语义连接。语义匹配能量（semantic matching energy，SME）首先分别用向量表示实体和关系，然后将实体和关系之间的相关性建模为语义匹配能量函数。SME 定义了语义匹配能量函数的线性形式和双线性形式。

潜在因子模型使用双线性结构捕获数据交互的各种顺序。DistMult 通过将 M_r 限制为对角矩阵来简化 RESCAL，这减少了参数的数量，并在验证现有 KB 上的不可见事实方面表现出良好的推理能力和可扩展性。

全息嵌入（holographic embeddings，HOLE）被用来学习知识图谱的组合向量空间表示。HOLE 应用循环相关来生成组合表示。通过使用相关性作为组合算子，HOLE 可以捕获丰富的交互，同时保持高效的推理并易于训练。当前基于表示的关系推理模型的主要问题是它们经常忽略实体和关系的语义多样性，这将限制推理能力。Liu 等（2017）提出了知识图谱中关系推理的新假设，该假设声称每个关系都反映了作为相应实体的某些特定注意力的语义链接，并且可以通过 SE 建模选择性地加权嵌入的组成部分，以帮助缓解语义解析问题。因此，Liu 等（2017）提出了一种语义方面感知的关系推理算法，可以有效地提高知识图谱上关系推理的准确性。

Liu 等（2017）从类比推理的角度研究知识推理的解决方案，它用于模拟类比结构并在评分函数中优化实体和关系的潜在表示。为了处理各种类型的二元关系，如对称和反对称关系，学术界提出了许多模型。其中最著名的是基于复杂嵌入的 ComplEx 模型。在 ComplEx 中，每个实体和关系都由一个复向量表示。

7.4.3　基于距离模型的知识推理

TransE 是一种常用的嵌入模型，是激励基础模型。自从这个模型被提出以来，由于其简单和高效的特性，已经涌现出大量与之相关的研究和应用。SE 方法是 TransE 的一个简单版本。SE 使用两个独立的矩阵来投影每个关系的头实体和尾实体，并使用知识图谱的拓扑信息对实体和关系进行建模。由于 SE 对两个独立矩阵的关系进行建模，因此存在实体之间协调性差的问题。此外，SE 在大规模知识图谱上表现不佳。因此，Bordes 等（2013）提出一个更简化的模型，称为 TransE，其中模型学习分布式单词表示，例如，King－Man≈Queen－Woman。TransE 模型通过特定于关系的偏移量来转换潜在的特征表示，而不是通过矩阵乘法来转换它们。具体而言，TransE 的评分函数定义为

$$f(h,r,t) =\| h + r - t \|_{l_1/l_2} \qquad (7\text{-}1)$$

式中，$\|\bullet\|$ 是差分向量的 l_1 或 l_2 范数。进行推理时，得分小的候选实体或关系就是推理结果。

尽管 TransE 简单高效，但它不能有效地处理 1 对 N、N 对 1 和 N 对 N 关系。

例如，给定 N 对 1 关系，如 animal，TransE 模型可能能够实现对猫和狗的可区分表示学习，尽管它们作为完全不同的实体，但它们具有动物的共同特征。在 N 对 1 和 N 对 N 关系中也存在类似的问题。为了克服 TransE 在处理复杂关系方面的缺点，一个有用的想法是允许实体在涉及不同关系时具有不同的表示。

　　TransH 通过引入关系特定的超平面来遵循这一思想。如图 7-4 所示，TransH 将实体投影在以 w_r 作为法线向量的超平面上。给定一个三元组 (h, r, t)，实体向量 h 和 t 被投影到超平面上，得到

$$h_r = h - w_r^{\mathrm{T}} hw, \quad t_r = t - w_r^{\mathrm{T}} tw \tag{7-2}$$

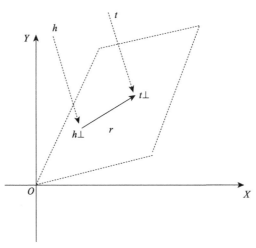

图 7-4　TransH 示例图

　　然后投影在超平面上由 r 平移。如果 (h, r, t) 成立，则 $hr + r \approx tr$。因此，评分函数定义为

$$f_r(h, r, t) = h_r + r - t_{r l_1 / l_2} \tag{7-3}$$

TransH 通过将实体投影到关系特定的超平面来实现不同关系中实体的不同表示。随后，使用包含多重关系的 KB 的规范表示，TransH 被推广到一个新的模型：m-TransH。此外，Fan 等（2014）提出了 TransM，它通过预先计算每个训练样本的关系映射属性的不同权重来利用知识图谱的结构。TransR 与 TransH 有着相似的想法，但它引入了特定于关系的空间，而不是超平面。在 TransR 中，实体和关系被投影到不同的向量空间中。图 7-5 显示了 TransR 的简单说明。给定一个三元组 (h, r, t)，TransR 首先使用空间特定矩阵 M_r 投影实体向量 h 和 t，即 $h_r = M_r h$，$t_r = M_r t$，然后是 $h_r + r \approx t_r$。如果实体保持关系，则空间特定矩阵使实体彼此靠近，并与不保持关系的实体保持距离。TransR 为每个关系学习一个唯一的向量，该向量可能无法代表所有实体对与该关系。此外，通过将各种实体对聚类成组并为每

个组学习不同的关系嵌入来扩展 TransR，称为基于集群的 TransR（cTransR）。以前的方法包括 TransE、TransH 和 TransR，只考虑知识图谱推理中的直接链接。多跳路径也包含大量实体之间的推理模式，并提出了基于路径的 TransE（pTransE）。在 pTransE 中，路径嵌入是通过关系嵌入的组合获得的，推理模式用于推断实体对的关系。rTransE 也考虑了关系路径。

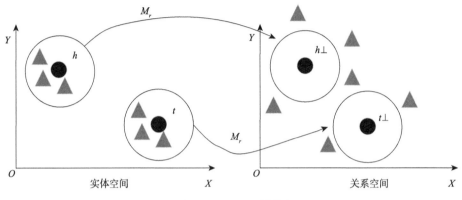

图 7-5　TransR 示例图

在 TransE、TransH 和 TransR 等方法中，每个关系只有一个语义，但实际上，r 可能有不同的含义。Ji 等（2015）提出了基于动态矩阵的 TransD 来解决这个问题。对于三元组 (h, r, t)，TransD 使用两个向量来表示一个实体或关系。第一个表示实体的含义，第二个用于构造映射矩阵。因此，映射矩阵由实体和关系共同决定。与 TransR/cTransR 相比，TransD 的复杂度较低，没有矩阵向量乘法运算，训练速度更快，可应用于大规模知识图谱。知识图谱的异质性（一些关系连接许多实体而另一些不连接）和不平衡（关系中的头实体和尾实体的数量可能不同）是影响推理性能的两个问题。TranSparse 由 TranSparse（共享）模型和 TranSparse（分离）模型组成，旨在解决这些问题。为了克服异质性，在 TranSparse（共享）中，传递矩阵的稀疏度由关系连接的实体对的数量决定，关系的两侧共享相同的传递矩阵。为了处理关系不平衡的问题，在 TranSparse（分离）中，每个关系都有两个独立的稀疏传输矩阵，一个用于头部，另一个用于尾部。当前基于翻译的方法的损失度量过度简化，并且对每个维度进行了相同的处理。为了解决这个问题，Ji 等（2015）提出了 TransA，一种用于嵌入的自适应度量方法，它利用自适应马哈拉诺比斯（Mahalanobis）度量和椭圆等势面来提供更灵活的推理方法。TransE 使用不灵活的欧几里得距离作为度量，在处理复杂关系方面存在局限性。为了同时解决这些缺陷，TransA 被扩展到 TransAH，这是一种改进的基于翻译的知识图推理方法。它通过添加一个对角权重矩阵为每个特征维度分配不同的权重，用加权欧几里得距离代替欧几里得距离，并引入了面向关系的超平面。最后，在大规模知识图谱上的实验验证了 TransAH 适用于推理。值得注意的是，随后的 TransG 是一种生成贝叶斯非参数无限混合算法，以解决多关系语义问题。它不是只为一个关系分配一个翻译向量，而是利用高斯分布通过为一个关系生成多个翻译组件来处理多个关系语义。因此，TransG 避免了混淆 r 的语义分量，并且不同的语义由 TransG 中的不同分量表征，从而提高了推理性能。

实体和关系可能包含在以前的模型中经常被忽略的不确定性信息。然而，将不确定性信息纳入知识推理很重要，因为不确定性可以提高推理的准确性。基于此，KG2E 针对多维高斯分布空间中实体和关系的不确定性进行建模。在 KG2E 中，每个实体或关系都由高斯分布表示，其中均值表示其位置，协方差表示其不确定性。实验结果表明，KG2E 可以有效地对知识推理过程中实体和关系的不确定性进行建模。Chen 等（2019）提出了一种新颖的不确定性知识图谱推理模型，它保留了不确定性信息。他们还引入了概率软逻辑来推断训练期间三元组的置信度得分。

现有模型仅从时间未知的事实三元组中学习，而忽略了知识图中的时间信息。然而，知识库中的事实总是随时间动态变化的。最近，一项研究已将时间信息纳入推理过程中。t-TransE 通过与 TransE 联合学习关系排序来学习时间感知嵌入。它们努力将时间顺序强加于对时间敏感的关系，例如，wasBornIn→workAt→diedIn。为了更好地进行模型知识演化，TAE-TransE 假设时间顺序关系彼此相关并且动态演化。

深度演化知识网络通过使用双线性嵌入学习方法对知识成分的非线性时间演化进行建模，使用深度循环架构来捕获实体的动态特征。Zhang 等（2013）提出了一种基于 MLN 的方法，用于对不确定的时间知识图进行推理。

7.5 开源工具实践

7.5.1 知识图谱与机器推理

推理是指基于已知的事实或知识推断得出未知的事实或知识的过程。典型的推理包括演绎推理（deductive reasoning）、归纳推理（inductive reasoning）、溯因推理（abductive reasoning）、类比推理（analogical reasoning）等。在知识图谱中，推理主要用于对知识图谱进行补全和对知识图谱的质量进行校验。

知识图谱中的知识可分为概念层和实体层。知识图谱推理的任务是根据知识图谱中已有的知识推理出新的知识或识别出错误的知识。其中，概念层的推理主要包括概念之间的包含关系推理，实体层的推理主要包括链接预测与冲突检测，实体层与概念层之间的推理主要包括实例检测。推理的方法主要包含基于规则的推理、基于分布式表示学习的推理、基于神经网络的推理以及混合推理。

基于规则的推理研究主要分为两部分：一是自动规则挖掘系统；二是基于规则的推理系统。目前，二者的主要发展趋势是提升规则挖掘的效率和准确度，用神经网络结构的设计代替在知识图谱上的离散搜索和随机游走是比较值得关注的方向。

基于分布式表示学习的推理研究的主要研究趋势是，一方面提高表示学习结果对知识图谱中含有的语义信息的捕捉能力，目前的研究多集中在链接预测任务上，其他推理任务有待跟进研究；另一方面是利用分布式表示作为桥梁，将知识图谱与文本、图像等异质信息结合，实现信息互补以及更多样化的综合推理。

基于神经网络的推理的主要发展趋势是设计更加有效和有意义的神经网络结构，来实现更加高效且精确的推理，通过对神经网络中间结果的解析实现对推理结果的部分解释是比较值得关注的方向。

混合推理一般结合了规则、表示学习和神经网络。例如，Neural LP 是一种可微的知识图谱推理方法，融合了关系的表示学习、规则学习以及循环神经网络，由长短期记忆（long short-term memory，LSTM）网络生成多步推理中的隐变量，并通过隐变量生成在多步推理过程中对每种关系的注意力。DeepPath 和用于强化学习的基于外部知识的值函数的多个交互神经网络（multiple interaction neural network with external knowledge-based value function for reinforcement learning，MINERVA）用强化学习方法学习知识图谱多步推理过程中的路径选择策略。规则导向嵌入（rule-guided embedding，RUGE）将已有的推理规则输入知识图谱表示学习过程中，约束和影响表示学习结果并取得更好的推理效果。混合推理能够结合规则推理、表示学习推理以及神经网络推理的能力并实现优势互补，能够同时提升推理结果的精确性和可解释性。

7.5.2　知识图谱与智能问答

基于知识图谱的问答（knowledge-based question answering，KBQA，以下简称"知识问答"）是智能问答系统的核心功能，是一种人机交互的自然方式。知识问答依托一个大型知识库（知识图谱、结构化数据库），将用户的自然语言问题转化成结构化查询语句（如 SPARQL、SQL 等），直接从知识库中导出用户所需的答案。

近几年，知识问答聚焦于解决事实性问题，问题的答案是一个实义词或实义短语。例如，"中国的首都是哪个城市？北京"或"菠菜是什么颜色的？绿色"。事实性问题按问题类型可分为单知识点问题（single-hop questions）和多知识点问题（multi-hop questions）；按问题的领域可分为垂直领域问题和通用领域问题。相对于通用领域或开放领域，垂直领域下的知识图谱规模更小、精度更高，知识问答的质量更容易提升。

知识问答技术的成熟与落地不仅能提高人们检索信息的精度和效率，还能提升用户的产品体验。无论依托的知识库的规模如何，用户总能像"跟人打交道一样"使用自然语言向机器提问并得到反馈，便利性与实用性共存。

攻克知识问答的关键在于理解并解析用户提出的自然语言问句。这涉及自然语言处理、信息检索和推理（reasoning）等多个领域的不同技术。相关研究工作在近五年来受到越来越多国内外学者的关注，研究方法主要可分为三大类：基于语义解析（semantic parsing）的方法、基于信息检索（information retrieval）的方法和基于概率模型（probabilistic model）的方法。

大部分先进的知识问答方法是基于语义解析的，目的是将自然语言问句解析成结构化查询语句，进而在知识库上执行查询并得到答案。通常，自然语言问句经过语义解析后，所得的语义结构能解释答案的产生。在实际工程应用中，这一点优势不仅能帮助用户理解答案的产生，还能在产生错误答案时帮助开发者定位错误的可能来源。

参 考 文 献

Bordes A，Usunier N，Garcia-Durán A，et al. 2013. Translating embeddings for modeling multi-relational data[J]. Advances in Neural Information Processing Systems，26：2787-2795.

Chang K W，Yih W T，Yang B S，et al. 2014. Typed tensor decomposition of knowledge bases for relation extraction[C]//Proceedings of the 2014 Conference on Empirical Methods in Natural Language Processing（EMNLP），Doha：1568-1579.

Chen X J，Jia S B，Xiang Y. 2020. A review：Knowledge reasoning over knowledge graph[J]. Expert Systems with Applications，141：112948.

Chen X L，Chen M H，Shi W J，et al. 2019. Embedding uncertain knowledge graphs[J]. Proceedings of the AAAI Conference on Artificial Intelligence，33（1）：3363-3370.

Chen Y, Goldberg S, Wang D Z, et al. 2016. Ontological pathfinding: Mining first-order knowledge from large knowledge bases[C]//Proceedings of the ACM SIGMOD International Conference on Management of Data, San Francisco: 835-846.

Das R, Neelakantan A, Belanger D, et al. 2017. Chains of reasoning over entities, relations, and text using recurrent neural networks[C]// Proceedings of the 15th Conference of the European Chapter of the Association for Computational Linguistics, Valencia: 132-141.

Ehimwenma K E, Crowther P, Beer M, et al. 2020. An SQL domain ontology learning for analyzing hierarchies of structures in pre-learning assessment agents[J]. SN Computer Science, 1(6): 1-19.

Elkan C, Greiner R. 1993. Building large knowledge-based systems: Representation and inference in the Cyc project[J]. Artificial Intelligence, 61 (1): 41-52.

Etzioni O, Banko M, Soderland S, et al. 2008. Open information extraction from the Web[J]. Communications of the ACM, 51 (12): 68-74.

Fan M, Zhou Q, Chang E, et al. 2014. Transition-based knowledge graph embedding with relational mapping properties[C]// Proceedings of the 28th Pacific Asia Conference on Language, Information and Computing, Phuket: 328-337.

Galárraga L A, Teflioudi C, Hose K, et al. 2013. AMIE: Association rule mining under incomplete evidence in ontological knowledge bases[C]//Proceedings of the 22nd International Conference on World Wide Web, Rio de Janeiro: 413-422.

Ji G L, He S Z, Xu L H, et al. 2015. Knowledge graph embedding via dynamic mapping matrix[C]//Proceedings of the 53rd Annual Meeting of the Association for Computational Linguistics and the 7th International Joint Conference on Natural Language Processing, Beijing: 687-696.

Kompridis N. 2000. So we need something else for reason to mean[J]. International Journal of Philosophical Studies, 8 (3): 271-295.

Landwehr N, Kersting K, De Raedt L. 2007. Integrating nave Bayes and FOIL[J]. Journal of Machine Learning Research, 8 (2): 481-507.

Landwehr N, Passerini A, De Raedt L, et al. 2010. Fast learning of relational kernels[J]. Machine Learning, 78 (3): 305-342.

Lao N, Mitchell T, Cohen W W. 2011. Random walk inference and learning in a large scale knowledge base[C]//Proceedings of the Conference on Empirical Methods in Natural Language Processing, Edinburgh: 529-539.

Liu Q, Han M H, Jiang L Y, et al. 2017. Two-tier random walk based relational inference algorithm[J]. Chinese Journal of Computers, 40 (6): 1275-1290.

Liu Q, Han M H, Yang X H, et al. 2017. Representation learning based relational inference algorithm with semantical aspect awareness[J]. Journal of Computer Research and Development, 54 (8): 1682-1692.

Marx M, Krötzsch M, Thost V. 2017. Logic on MARS: Ontologies for generalised property graphs[C]//Proceedings of the Twenty-Sixth International Joint Conference on Artificial Intelligence, Melbourne: 1188-1194.

McCarthy J. 1980. Circumscription—a form of non-monotonic reasoning[J]. Artificial Intelligence, 13（1/2）：27-39.

Norenzayan A，Smith E E，Kim B J，et al. 2002. Cultural preferences for formal versus intuitive reasoning[J]. Cognitive Science，26（5）：653-684.

Paulheim H，Bizer C. 2014. Improving the quality of linked data using statistical distributions[J]. International Journal on Semantic Web and Information Systems，10（2）：63-86.

Sirin E，Parsia B，Grau B C，et al. 2007. Pellet：A practical OWL-DL reasoner[J]. Journal of Web Semantics，5（2）：51-53.

Wu Y，Zhu D，Liao X，et al. 2017. Knowledge graph reasoning based on paths of tensor factorization[J]. Pattern Recognition and Artificial Intelligence，30（5）：473-480.

Xu Z L，Sheng Y P，He L R，et al. 2016. Review on knowledge graph techniques[J]. Journal of the University of Electronic Science and Technology of China，45（4）：589-606.

Zadeh L A. 1965. Fuzzy sets[J]. Information and Control，8（3）：338-353.

Zhang Y M，Zhang Y F，Swears E，et al. 2013. Modeling temporal interactions with interval temporal Bayesian networks for complex activity recognition[J]. IEEE Transactions on Pattern Analysis and Machine Intelligence，35（10）：2468-2483.

Zhang Y W，Yin C H，Lu Z H，et al. 2019. Recurrent tensor factorization for time-aware service recommendation[J]. Applied Soft Computing，85：105762.

Zhou J A，Ma L，Liu Q L，et al.2006. Minerva：A scalable OWL ontology storage and inference system[J]. Lecture Notes in Computer Science，10（2）：429-443.

Zou Y Y，Finin T，Chen H. 2004. F-OWL：An inference engine for the semantic Web[J]. Lecture Notes in Artificial Intelligence（Subseries of Lecture Notes in Computer Science），3228：238-248.

第8章　智能信息服务中的多媒体信息检索技术

在智能信息服务中，多媒体信息检索技术是非常重要的一部分。在智能信息服务的数据库中需要将文字、图像、声音、视频、文献等信息以数字化的方式存储，并向用户提供检索方式和途径，使用户能够跨越时间、空间快速地获取有价值的信息，更好地辅助用户的工作。因此，多媒体信息检索技术在智能信息服务中扮演了非常重要的角色，优良的多媒体信息检索性能和不断提升的用户检索体验是改善智能信息服务质量的关键。

8.1　信息检索模型

信息检索（information retrieval，IR）是指将信息按一定的方式组织和存储起来，并根据用户的需要找出有关信息的过程（Macfarlane，2004）。在此定义下，信息检索过去往往是某些特定人士才能从事的一项活动，这些人士包括图书馆馆员和专业搜索人员等。然而，当今世界发生了巨大的变化，当上亿的用户每天使用 Web 搜索引擎或者查找邮件时，他们实际上都在从事信息检索活动。信息检索已经替代了传统的数据库搜索而迅速成为人们进行信息访问的主要方法和获取信息的主要途径。信息检索的主要任务是通过给定的查询查找到相关的文档（Worth，2010）。当然，人们要完成一个良好的信息检索过程，一般需要有优良的信息检索模型的支撑。

8.1.1　基于空间向量模型的信息检索模型

向量空间模型是康奈尔大学的 Salton 等在 20 世纪 70 年代提出并倡导的。向量空间模型检索中，标引词在文档中的出现是独立、互不影响的，查询和文档都可转化成标引词及其权重组成的向量，向量之间通过距离计算得到查询和每个文档的相似度（Raghavan and Wong，1986）。向量空间模型检索的最基本特征是所有的文档和所有的提问都用同一向量空间进行表示。

我们假设从互联网上获取 m 篇文档，构成文档集 D，其中 D 中共有 n 个不同的标引词，分别为 $\{t_1,t_2,\cdots,t_n\}$。那么文档 D_j 的向量可以表示为 $D_j(w_{1j},w_{2j},\cdots,w_{nj})$，其中 n 是系统中的标引词数目，w_{ij} 代表了标引词 t_i 在文档 D_j 中的权重。查询 Q 的向量可以表示为 $Q(w_{1q},w_{2q},\cdots,w_{nq})$，$w_{iq}$ 代表了标引词 t_i 在查询 Q 中的权重。

m 篇文档、n 个标引词构成矩阵 $A_{m\times n}$，其中每列是每篇文档的向量表示，每行是标引词的向量表示，具体如式（8-1）所示：

$$A_{m\times n}=\begin{array}{c}t_1\\t_2\\\vdots\\t_n\end{array}\begin{array}{cccc}D_1 & D_2 & \cdots & D_m\\\left[\begin{array}{cccc}w_{11} & w_{12} & \cdots & w_{1m}\\w_{21} & w_{22} & \cdots & w_{2m}\\\vdots & \vdots & & \vdots\\w_{n1} & w_{n2} & \cdots & w_{nm}\end{array}\right]\end{array} \tag{8-1}$$

向量空间模型中通常采用 $\mathrm{TF}\times\mathrm{IDF}$ 的方式计算权重，式（8-2）表示了标引词 t_i 在文档 D_j 的权重：

$$w_{ij}=\mathrm{TF}_{ij}\times\mathrm{IDF}_{ij} \tag{8-2}$$

式中，TF_{ij} 为特征项 t_i 在文档 D_j 中出现的频率，称为项频率；IDF_{ij} 为文档集中出现特征项 t_i 的文档的数量的倒数，称为逆文档频率。

8.1.2　基于贝叶斯网络的信息检索模型

Xu 和 Tang（2007）提出的扩展信念网络检索模型，引入了查询术语的同义词，得到了扩展的信息检索模型，其作用在于通过挖掘术语之间的相互关系，提高查询的精准度。之后，他们又提出了基于术语相似度的贝叶斯网络检索模型，该模型以同义词作为查询扩展基础，只用中国知网计算术语相似度，使用数量表示同义间的相似程度，并借助这个量化关系改造用于信息检索的简单贝叶斯网络，因此，能够达到在不偏离用户检索目标的前提下扩大相关信息检索范围的目的，同时使同义词间的相似关系、相关文档的排序合理性更高。

Zhang 和 Heng（2009）提出了基于四层贝叶斯网络的 XML 文档信息检索模型，该模型全部引入了词语节点、元素节点、结构关系单元节点和文档节点，以支持对复杂适应系统（complex adaptive system，CAS）模型的处理，查询结果返回整个文档。Bai 等（2009）提出了多层的贝叶斯网络检索模型，该模型不仅将基于术语相似度的同义词间的量化关系应用于术语之间，同时也应用在文档之间，进行层层递进的推理与检索，可以增强语义检索系统的功能。

8.1.3　基于本体的信息检索模型

本体论是形成现象的根本实体，是客观存在的、非常系统的阐释或说明，源自哲学领域，用来研究客观事物存在的本质。现今，为了知识表示、共享及复用，本体论在计算机领域已经得到广泛应用。在人工智能领域，被广泛认可的本体定义是由 Studer 等（1998）提出的"共享概念模型的明确的形式化规范说明"。

基于本体的信息检索模型，是利用 Tableau 算法生成概念集的商集，利用只含有原子角色情况下的个体间的等价关系生成个体集的商集，进而得出包括语义索引项的归纳集合，并进一步生成体现文档的文档逻辑视图及体现用户信息需求语义的用户信息需求逻辑视图（Lu et al.，2019）。

为了解决传统的关键字信息查询中欠缺知识表示和语义处理能力的问题，有学者提出了一种构建措施，它包括领域本体库和应用本体库，并使用查询本体和相似度匹配推理的方法（Uschold and Gruninger，1996）。

有学者构建了一种基于本体的图像语义标注与检索模型 ImageQ，进行了基于本体的图像语义标注、语义信息标注，提出了基于本体的图像语义扩展检索、图像语义推理检索，支持基于关系的用户自然检索语言解析，实现模型、领域本体之间的独立，分析了领域本体向个人本体发展的方法。而基于本体的 Web 图像语义标注与检索模型，该模型使用领域本体描绘 Web 图像的语义特征，使用自动图像标注技术，构建 Web 图像的本体库，用户通过输入关键词或提交示例图像即可进行图像检索（Gruber，1993）。Meng 等（2013）提出了基于领域本体的文献智能检索模型，进行了领域本体的构建、语义标注的计算和查询扩展，并使用相似度计算对检索结果进行排序，从而将检索结果按照重要度和相似度进行排序。

8.2　多媒体检索系统中的关键技术

8.2.1　多媒体检索系统中的查询技术

图像/视频检索的经典查询方式为关键字查询，检索系统根据用户输入的关键字查找索引，将查找结果按照相关性排序返回给用户。然而，用户输入的查询往往不能精确表达搜索意图。究其原因，一方面用户输入的查询通常仅为 1~3 个词，表达的信息有限且查询词存在歧义、模糊等问题；另一方面用户对检索目标缺乏认知，无法构建准确的查询词。相关研究表明，多达 75% 的查询词不能清晰地表达用户的意图。这就导致检索系统难以准确地理解用户的意图，进而难以提供满足用户信息需求的搜索结果。

为了帮助用户构造合适的查询以准确地描述其信息需求，检索系统普遍采用查询推荐技术，根据用户输入的查询，向用户提供一系列与原查询语义相关的候选查询（Goldberg et al.，2001）。传统的图像/视频检索系统借鉴文本检索中的查询推荐技术，利用文档、查询日志、点击链接等数据，针对不同性质的数据设计相应的分析模型，如查询流图模型、词项转移图模型、排序学习模型（Ferrell et al.，2017）等，从数据中挖掘出关键词之间的语义联系，生成若干候选查询词。例如，基于文档的查询推荐方法利用统计模型从包含查询词的文档数据或人工编辑语料（如 Wikipedia、WordNet 等）中挖掘出与用户查询词相关的词或短语，利用其构建推荐查询。基于查询日志的方法通过分析搜索引擎的查询日志，挖掘查询之间的关联关系，发现过往搜索中出现过的关联查询，利用其构建推荐查询。查询日志是众多用户在使用搜索引擎进行查询操作时的日志记录，记录了用户的搜索行为，例如，使用的查询、点击搜索结果等。大量的查询日志蕴含着查询间的丰富关联，现有方法通过分析不同查询之间的各类型关联，如查询在搜索过程（session）中的共现频率、查询共有的相同或相似点击 URL 的数量、查询出现频率随时间分布的相关性等，计算查询间的关联强度，指导查询推荐的生成。

在图像/视频检索中，用户的检索目标为图像或视频片段，其语义内容远比若干查询词复杂。因此，仅推荐查询词往往不能帮助用户构建合适的查询以清楚地表达信息需求。针对多媒体检索中查询词存在模糊、歧义等问题，Zha 等（2010）提出了联合图片和文字的视觉查询推荐技术，针对用户的查询词，自动推荐若干语义相关的新查询词以及描述新查询词的图片,形成了"词-图"相结合的多模态查询推荐。该技术利用图片查询的视觉呈现帮助用户明确信息需求,综合考虑了图片的典型性与多样性,从多侧面对新查询进行视觉呈现,便于用户构建查询,进而结合用户选择的"词-图"新查询,融合视觉与文本特征改进检索效果。相比于查询词,多模态的查询更加有助于用户信息需求的表达以及媒体内容的查找,因而更加适用于多媒体信息检索。主流商业搜索引擎均提供多模态查询功能。例如,谷歌、百度等搜索引擎支持基于关键词与图片示例的混合查询,支持用户在基于关键词检索返回的图片集中选择感兴趣的图片作为查询示例,进一步查找相似图片。多模态查询被广泛应用于各类多媒体应用,如商品图片搜索(Zha et al.,2010)、多媒体问答(Lu et al.,2015)等。

多媒体和互联网的空前繁荣促使从不同渠道获取的文本、图像和视频等不同形态的媒体信息及与之相关的自然、社会属性信息紧密混合在一起,彼此间存在错综复杂的交叉关联,形成一种新的媒体表现形式,即跨媒体。在跨媒体信息环境下,用户提交一种媒体对象作为查询,检索系统不但可以返回相同种类的相似对象,而且能返回其他种类的媒体对象,形成更为全面、丰富的信息呈现,如利用图像查找语义相关的音频或视频片段等。面向跨媒体查询,检索系统需要克服不同媒体之间的"鸿沟",最大限度地挖掘不同媒体之间相互表达、相互补充的语义关联性和协同效应,构建不同种类媒体数据的一致性表达与相似性度量,建立能够有效处理跨媒体查询和查找跨媒体信息的模型。

近年来,大量的跨媒体表达与度量方法被相继提出,主要包括子空间学习方法、度量学习方法、主题模型方法以及新兴的基于深度学习的方法。其中,子空间学习方法旨在构造一个能够表达不同种类媒体数据的共同子空间,使不同种类的媒体数据在此空间中具有可比性,从而可以采用传统的度量方法计算查询对象与检索对象的相似度,进行跨媒体检索。度量学习方法旨在建立不同媒体数据之间合理的距离测度,使相似的数据度量距离小、不相似的数据度量距离大。其可以利用数据之间的相似/不相似关系,也可以利用数据的排序信息进行距离测度的学习。主题模型方法利用主题学习模型挖掘不同媒体数据之间的相关性与一致性。Zheng 等(2014)提出一种监督的文档神经自回归分布估计模型,在传统的文档神经自回归分布模型中引入语义类别监督信息,提升了隐主题特征的判别力,学习了视觉单词、文本单词和语义类别之间的共同特征表达。近年来,深度学习技术被应用于跨媒体数据特征学习,利用深度神经网络的特征抽象能力,学习不同种类媒体数据的统一特征表达。Wei 等(2017)采用卷积神经网络进行图像特征学习,将获得的深度特征用于跨媒体检索,用实验对比了深度特征与传统视觉特征的检索性能。实验结果表明,深度特征具有相对较高的检索精度。

8.2.2　多媒体检索系统中的反馈技术

在检索流程中引入用户反馈是提升检索精度的有效途径，检索系统支持用户在输入查询后继续参与检索过程，在当前检索结果中标记出与其检索意图相关/无关的样本，明确其信息需求，系统进而根据用户的反馈改进检索模型，调整检索策略，更新检索结果。通过与用户的交互，系统能够实时地、动态地了解用户的信息需求及其对数据的语义标记，提升系统对用户需求以及数据的理解能力，增强检索结果中相关样本的响应而抑制无关样本的出现，使检索结果逐步贴近用户的期望，最终满足用户的检索需求。

1）属性反馈

随着新反馈技术的不断提出，多媒体检索的性能获得了逐步提升。然而，计算机感知的底层特征与人们认知的高层语义之间存在"语义鸿沟"，这依然影响着检索系统对用户意图的建模精度以及对多媒体数据的理解准度，制约了多媒体检索的发展。为了克服"语义鸿沟"，研究人员提出利用视觉属性作为图像视频内容的中层语义描述，连接底层特征与高层语义。视觉属性即对象固有的视觉特性，描述对象组成部分、形状、材质等，如鼻子、腿、方形、毛绒的等。视觉属性比语义概念易于通过底层特征建模，比底层特征易于被人们理解。得益于其固有优势，视觉属性被广泛应用于图像视频分析与检索中。研究人员提出了一系列属性建模方法，基于属性模型的输出形成图像视频的中层特征表达，用于分析与检索。考虑到视觉属性的优点，研究人员提出了基于属性的反馈技术，利用用户对属性的反馈构成其检索意图的中层语义描述，利用属性作为连接用户检索意图与图像视频数据的中间桥梁。

2）隐式反馈

充分利用用户隐式反馈数据是提升检索系统性能的另一个有效途径。用户的检索历史与交互行为是隐式反馈信息的主要来源之一，通常包括输入的查询、点击的网页、停留的时间等。隐式反馈数据蕴含着用户的偏好，为理解用户检索意图提供了线索。尽管隐式反馈数据存在大量噪声，不如显式反馈数据精确，但在实际应用中，隐式反馈数据远比显式反馈数据丰富，大量存在于检索系统中，具有数据规模大、应用场景广等优势，同时也不要求用户对检索结果进行反馈，减轻了用户的操作负担。

近年来，基于隐式反馈的信息检索成为研究热点。大量的研究工作围绕着如何挖掘利用隐式反馈数据改进检索而展开。作为最常用的隐式反馈数据，用户的点击数据记录着用户在搜索过程中对文档、图像等对象的点击历史，在一定程度上反映着文档、图像等与用户查询及检索意图的关联强度。大量的研究表明，利用点击数据可以有效提升信息检索的精度，点击数据在文本检索中得到研究与应用。

8.3　智能信息服务多媒体系统模块设计

8.3.1　信息检索中的拓展查询

在信息检索中，如果仅使用用户提供的关键词进行检索，其结果将会是包含这几个关键词的相关文档。这样的结果将会导致如下问题：漏检与关键词主题内容相关的信息；文档的检索结果仅仅通过关键词在文档中出现的程度进行排序，这样可能导致与关键词主题相关，但是关键词出现次数较少的文档排在后面，从而导致非常相关的信息被用户或者需要信息的系统丢弃。

在 20 世纪 70 年代提出的改善信息检索的方法——查询扩展，可以用来解决这两个问题。查询扩展是通过添加额外的词来补充、完善原始查询的过程，该项技术可以提高信息检索系统的正确率和改善系统的召回率，并且还可以有效地调整检索结果文档的排序，从而更好地满足用户的信息检索需求。查询扩展的过程可以通过添加一些新的相关词，或者通过调整原始词的权重来实现对查询的扩展。

查询扩展的方法主要包括：语言学知识的方法、相关反馈和伪相关反馈的方法。

1）语言学知识的方法

这类查询扩展主要是利用语言学知识中的词与词之间的相互关系来进行的。词与词之间的关系包括同义词（如"玉米—苞米—苞谷—棒子"）、近义词（如"繁殖—生殖""养殖—饲养"等）、层次关系（主要包括同位、上位、下位、包含关系等）等。

国内外学者利用语言学知识中的词与词之间的关系，通过人工总结或者人工辅助建立了大量的语义知识库。例如，普林斯顿大学认知科学实验室在心理学教授乔治·A.米勒的指导下建立和维护的 WordNet，名词、动词、形容词和副词各自被组织成一个同义词的网络，每个同义词集合都代表一个基本的语义概念，并且这些集合之间也由各种关系连接。

2）相关反馈和伪相关反馈的方法

基于相关反馈的查询扩展是利用用户和计算机检索系统交互来改善检索效果的方法。实现的基本步骤是：首先，用户提出一个查询，检索系统返回一个初始的检索结果集；其次，用户在结果集中标记相关和不相关；最后，检索系统利用用户的反馈形成一个更能满足用户需求的查询式，并且利用修改的查询返回检索结果集。相关反馈可以进行一次或多次这种迭代。

20 世纪 60 年代已经有学者对信息检索中的相关反馈技术理论和算法进行了研究，如有研究者发表了在查询修改方面的实验结果，将特征项重新加权与查询扩展结合起来，并给向量空间模型定义了查询修改方法及修改公式。

伪相关反馈是统计一次检索结果中排在前 n 篇的词，然后将出现频率最高的 m 个词自动加入查询中，最后利用扩展后的查询重新进行检索（其中 n、m 可以根据预计的实际情况进行设置）。

8.3.2　基于深度学习模型抽取多模态媒体特征

基于深度学习模型的媒体数据特征学习是改善多媒体信息检索质量的重要前提，本节选取图像、文本两类数字图书馆中最常见的异构媒体展开研究：针对图像，选用卷积神经网络类模型[如视觉几何群（visual geometry group，VGG）-16、VGG-19、ResNet-10 等]提取图像特征。VGG-16 模型由 13 个卷积层和 3 个全连接层构成，全连接层中最后 3 层均可作为图像特征（维度=1000）。本节选择最后一个全连接层，因为其层次更深，语义信息更丰富。针对文本，可选用循环神经网络类模型[如 LSTM、门控循环单元（gated recurrent unit，GRU）、双向门控循环单元（bi-directional GRU）等，本节选择 LSTM 模型，因为它能有效地处理长距离依存]，并基于词向量模型构建编码-解码框架，提取文本特征（维度为词向量大小 300）。LSTM 模型是一种时序模型，它不同于传统词袋（bag of word，BoW）模型，能更好地抽取文本中长距离的依存关系，从而有利于准确表达文本中的语义信息。

在媒体特征学习的基础上，需进一步挖掘它们之间的跨模态相关性，为知识关系推理做好准备。单模态媒体特征学习之后，图像、文本均位于异构数据空间，维度不同，无法直接计算它们间的语义相关性，需首先执行特征映射，把异构特征都转换到低维、同构的中间数据子空间。然后，基于欧氏、曼哈顿等语义距离标准计算语义相关性。特征映射方法包括典型相关分析（canonical correlation analysis，CCA）、非线性典型相关分析（kernel canonical correlation analysis，KCCA）、潜在语义分析（latent semantic analysis，LSA）、深度置信网络多变量

（multivariable deep belief network，MDBN）、多层感知机（multilayer perceptron，MLP）等。CCA、KCCA 基于典型相关性分析方法探寻中间数据子空间，它们更适合少量样本，而非大数据环境；LSA 基于潜在主题关联异构数据，其语义层高于 CCA、KCCA 模型，但潜在主题中噪声干扰较严重，会影响最终的检索性能；MDBN、MLP 等模型基于深度学习框架，即根据深层神经网络中的隐含层（hidden layer）来刻画异构媒体间的跨模态相关性，所提取的跨模态语义的鲁棒性更好、判别性能更优良，非常适合大数据环境下的跨模态相关性分析。相比 MDBN 模型，MLP 模型结构更简单，它仅需 1~2 层隐含层即可获得较好的跨模态语义，但由于层次较少，所以其性能低于 MDBN 模型。

8.3.3　基于关键词关联图扩展向量检索

互信息（mutual information）是一种有用的信息度量，它是指两个事件集合之间的相关性。互信息是计算语言学模型分析的常用方法，它度量两个对象之间的相互性。基于互信息的基本定义，在此我们给出两个拓展定义。

定义 8-1　关键词的关联图是通过关键词在文档中的共现而建立的拓扑关系图。关联图表示为{V, E}，其中 V 为文档集中的所有关键词，即文档集中出现的所有关键词，E 为关键词之间的联系，任意两个关键词之间的关联程度通过两者之间的互信息表示。

例如，一个文档集如表 8-1 所示，那么关键词的关联图的顶点就是文档集{Doc1，Doc2，Doc3，Doc4}中出现的所有关键词，即为{A、B、C、D、E}。关键词之间的联系 E 主要是通过计算两个关键词之间的互信息获得的。

表8-1　文档集

文档	A	B	C	D	E
Doc1	2	1		3	
Doc2	1		3		
Doc3		2		1	1
Doc4			1		5

通过定义 8-1，我们可以得到关键词之间的关联图，如图 8-1 所示。

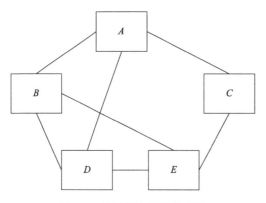

图 8-1 关键词之间的关联图

通过图 8-1 我们能够方便地看出两个关键词之间的相互关联关系。例如，关键词 A 与关键词 B、关键词 C、关键词 D 共现；关键词 B 与关键词 A、关键词 D、关键词 E 共现。这就说明关键词 A 分别可以与关键词 B、关键词 C、关键词 D 表达不同的意思。

如果两个关键词共现，并且两者共现的集合的交集较大，表明两者之间的相似度较高，反之，表明两者之间的相似度较低。

本算法认为词与词、词与文档之间的关系主要包括以下几种。

（1）文档中出现某关键词的频率越高，则该关键词越能表征该文档。

（2）两个关键词在同一文档中同时出现的次数越多，说明两者之间的关联越大。

（3）在文本中，如果两个关键词共现的次数越多，那么这两个关键词之间的关联就越大。在文档集中，两个关键词（并且这两个词也共现）共现的词集合相同的比例越高，那么这两个词之间的关联性就越大，反之，如果相同的比例越低，那么两个词之间的关联性就越小。也就是说，两个关键词之间的关联性可以通过与之共现的词集合来表征。

定义 8-2 关键词之间的相似度是反映两个关键词之间相关联程度的一个量。其主要通过关键词的关联图中同时与两个关键词相关的关键词集合所占两个关键词共现集合的比例来计算。

关键词之间的相似度可以表示为

$$\text{sim}(t_i, t_j) = \frac{n\big(\text{co}(t_i) \cap \text{co}(t_j)\big)}{n\big(\text{co\_g}(t_i) \cup \text{co\_g}(t_j)\big)} \quad （8\text{-}3）$$

式中，$n()$ 为记录集合中关键词的数目的函数；$\text{co}(t)$ 为与关联词之间的互信息大于阈值 n 的词集合；$\text{co\_g}(t)$ 为与关键词共现的所有词集合；$\cup$ 表示两个集合之间的并运算；∩表示两个集合之间的交运算；t_i 和 t_j 为两个不同的关键词。阈值 n 的设置是为了尽量减少关键词之间偶然共现对两者相似度产生的影响。

查询向量生成的过程表明该向量中不仅包含用户查询输入的关键词的权重值，而且包含了与其共现的词的权重值，这样可以把与查询相关的文档的重要性提高；反之使在文档中偶然出现查询关键词文档的重要性降低。这样可以改善检索的效果，减少用户自行进行比较的工作量。

向量检索模型的实质就是查询向量 Q 和文档向量 D 之间的相似度的比较，如果两个向量越相似，那么该文档就越能反映用户检索的内容。

比较两个向量 d 和 q 的相似度，一般是通过求两个向量的余弦相似度：

$$\text{sim}(d,q) = \frac{d \cdot q}{|d \cdot q|} \quad (8\text{-}4)$$

式中，$d \cdot q$ 为两个向量的内积；$|d \cdot q|$ 为两个向量的模的积，即向量的欧几里得长度 R。因此，通过查询向量和文档向量之间的余弦相似度能够对检索文档进行排序，从而实现信息检索的过程。

一般向量检索模型中，查询向量模型和文档向量的权重都是通过 TF × IDF 进行计算得到的，前面已有介绍。本章中基于关键词关联图扩展的向量模型中的查询向量是基于关键词的关联图进行扩展以后得到的。文档向量 D 采用 TF × IDF 的方式计算权重。

所以基于关键词关联图扩展的向量检索为

$$\text{score}(Q,D) = \frac{DQ}{|DQ|} \quad (8\text{-}5)$$

该方法使得即使文档 D 中没有包含用户的查询词，但是和用户查询需求相关也能被检索到；并且如果文档包含检索词的权重比较小，但是却包含较多与检索词相关的词，在检索过程中也可能会获得较高的相似度。通过关键词的关联图改进查询向量，可以有效地改善查询向量和文档向量的相似度，从而改善检索的效果。

8.4　智能信息服务信息检索模型结构设计

多媒体知识关系的构建分为媒体特征学习、知识表示学习两步。媒体特征学习指基于深度学习模型提取单模态媒体特征，获取其语义聚类中心，并基于本体把媒体数据转换为蕴含丰富语义信息的知识实体；知识表示学习指在跨模态相关性挖掘的基础上，运用知识表示学习理论推理知识实体间的知识关系（知识关系的重数为：1-1、1-N、N-1、N-N，除 1-1 外，其他均为复杂关系），并计算知识关系的关联强度，从而将知识实体有序地组织起来，逐步形成多媒体知识关系。智能信息服务信息检索模型采用层次化知识推理机制，准确描述知识实体间所蕴含的关联信息（复杂知识关系）：浅层推理—中层推理—深层推理。它基于链接预测技术完成浅层知识关系推理，准确找到知识实体之间的重数，基于关系路径技术完成中层知识关系推理，即探寻知识实体间的知识脉络关系（如泛化、聚合等），并形成关系路径，该路径是构建知识关系的前提，基于一阶逻辑完成深层知识关系推理。然后，智能信息服务信息检索模型基于知识实体与语义距离度量标准计算知识关系的强度，即定量度量知识实体之间关联的"致密度"。

多媒体信息检索系统优化的整体思路为：从知识发现的角度高效、有序地组织馆藏多媒体资源，即构建一个全面、开放式的知识体系，进而为用户提供丰富、多样的多媒体信息检索服务。因此，在知识关系构建的基础上，即可拟合用户兴趣，以完成全新的多媒体信息检索。

因此，多媒体信息检索的基本流程为：提取用户检索需求（用户输入的文本或图像），基于媒体特征学习模型将其输入转换为相应特征，并进一步描述为知识实体。采用语义映射模型将用户需求、多媒体知识实体（或知识关系）都映射到同构的数据子空间；基于欧氏（L_2）、曼哈顿（L_1）、皮尔逊系数等语义距离标准，度量用户需求与多媒体知识实体（或知识关系）间的语义相关性，生成检索结果；基于跨媒体检索决策模型扩展媒体表现形式，为用户提供内容及形式均更加丰富的检索结果，从而改善用户的检索交互体验。具体流程参见图 8-2。

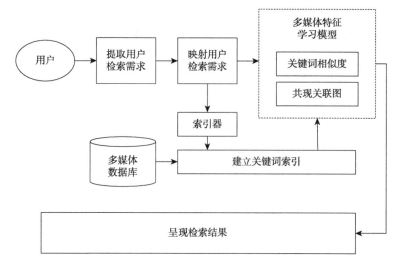

图 8-2　智能信息服务信息检索模型结构设计

参 考 文 献

Bai Y, Yun C, Li S, et al. 2009. Multi-layer Bayesian network retrieval model[J]. Computer Engineering and Application, 45（16）: 165-168.

Ferrell B R, Temel J S, Temin S, et al. 2017. Integration of palliative care into standard oncology care: ASCO clinical practice guideline update summary[J]. Journal of Oncology Practice, 13（2）: 119-121.

Goldberg K, Roeder T, Gupta D, et al. 2001. Eigentaste: A constant time collaborative filtering algorithm[J]. Information Retrieval, 4（2）: 133-151.

Gruber T R. 1993. A translation approach to portable ontologies[J]. Knowledge Acquisition, 5（2）: 199-220.

Lu S Y, Mei T, Wang J D, et al. 2015. Exploratory product image search with circle-to-search interaction[J]. IEEE Transactions on Circuits and Systems for Video Technology, 25（7）: 1190-1202.

Lu Y Q, Wang H Q, Xu X. 2019. ManuService ontology: A product data model for service-oriented business interactions in a cloud manufacturing environment[J]. Journal of Intelligent Manufacturing, 30（1）: 317-334.

Macfarlane A. 2004. Introduction to modern information retrieval, 2nd edition[J]. Program, 38（3）: 216-217.

Meng H, Zhang Z, Zhang X. 2013. Research on intelligent document retrieval model based on domain ontology[J]. Journal of Information, 32（9）: 180-184.

Raghavan V V, Wong S K M. 1986. A critical analysis of vector space model for information retrieval[J]. Journal of the American Society for Information Science, 37（5）: 279-287.

Rocchio J J .2000. Relevance feedback in information retrieval[J]. Computer Science: 313-323.

Studer R, Benjamins V R, Fensel D. 1998.Knowledge engineering: Principles and methods[J].Data & Knowledge Engineering, 25(1/2):161-197.

Uschold M, Gruninger M. 1996. Ontologies: Principles, methods and applications[J]. The Knowledge Engineering Review, 11（2）: 93-136.

Wei Y C, Zhao Y, Lu C Y, et al. 2017. Cross-modal retrieval with CNN visual features: A new baseline[J]. IEEE Transactions on Cybernetics, 47（2）: 449-460.

Worth D. 2010. Introduction to modern information retrieval, 3rd edition[J]. Australian Academic & Research Libraries, 41（4）: 305-306.

Xu J M, Tang W S. 2007. Extended belief network retrieval model based on query term synonyms[J]. Computer Engineering, （10）: 28-30.

Zha Z J, Yang L J, Mei T, et al.2010. Visual query suggestion: Towards capturing user intent in

Internet image search[J]. ACM Transactions on Multimedia Computing，Communications，and Applications，6（3）：1-19.

Zhang X L，Heng X C. 2009. XML document information retrieval model based on four-layered Bayesian network[J]. Journal of Computer Applications，29（10）：2791-2795.

Zheng Y，Zhang Y J，Larochelle H. 2014. Topic modeling of multimodal data：An autoregressive approach[C]//2014 IEEE Conference on Computer Vision and Pattern Recognition，Columbus：1370-1377.

第9章 智能信息服务中的信息推荐技术

伴随网络用户规模的迅速扩增，互联网的信息内容数量也呈现指数级增长。尽管海量信息的涌现极大地扩展了人们的选择范围，但也使用户很难从中快速地获取感兴趣的内容（Vince，2020）。因此，如何快速、有效地帮助用户获取其可能感兴趣的信息、产品或服务是需要尽快解决的问题。

在信息过滤中，信息推荐是最为典型的代表。信息推荐通过记录其与用户交互过程中用户的历史兴趣信息，借助用户建模技术对用户的信息需求进行描述，并根据用户模型通过一定的智能推荐策略实现有针对性的个性化信息定制。不同于一般搜索引擎服务由用户发起信息检索的过程，推荐系统作为一种智能个性化信息服务系统，具有用户需求驱动、主动服务和信息个性化程度高等优点。因而，本章主要介绍智能信息服务中信息推荐技术的相关内容。

9.1 智能信息服务中信息推荐的理论分析

信息推荐的实现主要依赖于推荐系统，其作用是更加有效地连接用户与内容或服务，从而节约大量的时间和成本。将推荐系统按照局部划分，它主要包括数据、算法、架构三个方面。本节后面会依次介绍信息推荐系统的特征数据、算法和架构等基础理论。

9.1.1　信息推荐中用户特征数据

　　用户、项目以及两者之间的交互特点往往是难以充分描述的，更多时候需要利用标签帮助我们对多维事物进行降维理解，抽象出事物更具有代表性的特征，如图 9-1 所示。在信息推荐系统中，特征数据是起着支撑作用的一环，训练推荐模型需要先收集用户的行为数据生成特征向量，而一个特征向量由特征以及特征的权重组成，在利用用户行为计算特征向量时需要考虑以下因素。

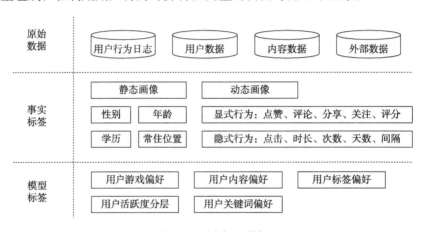

图 9-1　用户标签数据

　　（1）用户行为的种类：在一个网站中，用户可以对项目产生很多不同种类的行为。例如，浏览项目、单击项目链接、收藏项目、给项目打分、购买物品、评论项目、给项目打上不同的标签、和好友分享物品、搜索不同的关键词等。这些行为都会对项目特征的权重产生影响，但不同行为的影响不同，大多时候很难确定什么行为更加重要，一般的标准为：用户付出代价越大的行为权重越高。

　　（2）用户行为产生的时间：一般来说，用户近期的行为比较重要，而用户很久之前的行为相对不那么重要。因此，如果用户最近购买过某一个物品，那么这个物品对应的特征将会具有比较高的权重。

　　（3）用户行为的次数：有时用户对一个项目会产生很多次行为。例如，用户会听一首歌很多次、看一部电视剧的很多集等。因此用户对同一个项目的同一种行为发生的次数也反映了用户对项目的兴趣，行为次数越多的项目对应的特征权重越高。

　　（4）物品的热门程度：如果用户对一个很热门的物品产生了行为，往往不能代表用户的个性，因为用户可能是在跟风，可能对该物品并没有太大兴趣，特别是在用户对一个热门物品产生了偶尔几次不重要的行为（如浏览行为）时，就更说明用户对这个物品可能没有什么兴趣，可能只是因为这个物品的链接到处都是，很容易点到而已。反之，如果用户对一个不热门的物品产生了行为，就说明了用户的个性需求。因此，推荐引擎在生成用户特征时会加重不热门项目对应的特征权重。

（5）数据去噪：对于数据中混杂的刷单等类似作弊行为的数据，要将其排除出训练数据，否则它会直接影响模型的效果；还需要对样本中的缺失值做相应处理。

（6）正负样本均衡：一般情况下所收集的用户行为数据都属于正样本，造成了严重的不平衡状态，所以对于一个用户，需要从他没有过行为的物品中采样出一些物品作为负样本，从而保证每个用户的正负样本数目相当。

（7）特征组合：考虑特征与特征之间的关系也是必要的。例如，在美团酒店的搜索排序中，酒店的销量、价格、用户的消费水平等是强相关因素，用户的年龄、位置可能是弱相关的因素，用户的 ID 是完全无关的因素。在确定了哪些因素可能与预测目标相关后，我们需要将此信息表示为数值类型，即为特征抽取的过程。除此之外，用户在应用程序（application，APP）上的浏览、交易等行为记录中包含了大量的信息，特征抽取主要是从这些信息中抽取出相关因素，用数值变量进行表示。常用的统计特征有计数特征，如浏览次数、下单次数等；比率特征，如点击率、转化率等；统计量特征，如价格均值、标准差、分位数、偏度、峰度等。

9.1.2　信息推荐算法

本节主要对目前的信息服务推荐算法进行简要的分类介绍。

1）按照数据源划分

按照数据源对信息推荐系统进行划分，主要是根据数据之间的相关性进行推荐，因为大部分推荐系统的工作原理还是基于物品或者用户的相似集进行推荐，主要包括以下三种：根据系统用户的基本信息发现用户的相关程度，这种称为基于人口统计学的推荐（demographic-based recommendation）；根据推荐物品或内容的元数据，发现物品或者内容的相关性，这种称为基于内容的推荐（content-based recommendation）（Lian et al.，2018）；根据用户对物品或者信息的偏好，发现物品或者内容本身的相关性，或者是发现用户的相关性，这种称为基于协同过滤的推荐（collaborative filtering-based recommendation）。

2）按照推荐模型划分

按照推荐模型进行划分，可以想象在海量物品和用户的系统中，推荐系统的计算量是相当大的，要实现实时的推荐，务必需要建立一个推荐模型，推荐模型的建立方式可以分为以下几种。

基于物品和用户本身的推荐：这种推荐系统将每个用户和每个物品都当作独

立的实体，预测每个用户对每个物品的喜好程度，这些信息往往是用一个二维矩阵描述的。由于用户感兴趣的物品远远小于总物品的数目，这样的模型会导致大量的数据空置，即我们得到的二维矩阵往往是一个很大的稀疏矩阵。同时为了减小计算量，我们可以对物品和用户进行聚类，然后记录和计算一类用户对一类物品的喜好程度，但这样的模型又会在推荐的准确性上有损失。

基于关联规则的推荐：关联规则的挖掘已经是数据挖掘中的一个经典的问题，主要是挖掘一些数据的依赖关系，典型的场景就是"购物篮问题"，通过关联规则的挖掘，我们可以找到哪些物品经常被同时购买，或者用户购买了一些物品后通常会购买哪些其他的物品，当我们挖掘出这些关联规则之后，可以基于这些规则为用户进行推荐。

基于模型的推荐：这是一个典型的机器学习的问题，可以将已有的用户喜好信息作为训练样本，训练出一个预测用户喜好的模型，以后用户再进入系统，可以基于此模型进行推荐。这种方法的问题在于如何将用户实时或者近期的喜好信息反馈给训练好的模型，从而提高推荐的准确度。

9.1.3　信息推荐架构

信息推荐框架如图 9-2 所示，主要包含以下几个模块。

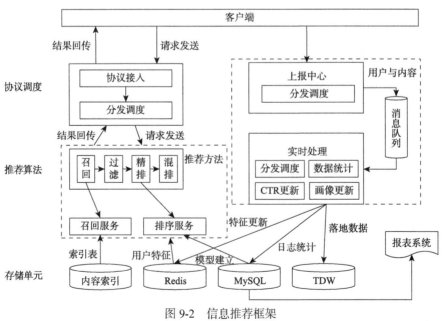

图 9-2　信息推荐框架

CTR 表示点击率（click-through rate）

协议调度：请求的发送和结果的回传。在请求中，用户会发送自己的 ID、地理位置等信息。结果回传中会返回推荐系统给用户推荐的结果。

推荐算法：算法按照一定的逻辑为用户产生最终的推荐结果。不同的推荐算法基于不同的逻辑与数据运算过程。

消息队列：数据的上报与处理。根据用户的 ID，拉取用户的性别、之前的点击、收藏等用户信息，而用户在 APP 中产生的新行为，如新的点击会存储在存储单元里面。

存储单元：不同的数据类型和用途会存储在不同的存储单元中，例如，内容标签与内容的索引存储在 MySQL 中，实时性数据存储在 Redis 中，需要进行数据统计的数据存储在腾讯分布式数据仓库（Tencent distributed data warehouse，TDW）中。

9.1.4 信息推荐效果评估

在获得用户、项目及其交互行为等一系列特征数据后，利用构建的信息推荐系统按照设计的算法或逻辑进行实验，之后则需要对信息推荐的效果进行测试或评价。一般为了获得推荐效果，主要有离线实验、用户反馈、在线实验三种方法，如图 9-3 所示。

图 9-3 一般推荐效果检验阶段

离线实验：通过反复对数据样本进行实验来获得算法的效果。通常这种方法比较简单、明确。但是由于数据是离线的，基于过去的历史数据，不能够真实地反映线上效果。同时需要通过时间窗口的滚动来保证模型的客观性和普适性。

用户反馈：当在离线实验阶段得到了一个比较不错的预测结果之后，就需要将推荐的结果拿到更加真实的环境中进行测评，如果这个时候将算法直接上线，会面临较高的风险。因为推荐结果的好坏不能仅通过离线的数字指标衡量，更要关注用户体验，所以可以通过小范围的反复白板测试，获得自己和周围的人对推荐结果的直观反馈，进行优化。

在线实验（A/B 测试）：在推荐系统的优化过程中，在线实验是最贴近现实、最重要的反馈方式。通过 A/B 测试的方式，可以衡量算法与其他方法、算法与算法之间的效果差异。同时，有时推荐系统在进行离线训练后需要实时推荐的话也会进行 A/B 测试。但是 A/B 测试需要一定的观察期以及科学的实验流程，才能证明得到的结论是真实可信的。

下面分别介绍离线训练和在线训练的主要流程。

1）离线训练

基于离线训练的推荐系统架构是最常见的一种推荐系统架构。离线训练指的是使用历史一段时间（如几周）的数据进行训练，模型迭代的周期较长（一般以小时为单位）。模型拟合的是用户的中长期兴趣。

如图 9-4 所示，一个典型的基于离线训练的推荐系统架构由数据上报、离线训练、在线存储、实时推荐和 A/B 测试这几个模块组成。其中，数据上报和离线训练组成了监督学习中的学习系统，而实时推荐和 A/B 测试组成了预测系统。另外，在线存储模块用于存储模型和模型需要的特征信息，供实时推荐模块调用。图中的各个模块组成了训练和预测两条数据流，训练的数据流搜集业务的数据，最后生成模型存储于在线存储模块中；预测的数据流接受业务的预测请求，通过 A/B 测试模块访问实时推荐模块来获取预测结果。

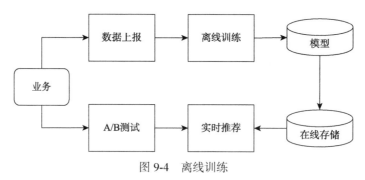

图 9-4　离线训练

（1）数据上报：数据上报模块的作用是搜集业务数据组成训练样本。一般分为收集、验证、清洗和转换四个步骤。将收集的数据转化为训练所需的样本格式，保存到离线存储模块，如图 9-5 所示。

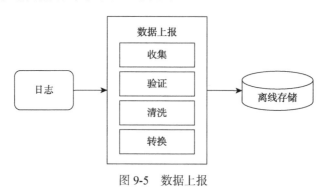

图 9-5　数据上报

（2）离线训练：离线训练模块又分为离线存储模块和离线计算模块。实际业务中使用的推荐系统一般都需要处理海量的用户行为数据，所以离线存储模块需要有一个分布式的文件系统或者存储平台来存储这些数据。离线计算模块常见的操作有样本抽样、特征工程、模型训练和相似度计算等。

（3）在线存储：线上服务对于响应时间有严格的要求，如用户打开手机 APP 若耗时过长，则会影响用户的体验感和满意度。一般来说，这就要求推荐系统在几十毫秒以内处理完用户请求并返回推荐结果。因此，针对线上服务，需要有一个专门的在线存储模块，负责存储用于线上模型的特征数据。

（4）实时推荐：实时推荐模块的功能是对来自业务的新请求进行预测，主要包括获取用户特征、调用推荐模型和结果排序。

在实际应用中，由于业务的物品列表太大，如果使用复杂的模型对每个物品进行实时打分，就有可能耗时过长而影响用户满意度。针对上述问题，一种常见的做法是将推荐列表的生成分为召回和排序两个步骤，如图 9-6 所示。召回是从大量的候选物品（如上百万件）中筛选出一批用户较有可能喜欢的候选集（一般是几百件）；排序的作用是对召回得到的相对较小的候选集使用排序模型进行打分。有时，在排序得到推荐列表后，为了多样性和运营的一些考虑，还会加上第三步——重排过滤，用于对精准排序后的推荐列表进行处理。

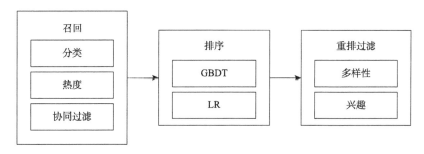

图 9-6 推荐列表召回排序

GBDT 表示梯度提升决策树（gradient boosting decision tree），LR 表示线性回归（logistic regression）

（5）A/B 测试：A/B 测试属于推荐系统的一个重要模块，它可以帮助开发人员评估新算法对客户行为的影响。除了离线的指标外，一个新的推荐算法上线之前一般都会经过 A/B 测试来测试新算法的有效性。

图 9-7 是与之对应的实际系统中各个组件的流转过程。需要注意的是，生成推荐列表就已经做完了召回和排序的操作，业务层直接调用 API 就可以得到这个推荐列表。

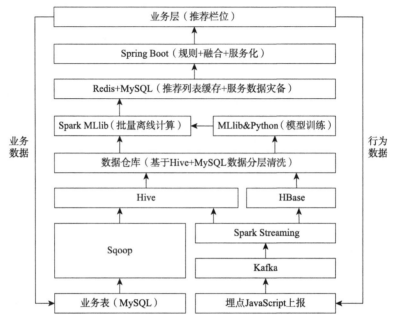

图 9-7　推荐系统中的组件流转

2）在线训练

对于业务来说，我们希望用户对于上一个广告的反馈（喜欢或者不喜欢，有没有点击）可以很快地用于下一个广告的推荐中。这就要求我们用另外一种方法来解决这个问题，即在线训练，如图 9-8 所示。

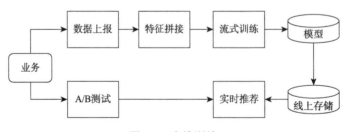

图 9-8　在线训练

基于在线训练的推荐系统架构适合广告和电商等高维度、大数据量且对实时性要求很高的场景。相比于基于离线训练的推荐系统，基于在线训练的推荐系统不区分训练和测试阶段，每个回合都在学习，通过实时的反馈来调整策略。一方面，在线训练要求样本、特征和模型的处理都是实时的，以便推荐的内容更快地反映用户实时的喜好；另一方面，因为在线训练并不需要将所有的训练数据都存储下来，所以不需要巨大的离线存储开销，使系统具有很好的伸缩性，可以支持超大的数据量和模型。

（1）数据上报：和基于离线训练的推荐系统相比，在线训练在数据上报阶段的主要不同体现在样本处理上。对于离线训练来说，上报后的数据首先被存储到一个分布式文件系统，然后等待离线计算任务来对样本进行处理；对于在线训练来说，对样本的去重、过滤和采样等计算都需要实时进行。

（2）特征拼接：特征拼接模块将经过预处理的特征进行拼接。拼接的方式可以是简单的串联，也可以是交叉特征等其他更复杂的方式。拼接后的特征向量将作为模型的输入。

（3）A/B 测试：A/B 测试模块的主要作用是评估不同算法或模型的效果，并选择最佳的推荐策略。在 A/B 测试中，将用户随机分成两个或多个组，每个组对应一个不同的推荐算法或模型。通过比较这些组的表现指标来确定哪种算法或模型能够提供最好的推荐效果。

（4）实时推荐：实时推荐模块通过实时处理样本数据，将需要的特征拼接起来构造训练样本，输入流式训练模块用于更新模型。该模块的主要功能是特征拼接和特征工程。

（5）流式训练：流式训练模块的主要作用是使用实时训练样本来更新模型。推荐算法中增量更新部分的计算，通过流式计算的方式来进行更新。在线训练的优势之一是可以支持模型的稀疏存储。训练方面，在线模型不一定都是从零开始训练，而是可以将离线训练得到的模型参数作为基础，在这个基础上进行增量训练。

（6）线上存储：模型一般存储在参数服务器中，模型更新后，将模型文件推送到线上存储，并由线上服务模块动态加载。

9.1.5　信息推荐衡量指标

评测指标是用来评价一个系统的性能的函数，可以分为对算法复杂度的度量以及算法准确性的度量（Koren et al.，2009）。算法复杂度主要考虑算法实现的空间以及时间复杂度，当然，算法复杂度同样重要，但这里主要讨论算法的准确性度量指标。

推荐系统根据推荐任务的不同通常分为两类：评分预测与 Top-N 列表推荐。在这里主要根据这两者来分别讨论评测指标。

1）评分预测

评分预测，即预测特定用户对于没有产生过行为的物品能够打多少分，一般通过均方根误差（root mean square error，RMSE）和平均绝对误差（mean absolute error，MAE）来计算。对于测试集中的用户 u 和项目 i，r_{ui} 是用户 u 对项目 i 的真实评分，$\widehat{r_{ui}}$ 是推荐算法预测出的评分，那么可以得出以下公式。

RMSE：

$$RMSE = \frac{\sqrt{\sum_{u,i \in T}\left(r_{ui} - \widehat{r_{ui}}\right)^2}}{|T|} \qquad (9-1)$$

MAE：

$$MAE = \frac{\sum_{u,i \in T}\left|r_{ui} - \widehat{r_{ui}}\right|}{|T|} \qquad (9-2)$$

式中，T 为样本集。

Chai 和 Draxler（2014）认为 RMSE 加大了对预测不准的用户物品评分的惩罚（平方项的惩罚），因而对系统的评测更加苛刻，同时，如果评分系统是基于整数建立的（即用户给的评分都是整数），那么对预测结果取整会降低 MAE 的误差。

2）Top-N 列表推荐

评分预测只能适用于小部分的场景，如对电影、书籍的评分，而 Top-N 列表推荐更加符合现在的需求，给用户提供一个推荐的列表让其选择。Top-N 列表推荐一般通过准确率与召回率来进行衡量（Domingos，2012）。当谈到准确率、召回率以及 F_1 值的时候，它们都是基于混淆矩阵（confusion matrix）的，如表 9-1 所示。

表9-1　混淆矩阵

模型预测类别		正例	反例
样例真实类别	正例	真正例（TP）	假反例（FN）
	反例	假正例（FP）	真反例（TN）

（1）准确率。准确率的意义在于所预测的推荐列表中有多少是用户真正感兴趣的，即预测列表的准确率，那么准确率 P 的定义为

$$P = \frac{TP}{TP + FP} \qquad (9-3)$$

（2）召回率。又叫查全率，召回率是针对真实的样本而言的，是指模型预测为正例的样本与真实类别为正例的样本的比值：

$$R = \frac{TP}{TP + FN} \qquad (9-4)$$

（3）F_1 值。上面两个评测指标从不同的方面衡量了推荐系统的好坏，两者呈现一个负相关的状态，即准确率高的情况下召回率往往会比较低，反之亦然。所以人们又提出了一个结合准确率与召回率的评测指标 F_1 值，可以更加方便地观察推荐系统的好坏，公式如下：

$$F_1 = \frac{2PR}{P+R} \qquad （9\text{-}5）$$

9.2　智能信息服务中的信息推荐技术基础

设计和开发推荐系统是多个学科共同努力的结果，这得益于多个计算机科学领域的成果，特别是机器学习、数据挖掘、信息检索和人机交互（Kanwal et al., 2021）。智能推荐系统是一个系统工程，依赖数据、架构、算法、人机交互等环节的有机结合，形成合力。因而，本节主要对推荐系统中涉及的相关技术基础进行介绍。

9.2.1　技术架构

从推荐系统的技术架构图的层级角度看，推荐系统基本可以分为数据层、候选集触发层、候选集融合和过滤层及排序层，如图 9-9 所示。

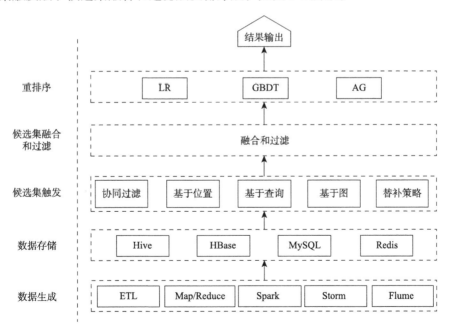

图 9-9　推荐系统技术框架

AG 表示激进重新排序（aggressive re-ranking）

　　数据层包括数据生成和数据存储，主要是利用各种数据处理工具对原始日志进行清洗，处理成格式化的数据，存储到不同类型的存储系统中，供下游的算法和模型使用。候选集触发层主要是从用户的历史行为、实时行为、地理位置等角度利用各种触发策略产生推荐的候选集。候选集融合和过滤层有两个功能，一是对触发层产生的不同候选集进行融合，提高推荐策略的覆盖度和精度；二是要承担一定的过滤职责，从产品、运营的角度确定一些人工规则，过滤掉不符合条件的项目。排序层主要是利用机器学习的模型对触发层筛选出来的候选集进行重排序。

　　同时，对于候选集触发层和排序层而言，需要频繁地对其进行修改和调整以提高迭代效果，因此需要支持 A/B 测试。为了支持高效率的迭代，对候选集触发层和排序层进行了解耦，这两层的结果是正交的，因此可以分别进行对比实验，不会相互影响。同时在每一层的内部，会根据用户将流量划分为多份，支持多个策略同时在线对比。

　　具体地，在对数据的一系列处理过程中，所涉及的相关技术和步骤如图 9-10 所示。

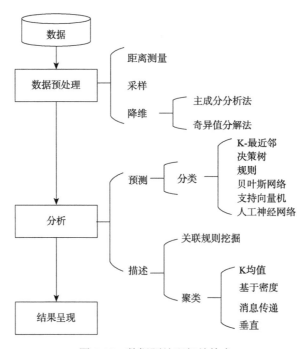

图 9-10　数据预处理相关技术

　　总体来看，在数据处理分析过程中，数据挖掘和机器学习是必不可少的技术支撑，此外，很多时候推荐系统的呈现方式为搜索引擎，因而信息检索也起着重要的作用，基于此，本节后半部分将分别介绍上述三种技术。

9.2.2　机器学习

数据是推荐系统的基础支撑，由于数据的无规则性，人们在获取的过程中也有较大的无规则性，在此过程中有较多数据没有可利用价值，反之还会对系统运行造成一定的不利影响，所以在对此进行分析的过程中应当首先对无用信息进行有效清理，这在较大程度上能够有效提高分析结果的正确率。因而就需要对数据进行预处理（Iwendi et al.，2020）。

在对数据处理的过程中有三个不同的方面：距离度量、抽样以及降维。在协同过滤推荐系统中采用 K-最近邻（K-nearest neighbor，KNN）分类，一般情况下取决于距离度量方法，使用频率最高的距离度量方法有皮尔逊相关系数、欧几里得距离以及雅卡尔系数等。

以基于协同过滤的推荐算法为例，常见的两个对象间距离的计算有如下几种方法。

（1）欧几里得距离：

$$d(x,y) = \sqrt{\sum_{k=1}^{n}(x_k - y_k)^2} \tag{9-6}$$

式中，n 为对象的属性的个数；x_k、y_k 为第 k 个属性；x、y 为对象。

（2）闵可夫斯基距离：

$$d(x,y) = (\sum_{k=1}^{n}|x_k - y_k|^r)^{\frac{1}{r}} \tag{9-7}$$

闵可夫斯基距离是欧几里得距离的推广。其中，r 是距离的度，有时被称为 Lr 范数。另外，我们可以发现，当 $r=1$ 时，它表示曼哈顿距离，$r=2$ 时，表示欧几里得距离，当 $r \to \infty$ 时，表示斯皮尔曼距离，表示两个对象在任意维度上的最大差异。

（3）马氏距离：

$$d(x,y) = \sqrt{(x-y)^{\sigma^{-1}}(x-y)^r} \tag{9-8}$$

式中，σ 为 x、y 的协方差矩阵。此外，还有一种常见的计算对象间相似度的方法。将项看成 n 维的文档矩阵，通过计算两个对象间的 cos 值来表示相似度。公式如下：

$$\cos(x,y) = \frac{x \cdot y}{\|x\|\|y\|} \tag{9-9}$$

式中，"·"表示向量的点乘；||x||表示 x 的范数。

此外，抽样技术主要是对数据进行有效的挖掘，从大数据集中选择相关数据子集的一种技术，并且在最终的解释步骤也起到了较为重要的作用。从所有数据中选择数据子集的过程就是采样。选择出的子集还分为训练集（training dataset）和测试集（testing dataset），训练集主要用来学习算法，测试集用来测试算法质量。

采样要求选择出的数据具有代表性，目前主要采用以下两种方法。

（1）随机取样，即等概率地从数据整体中抽取数据。

（2）分层取样，基于数据的特征将数据分成几部分，在每一部分再进行随机取样。

在采样过程中，一种是不重复采样，另一种是重复采样。最常用的一种方法是 80/20 原则的不重复随机采样。80/20 是指从采样结果中取 80%作为训练集，另外 20%作为测试集，这种方法在大部分情况下是适合的。另外，为了防止采样结果不具有代表性，一般会重复取样，对数据经过多次测试来保证准确性。

降维主要是去除一些点，一般情况下是对密集度不高并且对结果影响较小的点实施有效的去除，并在此基础上进行维度的有效降低，以此在最大程度上避免维度灾难。常用的降维方法有以下两种。

（1）主成分分析（principal component analysis，PCA）法。

（2）奇异值分解（singular value decomposition，SVD）法。

9.2.3　数据挖掘

实际上，在构建推荐系统的过程中会用到大量的数据挖掘算法，包括聚类、分类、关联规则以及回归等方法。

首先，推荐系统中用得最多的是协同过滤算法，这与数据挖掘中的聚类算法息息相关。协同过滤的原理分为两种，一种是基于用户的协同过滤，即找到与用户 A 兴趣相似的用户 B，然后将用户 B 看过的物品推荐给用户 A。从数据挖掘的角度来说，这相当于在对用户进行聚类时，将用户行为作为用户的特征，使用聚类算法进行聚类，找到属于同一类的用户 A 和 B，这样就能将用户 B 看过的物品推荐给用户 A。另外一种是基于物品的协同过滤，就是计算物品之间的相似性。如果用户看过物品 A，那么就将和物品 A 相似的几个物品 B、C 等推荐给用户。从聚类的角度来说，本质还是一样的，用物品的特征数据进行聚类，找到同类的物品 A、B、C 等，就可以向看过物品 A 的用户推荐 B、C 等。由此可见，也可以从聚类分析角度来理解协同过滤。

其次，推荐系统大部分时间是在预测一个物品用户会不会感兴趣。感兴趣或者不感兴趣,这实际上就是一个二分类问题(Si et al.,2019)。推荐系统使用的预测模型,即数据挖掘中的分类模型。另外,在构建用户标签和内容标签时,也会用到分类或者聚类,由于用户和内容的数量都是非常庞大的,人工完成打标签的工作不现实,都是形成分类模型或者聚类模型,实现自动打标签。

再次,在推荐系统中会借助点击率、停留时间、转发量等指标来评估内容的优劣,提取内容的特征,分析内容和这些评估指标之间的关系,就可以得到对内容评分的回归模型,这样就可以过滤掉评分较差的内容,提高推荐效率。

最后,数据挖掘中的关联规则也与信息推荐密切相关,最直接的体现,即基于关联规则的推荐方法(Suganeshwari and Ibrahim,2020)。这种方法既可以用来分析商品间的关联模式,也可以向客户推荐商品,提高交叉销售能力。关联规则的发现可以离线进行,随着商品数目的增加,规则的数量呈指数级增加,但通过决策者对支持度和置信度的选择、对感兴趣模式以及算法的选取,也可以提高效率。

所以,推荐系统就是数据挖掘理论的有效实践,反过来,数据挖掘理论是推荐系统重要的技术支撑。对数据挖掘技术的充分应用和扩展对于改善信息推荐的效果具有重要意义。

9.2.4　信息检索

信息推荐在本质上是一个信息检索系统。它和搜索最大的区别是,搜索是主动式的,根据关键词和引擎参数、搜索引擎召回、机器学习排序,决定给用户看到的是哪些内容。而我们看到的一些推荐,在大多数情况下是没有主动输入的(有时会有一些简单的反馈动作),是被动出现的。

一般情况下,在寻找到用户的兴趣特点后,推荐系统会根据相关信息推荐物品,推荐系统在进行物品检索的过程中主要通过倒排索引技术来完成,推荐系统中最为主要的索引就是"物品-物品"索引。

此外,推荐系统在进行问题探究的过程中主要是对物品之间的相关度进行有效的计算,同时,一些推荐系统会在用户浏览物品的过程中,根据用户的兴趣提供与之相关的物品。目前,主流物品相关度算法主要有内容以及行为两个方面的算法,其中行为物品相关度算法是协同过滤算法的主要算法之一,这在较大程度上与机器学习行业的关联性准则、数据挖掘的关联规则以及信息检索等技术均有较大关联。

在为用户进行推荐的过程中,首先要获取用户候选物品,这时就需要对候选物品进行有效的排序,虽然通过物品检索模块能够获得用户特征以及物品相关度,但是不能只通过相关度排序，主要是因为特点不同，得到的相关度有较大的差异性，两者之间不能进行有效的对比。另外，需要一个有效并且统一的指标对用户检索物品的有效实施进行有效的计算，以达到对物品进行有效排序的目的。

9.3　主流信息服务推荐算法比较

信息推荐是指网站系统或其他应用系统根据用户的兴趣和喜好，以推荐的方式动态地为用户提供所需信息或建议，简单地说，就是为用户提供个性化的信息服务和指导，目前信息推荐技术已被广泛地研究并应用于电子政务、电子商务、网站建设和信息检索等各个领域。信息推荐系统通常具有主动学习的能力，可以通过分析用户浏览网站或系统的行为信息，概括出用户可能感兴趣的信息内容，并自动地将信息推荐给用户，实现个性化的信息服务推荐。信息推荐的主要特征表现在两个方面：第一，个性化的专门服务，即根据个人的需求提供的个性服务；第二，主动的信息推荐服务，即系统能主动将信息推送给用户的服务。

信息推荐/推送的方法是推荐系统中最为重要和关键的内容，信息推荐的方法的优劣直接决定了所用信息推荐/推送系统的好坏。当前，人们常用的信息推荐方法主要有：基于关联规则的信息推荐方法、基于内容的信息推荐方法、协同过滤的信息推荐方法和基于知识的信息推荐方法等。我们在本节对这些推荐方法进行对比分析。

9.3.1　基于关联规则的信息推荐方法

基于关联规则的信息推荐方法主要是以一个关联规则为根据，以系统用户已订阅的信息作为规则头，信息待推荐的对象作为推荐方法的规则体。使用关联规则挖掘，我们可以发现不同信息的相关性。关联规则在信息推荐中主要是先进行这样的统计分析：系统中用户对信息集 X 感兴趣的同时有很大的概率同时对信息集 Y 也感兴趣,这样就可以分析出信息集 X 与信息集 Y 之间有较为强烈的关联性，因而我们在将信息集 X 推荐给系统用户的时候就可以将信息集 Y 也推荐给用户。比较经典的关联规则推荐方法案例就是沃尔玛的啤酒与尿不湿的案例。基于关联规则的信息推荐方法的第一步为关联规则的发现，这是方法最为关键的因素，也是该方法的瓶颈。同时，推荐中商品名称的同义性问题也是关联规则的一个难点。

以信息条目推荐为例，我们可以将基于关联规则的信息推荐方法的主要流程归纳为：首先，进行数据清理，对用户和信息条目分别计数，过滤掉一些超不活跃的用户和超冷门的信息条目；其次，计算两两信息条目之间的支持度、置信度、提升度，根据最低支持度、最低置信度、最低提升度剪枝，把低于最小值的规则扔掉；最后，对信息条目 A 进行推荐，找出信息条目 A 的所有规则，按照置信度降序排序，Top-N 即为与信息条目 A 最相关的前 N 个信息条目。

9.3.2　基于内容的信息推荐方法

基于内容的信息推荐方法是传统的信息过滤技术的继承和发展，其主要是基于推荐系统的信息项目的具体内容来进行推荐的，不再需要系统用户对推荐项目条目进行评价，该推荐方法主要是利用概率统计技术、机器学习技术及人工智能等现代信息技术手段从推荐系统的推荐项目内容的特征描述中获取系统用户的兴趣爱好，来实现信息推荐的（Martínez et al.，2007）。通常在基于内容的信息推荐系统中，系统的推荐项目内容和系统的待推荐信息的用户都是通过特定的相同的特征属性来描述的，信息推荐系统根据系统用户的特征描述，来学习系统用户的兴趣爱好，从而分析出系统用户的兴趣爱好与待推荐项目内容描述的相关性的程度（Thorat et al.，2015）。待推荐的系统用户的兴趣爱好资料模型主要取决于推荐系统所使用的具体的机器学习方法，当前常用的方法主要有人工神经网络、基于向量空间的表示以及决策树等方法。基于内容的信息推荐方法中用户的兴趣爱好资料需要系统具有系统用户的历史数据资料，系统用户的兴趣爱好模型可能随着系统用户兴趣的改变而发生迁移，在推荐时就需要对推荐内容进行调整。

9.3.3　协同过滤的信息推荐方法

协同过滤的信息推荐方法（Liu et al.，2009）是各种信息推荐系统中使用最早和较为成功的优秀技术手段之一。协同过滤的信息推荐方法主要是采用最近邻技术来实现信息推荐的，推荐方法利用系统用户的历史兴趣爱好信息来计算不同系统用户之间的距离，然后利用待推荐的目标用户的最近邻系统用户对系统信息资源的评价的加权评价值来预测待推荐的目标用户对系统特定的信息资源的喜好程度，最后，信息推荐系统根据这个计算出的用户喜好程度来实现对待推荐目标用户的信息推荐。协同过滤的信息推荐方法对系统的推荐用户没有特别的要求，系统可以处理非结构化的较为复杂的对象，具有一定的优越性。

9.3.4 基于知识的信息推荐方法

基于知识的信息推荐方法主要使用推理技术，根据一定的知识来分析用户的需求和兴趣爱好来实现信息的推荐（Liang et al.，2008）。基于知识的信息推荐方法根据推荐中使用的效用知识（functional knowledge）（Zhang et al.，2001）的不同，显示出了不同的推荐能力。效用知识主要是一类体现一条信息或者产品项目如何满足一个特定的用户群体的知识，其可以用来解释用户需求和系统推荐之间的关系，因而系统用户的资料主要是能支持系统进行知识推理的数据结构，该数据结构可以是系统用户的标准化查询，也可以是详细地描述系统用户需求的知识表示（Verma et al.，2016）。

在综合分析了上述主流的推荐算法后，我们对它们的优缺点进行了归纳总结，具体见表9-2。

表9-2 主要推荐方法的比较

推荐方法	优点	缺点
基于关联规则的信息推荐	不再需要领域方面的知识，可以发现系统用户的主要新兴趣点	规则抽取比较困难，系统推荐比较耗时，信息推荐的个性化能力比较低
基于内容的信息推荐	推荐的结果较为直观，不需要领域内的知识，没有稀疏性的问题，可进行特殊的信息推荐	内容描述的要求较高，用户的新兴趣难以发现，推荐中要用大量的数据来构造推荐分类器
协同过滤的信息推荐	可以发现用户的新兴趣，不需要领域内的知识，可以处理较为复杂的非结构化推荐	用户的最初评价缺陷问题、推荐的稀疏性问题、系统新用户的推荐问题等
基于知识的信息推荐	可以通过具体信息的描述来表示用户的信息需求，可以通过知识的推理实现推荐	知识描述比较困难，知识推理有可能偏离用户的喜好，信息推荐是一个静态过程

9.4 智能信息推荐实践

智能信息推荐在电子商务、数字图书馆等领域获得广泛应用，因而本节以电商推荐为例对信息推荐的实践效果进行分析和评价，在传统基于内容的智能信息推荐的基础上，结合用户特征提取进行推荐，利用真实的淘宝用户数据集进行测试。

9.4.1 数据集来源与描述

本节主要对基于内容的智能信息推荐进行实验,利用真实的淘宝天猫数据集进行测试。数据集来源于阿里天池:包含了淘宝 APP 由 2017 年 11 月 25 日至 2017 年 12 月 3 日,有行为的约一百万个随机用户的所有行为(行为包括点击、购买、浏览、收藏)。数据集的每一行表示一条用户行为,由用户 ID、商品 ID、商品类目 ID、行为类型和时间戳组成,并以逗号分隔。数据集一共 100 150 807 行。本次分析选取数据集的大小为:选取了 500 万行数据,其中包含了 48 984 名用户、1 080 623 种商品、7354 类商品。

数据集中各字段含义如表 9-3 所示。

表9-3 数据集中各字段含义

字段	含义	说明
User_ID	用户 ID	整数类型,序列化后的用户 ID
Item_ID	商品 ID	整数类型,序列化后的商品 ID
Category_ID	商品类目 ID	整数类型,序列化后的商品所属类目 ID
Behavior_type	行为类型	字符串,枚举类型,包括浏览、收藏、购买、点击
time	时间戳	精确到小时级别

9.4.2 用户及项目特征提取

1. 用户属性特征

用户特征包括用户属性特征和用户行为特征。用户属性特征作为用户固有的特征,是对用户最直接的描述,一般是用户注册时主动提供的,如性别、生日、地区、职业等信息。其中,性别可以反映出一些群体的特征共性,例如,女性大多愿意花时间在打扮上,对品牌很看重,特别是对商品的颜色、尺寸等外貌特征比较关注。而男性则大多不注重外观,对实用性更加看重,这在推荐上就需要做出区别,不能忽略性别特征带来的喜好差异。用户属性特征的另一个重要元素就是年龄。年龄决定一个人对事物的认知程度,更会带来需求和喜好上的差异,例如,青少年需要文具和玩具,而老年人需要保健产品等。

因此本节提取用户性别、年龄作为用户的属性相似度的计算依据。

1)性别相似度

用户 x 和用户 y 的性别相似系数用 $S(x, y)$ 表示,当两个用户的性别属性一致时，$S(x, y)=1$；当两个用户的性别属性不一致时，$S(x, y)=0$，其中，S_x 表示用户 x 的性别，S_y 表示用户 y 的性别，则用户 x 和用户 y 的性别相似度 $S(x, y)$ 表示如下：

$$S(x, y) = \begin{cases} 1, & S_x = S_y \\ 0, & S_x \neq S_y \end{cases} \tag{9-10}$$

2）年龄相似度

用户的年龄相似度根据用户之间年龄差的大小来进行计算，由于用户在注册时提供的是出生日期，因此，首先要将用户的出生日期转化为年龄值，定义年龄差的界限为 5 岁，5 岁内视为相似，年龄差大于 5 岁则相似度减弱，如果将用户 x 和用户 y 的年龄分别表示为 A_x、A_y，则用户 x 和用户 y 的年龄相似度 $A(x, y)$ 可表示为

$$A(x, y) = \min\left\{ 1, \frac{5}{|A_x - A_y|} \right\} \tag{9-11}$$

之后，对上述两种相似度进行加权综合，即可得到用户的属性相似度 $\text{sim}_{\text{attr}}(x, y)$，可表示为

$$\text{sim}_{\text{attr}}(x, y) = \alpha S(x, y) + (1 - \alpha) A(x, y) \tag{9-12}$$

式中，α 作为权重系数，表示性别和年龄在计算用户属性相似度中的权重占比，取值范围为 0~1，表示两者对用户属性相似度的影响程度，可以根据实验结果调整大小。

2. 用户行为特征

用户行为特征即用户对某一个或某一类商品表现出的行为，如浏览、收藏、评价等，用户行为特征能直接反映用户的偏好。其中，评分数据直接反映用户对商品的喜恶，而其他用户特征数据虽然没有像具体评分一样表现用户的喜恶，但是其他行为也反映了用户对商品的隐形评价。例如，用户对一件商品进行了收藏，说明该用户对该商品有很大的兴趣，如果将兴趣体现在评分上，收藏将会是较高的评分，仅次于购买。对一件商品的浏览次数也可以体现用户的兴趣程度，将兴趣体现在评分上，浏览次数较多的商品评分应该仅次于收藏，浏览次数越多说明用户对该商品的兴趣越大，则对该商品评高分的可能性越大。

相似度计算方法利用皮尔逊相关系数，则用户 x 和用户 y 的行为特征相似性 $\text{sim}_{\text{beh}}(x, y)$ 可表示为

$$\text{sim}_{\text{beh}}(x, y) = \frac{\sum_{i \in I_{xy}} \left(R_{x,i} - \overline{R_x} \right)\left(R_{y,i} - \overline{R_y} \right)}{\sqrt{\sum_{i \in I_{xy}} \left(R_{x,i} - \overline{R_x} \right)^2} \sqrt{\sum_{i \in I_{xy}} \left(R_{y,i} - \overline{R_y} \right)^2}} \tag{9-13}$$

式中，I_{xy} 表示用户 x 和 y 共同评分的项目集合；i 表示项目序列数；$R_{x,i}$ 为用户 x

的第 i 个项目评分值；$\overline{R_x}$ 为用户 x 的项目评分均值；$R_{y,i}$ 为用户 y 的第 i 个项目评分值；$\overline{R_y}$ 用户 y 的项目评分均值。相似度值介于−1 和 1 之间，反映了两矢量线性相关的程度。两个矢量正相关时，相似度大于 0，且相似度随着数值的增大而增大；反之，相似度小于 0，且相似度随着数值的增大而减小。

结合用户特征的相似度计算，在得到用户属性相似度和行为相似度后，对两者进行加权综合，计算出用户 x 与用户 y 的相似度：

$$\text{sim}(x,y) = \lambda \cdot \text{sim}_{\text{attr}}(x,y) + (1-\lambda) \cdot \text{sim}_{\text{beh}}(x,y) \qquad (9\text{-}14)$$

式中，$\text{sim}_{\text{attr}}(x,y)$ 为用户属性相似度；$\text{sim}_{\text{beh}}(x,y)$ 为用户行为相似度；权重因子 λ 和 $-\lambda \in [0,1]$，分别表示用户的属性特征和行为特征所占用户相似性的权重，权重越大表明对用户间相似度的影响越大。一般根据统计信息或实验结果来调整其大小。

9.4.3 实验实施方案

结合以上评估标准的分析，针对所获取的网站用户数据进行偏好获取，通过召回率、准确率和 MAE 对本章所提推荐方法的推荐效果进行评价。

具体实验方案如下。

（1）将实验数据分为训练集和测试集。这里将数据集的 70%作为训练集，用于推荐模型的建立，剩下的 30%数据作为测试集，用于进行获取结果的测评。

（2）采用控制变量法，确定算法中计算相似度时公式中的相关系数。这包括表示性别和年龄所占用户属性相似度中的权重系数，以及用户的属性特征和行为所占用户相似性的权重系数。以不同的 α 和 λ 来测试最好的结果组合，以确定相似度计算公式。其中，α 和 λ 分别取值为 0.3，0.4，0.5，0.6，0.7。

（3）为了有效观察结合用户特征的内容推荐方法的实施效果，将本章方法与传统的基于用户的协同过滤推荐算法和基于物品的协同过滤推荐算法进行对比。此外，分别计算在推荐长度为 5、10、15、20、25、30 时，三种方法的准确率、召回率以及 F_1 值。

9.4.4 参数讨论

在进行实验效果的对比之前，需要确定 α 和 λ 在什么情况下能够获得更好的推荐效果。因而在特定的相似用户数量下，我们测试了用户相似度公式中不同的

α 和 λ 系数的 RMSE 和 MAE，得到图 9-11 所示的结果。

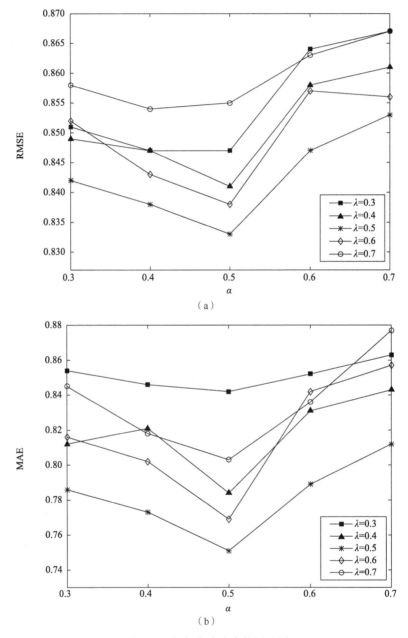

（a）

（b）

图 9-11　相似度公式参数测试图

从图 9-11 可以看出，检测指标无论是 RMSE 还是 MAE，都是当 α 为 0.5、λ 为 0.5 时测试效果最好，而且当 α 固定时 λ 的值总是为 0.5 时最好，而 λ 固定时大

多在 α =0.5 时取到最优值，即此时能够获得最好的偏好获取结果。即用户的年龄与性别、用户的属性特征和行为特征的权重偏向一致时较为理想。

9.4.5　实验结果分析

本节对三种方法的准确率、召回率和 F_1 值进行了对比，结果如图 9-12 所示。

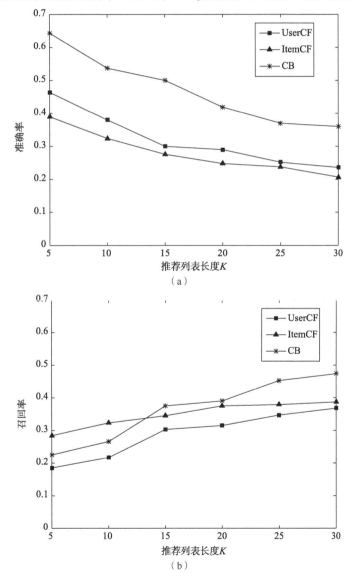

（a）

（b）

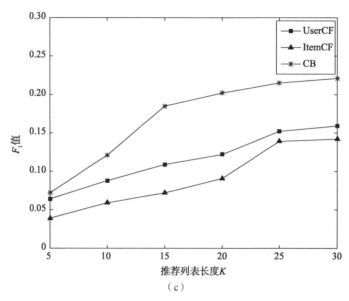

图 9-12　不同推荐方法的准确率、召回率和 F_1 值对比

可以得出以下结论。

（1）从准确率和召回率来看，基于用户的协同过滤算法（以 UserCF 指代）与基于物品的协同过滤算法（以 ItemCF 指代）的性能都不如结合了用户特征的内容推荐算法（以 CB 指代），其可能的原因在于 CB 对用户特征偏好提取获取了更准确有效的偏好列表，这对最终的推荐结果有着重要影响。

（2）为了验证列式推荐策略的有效性，我们研究了三种算法随着推荐列表长度 K 变化的执行情况。一般来说，随着推荐列表长度的增加，推荐性能先提升后降低。在本次实验中，暂时没有出现明显的变化趋势，而是当 $K<30$ 时，均能取得较好的推荐性能。可能的原因是推荐列表的长度尚未达到效果转折的临界值，因而在本次实验中没有明显体现。即便如此，选择适当 K 的列表式推荐策略也可以提高推荐性能。

（3）与基于用户的协同过滤和基于项目的协同过滤算法相比，本章提出的结合用户特征的基于内容的推荐算法获得了较高的最优值和较小的波动方差。

总之，结合用户特征的基于内容的推荐算法，无论是 F_1 值还是准确率，均要高于其他的基准算法。目前，无论是单独的基于用户的协同过滤推荐还是基于项目的协同过滤推荐都很难满足多方面的要求，可见如何提高用户或项目特征提取的速率、设计混合推荐算法，并且考虑与新兴技术结合从而改善推荐效果是较为重要的。

参 考 文 献

Chai T, Draxler R R. 2014. Root mean square error (RMSE) or mean absolute error (MAE)[J]. Geoscientific Model Development Discussions, 7(1): 1525-1534.

Domingos P. 2012. A few useful things to know about machine learning[J]. Communications of the ACM, 55（10）: 78-87.

Iwendi C，Khan S，Anajemba J H，et al. 2020. Realizing an efficient IoMT-assisted patient diet recommendation system through machine learning model[J]. IEEE Access，8: 28462-28474.

Kanwal S，Nawaz S，Malik M K，et al. 2021. A review of text-based recommendation systems[J]. IEEE Access，9: 31638-31661.

Koren Y，Bell R，Volinsky C. 2009. Matrix factorization techniques for recommender systems[J]. Computer，42（8）: 30-37.

Lian D F，Ge Y，Zhang F Z，et al. 2018. Scalable content-aware collaborative filtering for location recommendation[J]. IEEE Transactions on Knowledge and Data Engineering, 30（6）: 1122-1135.

Liang T P，Yang Y F，Chen D N，et al. 2008. A semantic-expansion approach to personalized knowledge recommendation[J]. Decision Support Systems，45（3）: 401-412.

Liu D R，Lai C H，Lee W J. 2009. A hybrid of sequential rules and collaborative filtering for product recommendation[J]. Information Sciences，179（20）: 3505-3519.

Martínez L，Pérez L G，Barranco M. 2007. A multigranular linguistic content-based recommendation model[J]. International Journal of Intelligent Systems，22（5）: 419-434.

Si H Y，Zhou J Y，Chen Z H，et al. 2019. Association rules mining among interests and applications for users on social networks[J]. IEEE Access，7: 116014-116026.

Suganeshwari G，Ibrahim S P S. 2020. Rule-based effective collaborative recommendation using unfavorable preference[J]. IEEE Access，8: 128116-128123.

Thorat P B，Goudar R M，Barve S. 2015. Survey on collaborative filtering, content-based filtering and hybrid recommendation system[J]. International Journal of Computer Applications，110（4）: 31-36.

Verma C，Hart M，Bhatkar S，et al. 2016. Improving scalability of personalized recommendation systems for enterprise knowledge workers[J]. IEEE Access，4: 204-215.

Vince G. 2020. Heather houser chronicling the infowhelm[J]. Nature，582（7810）: 26.

Zhang W Y，Tor S B，Britton G A，et al. 2001. EFDEX: A knowledge-based expert system for functional design of engineering systems[J]. Engineering with Computers，17（4）: 339-353.

第 10 章 智能信息服务中的知识问答系统

目前，我国信息产业发展迅速，用户对信息获取的需求持续扩大。但是用户主动了解信息的主要途径还是搜索引擎，传统的搜索引擎主要通过字符串和关键字等对文档进行排序，需要用户自己筛选出自己感兴趣的信息。在自然语言处理技术与人工智能高速发展的社会背景下，用户希望在与机器进行交互时能够尽可能自然与高效，就像人与人之间进行交流一样简单自然，而不需要专业的计算机领域知识才能与机器进行交互。自然语言的人机交互方式正是对用户最友好的一种人机交互方式，所以智能信息服务的知识问答人机交互方式得到了各大互联网公司的关注。知识问答系统是实现自然语言人机交互的最重要技术之一，它能通过简明和精准的语言对用户的自然语言问句进行回答，同时也是搜索引擎的发展趋势（Mishra and Jain，2016）。

10.1 智能信息服务的知识问答需求分析

相比于其他的信息获取方式，无论接受服务的一方还是提供服务的一方显然都对智能信息服务的知识问答系统有着更高的需求，具体体现在以下几点。

（1）智能信息服务中的知识问答系统能够对自然语言进行理解。对自然语言问句进行理解是问答系统最重要的目标。传统信息获取渠道在回答问题的过程中，主要是通过对自然语言问句与自由文本的语义或者字符的相似度进行计算，然后抽取相关的答案返回给用户。但是这样的做法没有对用户的自然语言问题进行理解，忽略了数据之间的关联性。在智能信息服务的知识问答系统中，知识组成知识图谱，所有知识构成的点都由含有语义的边连接起来，自然语言问题与知识图谱中的节点映射过程可以充分利用节点的关联信息。

（2）智能信息服务中的知识问答系统具有更高的回答正确率。知识图谱的内容通常由结构化的百科信息框抽取或者由相关专业的研究人员人工构建，与自由文本相比，知识图谱中的内容正确率较高。

（3）智能信息服务中的知识问答系统能够推理出知识源中没有的知识。知识图谱通常包含一些推理的规则，通过这些规则和现有的知识能够获取新的知识，或者通过推出矛盾得出知识图谱存在错误。而传统信息获取渠道的知识源是自由文本，在自由文本上进行推理是非常困难的。因此，智能信息服务中的知识问答系统在相同的知识储备下能够回答更多的问题。

（4）智能信息服务中的知识问答系统具有更高的查询效率。由于知识图谱中的数据具有一定的结构化组织形式，可以通过相关数据库进行管理。因此，研究人员可以通过结构化查询语言如 SPARQL 或者 SQL 对数据进行查询和定位。但是，如果要对纯文本知识进行定位查找，一般需要经过检索、抽取等几个阶段，效率相对较低。

综上所述，在智能信息服务中对知识问答服务系统的需求较为强烈，而基于知识库的问答系统（question answering over knowledge base，KBQA）也有着良好的研究前景。

10.2　适用于智能信息服务知识问答的问句分类

问答系统一般包括问句分类、信息检索和答案抽取三个主要部分。其中，问句分类作为问答系统的首要环节，为系统知道用户想要寻找什么类型的答案提供重要信息。问句分类是指在确定的分类体系下，根据问句的内容自动地确定问句关联的类别，这种对应关系可以用一种映射函数来表示。

问句分类的作用主要体现在两个方面。一方面，问句分类能够有效地减小候选答案空间，提高系统返回答案的准确率。例如，用户输入查询语句"国际奥林匹克委员会是什么时候成立的？"经过问句分类，知道这个问句属于时间类，在答案抽取阶段，系统把不含时间的候选句子过滤掉，从而有效地减小了候选答案空间。另一方面，问句分类还能够决定答案选择策略，根据不同的问句类型调节对不同问题的答案选择策略。例如，对于问句"安徽省的简称是什么？"如果能分析出问题是询问简写类别的，抽取文档中简写类的文档作为候选答案，这样定位和检验相应的答案就显得相对容易了。

问句分类作为问答系统所要处理的第一步，在问答系统中起着至关重要的作用，其准确性直接影响到最终抽取的答案的正确性。

10.2.1　知识问答的问句分类体系

要对问句进行分类，首先要知道问句有哪些类型，而问句的类型是由采用的分类体系决定的。当前问句分类体系还没有统一的标准，大多数研究人员根据分类依据的不同将分类体系划分为三种：基于答案类型的问句分类体系、基于问句语义信息的问句分类体系和基于混合信息的问句分类体系。现有的问答系统大多采用的是基于答案类型的问句分类体系，这种分类体系具有易建立、分类粒度细、覆盖面广等优点，特别是具有层次结构的分类体系，能够提供更高的分类精度和更多的约束条件。

在国际上比较权威的是伊利诺伊大学厄巴纳-尚佩恩分校（University of Illinois at Urbana-Champaign，UIUC）的问句分类体系，它是个基于答案类型的层次分类体系，把问句分为 6 个大类（ABBR、DESC、ENTY、HUM、LOC、NUM），50 个小类，每个大类包含着不重复的小类（毛先领和李晓明，2012）。

UIUC 的分类体系是针对英文的。哈尔滨工业大学的文勖等在国外已有分类体系的基础上根据汉语的自身特点，定义了中文问句分类体系，含 7 个大类，每个大类根据实际情况又定义了一些小类，共 60 小类。

中文问句分类体系在小类划分上更细致，较细的分类体系能够使抽取的答案更精确。然而，较细的分类体系势必会影响问句分类的准确率。这需要在今后的研究工作中对问句分类的标准做进一步研究，最后得到折中的分类体系。

10.2.2　知识问答的问句特征提取

在对问句分类之前，要对问句进行预处理（分词、去除停用词），将问句表示成特征向量。根据国外的相关实验，词袋特征是最常用的特征之一，即忽略词序、句法及语法，将问句仅看成一个词的集合，这个集合中的词的出现都是独立的，不依赖于其他词的出现（Honda and Hagiwara，2019）。这显然与事实不符，所以单纯基于词袋进行问句分类的精度并不高，张宇等（2005）利用词袋模型并采用 TF-IDF 加权，用改进的贝叶斯进行分类，在 65 个小类上的平均准确率为 72.4%。李鑫等（2008）提到词块（N-gram）特征，他们假设某个词的出现只与前面 $n-1$ 个词相关，常用的有二元的 Bi-gram 和三元的 Ti-gram。这与单纯的词袋特征相比多 $n-1$ 个历史特征，包含了一定量的词序信息。词性作为词的语法特征，在英语句子理解中有很重要的作用，但是汉语中的词性作用却不是那么明显。

上述词袋、词块和词性特征都是问句的表层特征，虽然提取简单，但仅提取这些特征很难提高问句的分类精度。一般来说，词意决定了整个问句的语义基础。Li 和 Roth（2006）提出了用语义词典（WordNet）来分类，把 WordNet 的上位词和下位词作为一部分特征进行分类，大类（6 大类）和小类（50 小类）的分类精度最高达到 92.5%和 85.00%。孙景广等（2007）提出使用中国知网作为语义资源选取分类特征，选取问句疑问词、疑问意向词、疑问意向词在知网的首项义原等作为分类特征，使分类精度显著提高。命名实体也作为重要的语义特征用于问句分类，命名实体是指句子中有确切含义的名词短语，每个命名实体都表现了很强的语义信息，与问句类别有着非常紧密的关系。例如，问句"谁是第一个进入太空的中国人？"中包含了数字和地名两个命名实体，可以将它们加入问句特征中。此外，把类别关联词（RELWord）也作为语义特征。每一个类别都会有一些特殊词与其紧密相连，通过对每个类别的问答对进行统计计算，提取出在每个类别问答对中频繁出现的词，将其作为与该类别相关的语义词。如果问句中出现了词"牛奶"，就将与该词相关的"食物"加入问句特征中。

使用分类器对问句进行分类，就要将特征转化成向量的形式输入分类器中。由于每一个单独的特征在问句分类中所起的作用不大，所以要提高分类的准确性就要将几种特征组合使用。特征的组合方式主要有两种：直接附加特征方式和基于词袋的特征绑定方式。直接附加特征方式简单直观，即将一个或几个特征作为单独的特征模板直接加到词袋特征后面，但这样就增加了整个特征空间的维数，而且有的特征本身效果就不明显，附加特征会带来一些噪声，降低分类精度。所以将哪些特征进行附加还要针对特征的特点进行选择。基于词袋的特征绑定是把词性、命名实体、词意和依存关系等作为词汇的属性，将其和词汇绑定在一起作为一个特征，这种组合方式可以更有效地体现词汇本身的含义。

10.2.3　知识问答的问句分类模型

对问句分类的研究很多借鉴了文本分类的思想，两者都是通过分析文本中包含的信息来确定文本所属类别的。

但是问句不同于文本，问句一般都比较短，包含的词汇信息较少，没有足够的上下文环境，因此需要对问句进行更深层次的分析，使问句获取更优的特征信息，从而提高问句的分类精度。

当前问句分类的方法主要集中在两方面：基于经验规则的方法和基于统计的机器学习方法。早期的研究主要是基于经验规则的方法，它通过预先定义好的规则或模板来判定问句所属的类别。这种方法虽然简单易行，但是需要花费过多的人力、物力编写大量规则。此外，由于汉语的构成语法比较复杂，要穷举出所有的规则实属不易，所以基于人工规则的方法有很大的局限性（Otter et al.，2021）。现在基于统计的机器学习方法由于通用性强、易于移植和扩展等优点被广泛应用，它首先提取能表达各个问句类型的特征向量，再对真实的已标注的问句语料进行统计学习，建立分类器，最后通过分类器实现对测试问句的类别标注。这种方法的关键在于提取问句的特征向量，特征向量的优良性直接影响着分类器的精度（Prat et al.，2020）。

目前，在问句分类中所用的统计模型主要有：贝叶斯模型（Bayes model）、支持向量机模型、K-最近邻模型、最大熵模型。

10.3 适用于智能信息服务知识问答的答案抽取

10.3.1 答案抽取算法介绍

我们根据阅读的文献，将答案抽取算法大致分为四类：基于模式匹配的答案抽取、基于信息检索和信息抽取的答案抽取、基于机器学习的答案抽取和基于自然语言处理的答案抽取。

基于模式匹配的答案抽取的原理是：问题会有一个与之相匹配的答案模板，利用预先定义好的规则得到各个类别问题的答案模板，在进行答案抽取时，可按照问题的类型与问题的答案模板对候选答案集进行筛选。该方法的不足是答案模板的涵盖范围小，耗时耗力。

基于信息检索和信息抽取的答案抽取的原理是：采用关键词进行检索并考虑到离散的词语，以关键词和候选答案词的距离为特征完成答案的抽取。但是这种方法忽略了词语与词语的顺序以及词语间的句法关系，抽取的答案准确率也不高。

基于机器学习的答案抽取的原理是把答案抽取作为一个分类的过程，即候选答案被分为正确和错误两大类，先提取问题和候选答案句的特征，利用这些特征来训练分类模型，然后采用训练好的模型进行答案的抽取。这种方法对于句子的特征提取有很高的要求，选取的特征是否合适直接关系到分类的准确性。

基于自然语言处理的答案抽取的思想是把处理后的问题句以向量的形式表现出来，并对问题句和候选答案句做相似度计算操作，然后把与问题句相似度最高的候选答案句反馈给查询者。这种方法将句子的语义和句法信息考虑进去，这对返回答案的准确度有很重要的作用。这类方法中，句子的语义和句法信息如何提取、如何使用是一个难点，而且要依赖于自然语言处理技术的发展。

10.3.2　答案抽取具体过程

以问句"电脑中央处理器英文简写是什么？"为例来介绍答案抽取的过程，该问句属于描述大类中的简写类别。

（1）首先对问题进行预处理，对问句进行分词和词性标注操作，处理后结果为：电脑/n 中央处理器/n 英文/nz 简写/n 是/v 什么/r ？/wp。

（2）根据第 3 章提出的方法对问题进行分类，得到该问句大类属于描述类，小类属于简写类别，从而制定相应的答案抽取策略。

（3）对问句进行关键词的提取，提取的关键词为电脑、中央处理器、简写。

（4）利用《同义词词林》对关键词进行扩展，将"电脑"扩展成"计算机"、"简写"扩展成"缩写"。

（5）进行信息检索模块的处理，如果从知识库中找到答案，就将其返回给用户，若无就把步骤（3）、（4）得到的关键词输入搜索引擎中，得到一些与问题相关的网页信息。

（6）对搜索得到的前 10 个相关网页进行相关处理，将网页进行去重、清洗，提取出摘要信息。紧接着对摘要进行进一步的加工，形成候选答案集。

（7）采用相似度计算算法来计算问句与候选答案句之间的相似度。把相似度高的候选答案句作为问题的答案。

（8）按照问题类型，形成答案，由于问句属于简写类别，因而将候选答案进行处理，提取出答案，答案为 CPU。

10.4 适用于智能信息服务的知识问答
系统原型设计

适用于智能信息服务的知识问答系统由问题分析、信息检索、答案抽取三个主要模块组成。一般的流程是先对问题进行分析，然后判断该问题是否存在于本地构建的常问问题集（frequently asked questions，FAQ）中，若是找到，就将与之对应的答案返回，若是查找不到则进入信息检索模块，调用搜索引擎进行搜索，得到候选答案集，然后通过答案抽取模块进行答案的抽取，返回答案。在中文问答系统的实现过程中，将前面提出的基于支持向量机的问题分类方法与基于依存关系树和依存短语树的相似度计算方法应用其中。图 10-1 所示是问答系统的总体设计图。

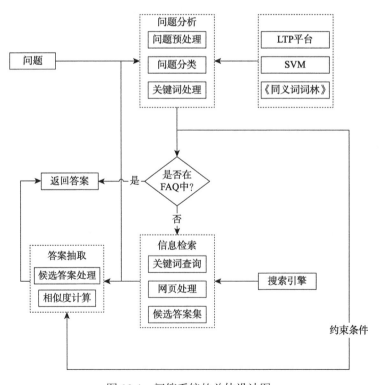

图 10-1　问答系统的总体设计图

10.4.1　问题分类模块设计

问题分类模块对问句进行预处理操作，借助疑问词表、停用词表等词库对问句进行处理，形成一个关键词集合，同时利用前面提出的支持向量机进行分类，得出问句所属类型，以便与常见问题库中的问题进行匹配，得出答案。这一模块的另一个步骤是要对关键词集合进行扩展形成新的关键词集，流程如图 10-2 所示。例如，问句"《简·爱》是谁写的？"系统给出的问题类型是 HUM_PERSON。

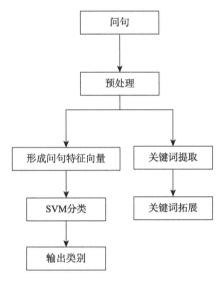

图 10-2　问题分类模块流程图

10.4.2　信息检索模块设计

系统根据上一模块中得到的关键词集合去数据库中搜索，如果数据库中匹配到这个问题就将与之对应的答案返回给用户；若是没有匹配到，就调用百度搜索引擎进行搜索，对搜索到的网页进行过滤处理，形成一个候选答案集，如图 10-3 所示。选择百度搜索引擎的原因是百度搜索是比较大的中文搜索引擎，中文网页的检索能力强，若是自己构建一个搜索系统，工作量太大，并且也很难达到主流搜索引擎的水平。由百度搜索得到的是网页文件，包含网页链接、网页名称、网页的摘要信息等，可以使用 HTMLParser 将网页下载到本地，将 HTML 的格式去除，留下文本信息并对句子进行标记，保存到候选答案集中。在将关键词输入搜索引擎前要对关键词进行扩展。

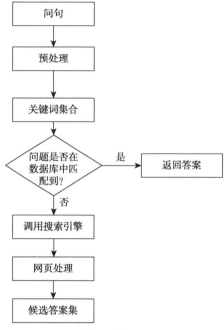

图 10-3　信息检索模块流程图

10.4.3　答案抽取模块设计

答案抽取模块的功能是对候选答案进行处理并计算相似度，得到相似度最高的答案并返回给查询者。例如，问句"哪天是儿童节？"的回答为"6 月 1 日"。在此模块中要对问句和候选答案句进行分词、词性标注、句法分析等，抽取出句子中的依存关系树和依存短语树，利用本章提出的算法进行相似度计算，将相似度值高的句子返回给问题提出者，如图 10-4 所示。

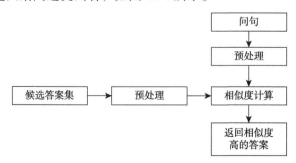

图 10-4　答案抽取模块流程图

10.4.4　常见问题集 FAQ 模块设计

为了提高系统的效率和准确率，本章建立了一个 FAQ 库，用于信息检索。信息检索利用关键词先在 FAQ 库中检索是否有该句的答案，若库中含有这个问题，就直接将答案返回，而如何判定问题与 FAQ 中的问题的语义相似度是一个主要问题。本模块采用的方法是将 FAQ 中的问题分类存放，一类设计一个数据库，如人物类、时间类、地点类等，数据库的字段组成有关键字字段、问题字段、答案字段三种。这样，当提出问题时，通过问题分类模块的处理得出问题的类型，再将问题中的关键字与数据库中的记录进行匹配，匹配成功则将答案返回，否则利用搜索引擎进行检索。由于数据库的查询效率较高，所以这种方法有益于系统效率的提高。例如，问题"CPU 的全称是什么？"与答案"中央处理器"成对存放在数据库中。

参 考 文 献

李鑫，黄萱菁，吴立德. 2008. 基于错误驱动算法组合分类器及其在问题分类中的应用[J]. 计算机研究与发展，45（3）：535-541.

毛先领，李晓明. 2012. 问答系统研究综述[J]. 计算机科学与探索，6（3）：193-207.

孙景广，蔡东风，吕德新，等. 2007.基于知网的中文问题自动分类[J]. 中文信息学报，21（1）：90-95.

张宇，刘挺，文勖. 2005. 基于改进贝叶斯模型的问题分类[J]. 中文信息学报，19（2）：101-106.

Honda H，Hagiwara M. 2019. Question answering systems with deep learning-based symbolic processing[J]. IEEE Access，7：152368-152378.

Li X，Roth D. 2006. Learning question classifiers：The role of semantic information[J]. Natural Language Engineering，12（3）：229-249.

Mishra A，Jain S K. 2016. A survey on question answering systems with classification[J]. Journal of King Saud University - Computer and Information Sciences，28（3）：345-361.

Otter D W，Medina J R，Kalita J K. 2021. A survey of the usages of deep learning for natural language processing[J]. IEEE Transactions on Neural Networks and Learning Systems，32（2）：604-624.

Prat C S，Madhyastha T M，Mottarella M J，et al. 2020. Relating natural language aptitude to individual differences in learning programming languages[J]. Scientific Reports，10：3817.

第 11 章　基于区块链的智能信息服务安全技术

　　信息安全是一个关系国家安全和主权、社会稳定、民族文化继承和发扬的重要问题。信息网络涉及国家的政治、军事、文教等诸多领域，存储、传输和处理的许多信息是政府宏观调控决策、商业经济信息、银行资金转账、股票证券、能源资源数据、科研数据等重要的信息。在这样一个信息互联网的背景下，各种攻击手段不断增加，人们对数据信息的安全性要求也越来越高。就计算机在现阶段的发展情况而言，计算机数据逐渐呈现出明显的集中化趋势，网络环境也逐渐呈现出明显的复杂化趋势，智能信息服务中的信息安全隐患始终桎梏着互联网和信息技术的进一步发展。因此，只有针对网络信息安全进行防护，提出有效的对策，才能够促进智能信息服务的应用。

11.1　信息安全概述

　　信息安全是一门涉及计算机科学、网络技术、通信技术、密码技术、信息安全技术、应用数学、数论、信息论的综合学科。信息安全的范畴归纳起来主要包括下面五方面内容：未授权副本信息的安全性、保密性、完整性、真实性以及寄生系统的安全。信息安全的目标是尽一切安全措施保护信息的安全，使信息不会遭到破坏，因此信息需要经过加密。为了确保信息资源的安全，对网络中的信息要进行访问控制、对信息源需要进行验证，确保没有任何非法软件驻留（Ki-Aries et al.，2022）。

　　常见的网络信息安全的基本属性主要有保密性、完整性、可用性、不可否认性和可控性等，其中保密性（confidentiality）、完整性（integrity）、可用性

（availability）被称为网络信息系统核心的 CIA 安全属性，此外还有其他的安全属性，包括真实性、时效性、合规性、隐私性等（Razikin and Soewito，2022），其需求实例如表 11-1 所示。

表11-1　信息安全典型需求实例

基本属性	需求实例
保密性	用户口令泄露、军事行动方案泄露等
完整性	网上下载了嵌入病毒的软件、银行中储户的资金被篡改等
不可否认性	网上支付时，对方收钱后不能抵赖等
可用性	"双 11"淘宝网、春运期间 12306 网站因流量过大而反应迟缓等
可控性	教学信息系统中学生只能选课、查成绩，教师可录入成绩等
真实性	用户访问网上银行时，银行网站不能是假冒的，用户必须是注册用户本人等

随着经济社会和计算机网络技术的不断发展，计算机的应用逐渐广泛，但不可避免的是不同年龄的人都可能受到互联网信息技术的影响，处理问题具有依赖性，同时，网络信息安全中潜在的安全风险也不容忽视。例如，病毒或恶意入侵的情况不及时解决，会产生巨大的危机。目前信息安全风险因素主要包括以下几种。

（1）网络信息容易被篡改。随着计算机的普及，计算机用户经常受到网络黑客的攻击。网络信息安全中最常见的问题之一，就是用户存储在计算机上的信息会被删除和篡改。这一问题通常是由个人或组织之间的竞争引起的。黑客通过使用网络技术查找网络和计算机中的漏洞来获得对计算机用户的个人信息访问权，为了自己的利益修改此信息。知情者更容易入侵其他计算机进行攻击，造成更严重的损失，这也是网络结构的复杂性和多样性所导致的。

（2）存储在网络中的信息被盗用。当人们在互联网上进行交流时，互联网就会存储大量的信息。在当前激烈的市场竞争形势下，许多人为了自身的经济利益，选择使用非法手段窃取竞争对手的私人信息，转售给他人赚取高额利润。因此，网络信息安全技术管理已经成为计算机管理中非常重要的一部分，网络信息安全技术问题值得国家和社会高度重视。

（3）黑客和病毒的攻击。网络黑客是指拥有各种计算机技术手段的人，很多时候为了谋取利益或追求刺激，会通过这些手段，恶意窃取或破坏个人信息，甚至恶意在计算机上制造病毒，使其在很短的时间内影响大部分人（Group and Mills，2012）。在了解和掌握了计算机用户的使用规则后，黑客可以在用户使用网络传播信息时加入混合病毒，让用户在不知情的情况下接收和下载病毒。计算机病毒通常具有极大的破坏性，它们可以破坏存储在用户计算机中的信息，使整个计算机系统瘫痪，并带来很多安全风险。

（4）网络信息安全管理体制不够完善。在国际互联网的实际运转中，网络上的一些行为不受制约，这是网络信息安全管理体制不健全导致的。这在一定程度上也会影响到网络信息的安全性和可靠性。从目前的情况看，现在世界上的国际互联网具有非常大的自由度，资源共享非常灵活，基本上呈现出完全开放的运行状态，这种状态对一些计算机用户的信息安全防范工作造成了非常大的压力。如果相关的管理运行体制机制不够科学合理，计算机用户的相关信息就极易被盗取或者相关的重要数据被破坏，这些现象和行为对人们的生产和生活造成了很大的冲击和影响。

（5）信息安全意识比较薄弱。随着网络信息技术的不断发展，网络信息量也在不断增加，各种新媒体层出不穷，人们可以随时随地传播与获取信息。但是目前很多人的信息安全意识比较薄弱，未充分认识到信息安全的重要意义。在个人或组织使用计算机的过程中，操作也非常随意，存在诸多信息安全隐患。部分区域对网络安全管理相关措施执行不到位，对于存在的问题无法及时解决，部分企业存在随意浏览网页的情况，导致病毒入侵、密码被盗等问题，使计算机存在安全隐患。信息安全风险如图 11-1 所示。

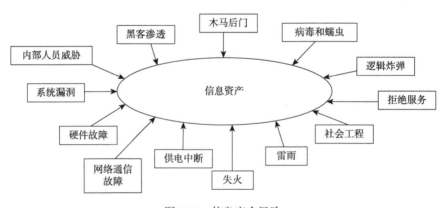

图 11-1　信息安全风险

11.2　区块链技术

随着区块链技术的兴起，越来越多的学者开始将信息安全的落脚点放到区块链上。区块链作为一种可以利用一系列密码学算法在各网络节点间建立起信任关系，而不依赖中心机构信用背书的技术，能够解决一些中心化服务器面临的隐私泄露问题。因此已经被应用到许多需要信息安全保护的场景之中。

11.2.1　区块链定义及特点

区块链，主要被称为运行比特币加密货币的技术，是一个维护交易数据完整性的公共账本系统。区块链是继大数据、云计算、人工智能后又一个新兴的前沿技术，2009 年由中本聪（Nakamoto）在《比特币：一种点对点的电子现金系统》一文中首次提出。该文章阐述了一个基于密码证明的不需要第三方信任的电子支付系统，而区块链则是其底层技术架构。区块链技术是在引入比特币加密货币时首次使用的。直到今天，比特币仍然是最常使用区块链技术的应用程序。区块链，从本质上来说就是一个去中心化的、能够以密码学方式保证各个环节安全性的防篡改分布式数据库，它能够将存储的数据进行匿名化处理，并按照存储的时间顺序排列，形成数据区块，每个区块都包含前一区块的唯一标识信息，通过指针以链式进行连接。由于其具有去中心化、不可篡改特性和密码学算法、时间戳、智能合约等功能，能够对用户注册时的关键信息进行隐私保护和加密，并且利用智能合约完成对用户信息的去中心化自主访问权限控制，达到关键隐私信息保护和访问控制的效果（Gertner et al.，2000）。

区块链主要具有去中心化、匿名、无法篡改、数据加密等特点。去中心化是指所有参与区块链网络系统的节点都拥有独立的记账权（操作权），可自身完成设置权限、发送请求等功能，不需要中心化的管理机构或第三方控制；匿名是指在交易过程中，所有节点都是以地址示人，而非真实的个人身份，解决了节点交易间的信任问题和身份泄露问题；无法篡改是指数据和信息一旦记录到区块链上就不可以再进行修改和删除，想要修改就必须进行验证，验证需要耗费巨大的算力和代价，同时后续的整个区块链都会发生改变；数据加密则是指区块链拥有 RSA（Rivest-Shamir-Adleman）、椭圆曲线密码（elliptic curve cryptography，ECC）等加密算法，能够有效地对数据信息进行隐私加密保护（Lyu et al.，2020）。

按照区块链去中心化水平的不同，区块链分为公共链、联盟链和私有链三种，如表 11-2 所示。公共链是公开的，它没有束缚节点查看数据。所以，节点可以没有限制地进入和退出，以及读取链上的信息，从而保障其变化的相同。现在的比特币与以太坊都是这样的。联盟链是经讨论确定的多个不同的组织、个人经过联盟的方法形成的，并通过权限控制对其展开统治。联盟链的共识成本低于公共链，节点交易成效更快，它的节点一般与真实组织一致。而私有链是对单独个人或组织开放的区块链系统，系统由一个组织机构控制该系统的写入权限和读取权限，根据具体情况由组织决定对谁开放信息和数据。

表11-2 公共区块链、联盟区块链与私有区块链的比较

属性	公共链	联盟链	私有链
共识决定	所有节点	选定的节点集	具体组织
读权限	几乎不可能篡改	可以被篡改	可以被篡改
不变性	低	高	高
效率	低	高	高
是否有一定的集中性	不具有	部分具有	具有
意见进程	无许可	许可	许可

11.2.2 区块链结构

区块链的总体框架包括应用层、证书层、共识层、网络层、数据层、激励层和合约层。应用层能够联系一致的场景来实现实际运用的联结。证书层能通过使用数字证书来保护数据和通信安全。共识层不仅能够检验节点信息的相似性，还能够对节点进行选择，以此来确保共识的实现。网络层中分布式节点之间的信息可以流转与检验。数据层中的构成布局与技术能够保障区块的完备性（Yang et al.，2022）。

应用层：应用层的关键部分是区块链全部布局的操纵与进展，涵盖它的多种现实的应用情形。重点包含数字货币、金融、物流、物联网、电子资产、产权、医疗等的多个角度，因而应用层的发展前途无量。应用层还涉及服务器与客户端软件的创建与建设。这是供应商/用户和区块链服务器之间的界面，以查询信息并接收反馈。信息的保存与可追溯性可以在这层达到。

证书层：证书系统是本设计中非常关键的子系统。它通过发布许可证来为系统中的所有供应商和用户提供信息安全，从而对整个系统的一举一动进行监视。

共识层：共识层重点涵盖的部分是共识机制，可以让节点与节点之间高效地实现共识与同步，同时能够积极地杜绝拜占庭错误与51%攻击的现象，是区块链技术非常重要的内容之一。而且，它涵盖的部分共识机制是区块链技术的核心，目前比较关键的共识机制有工作证明（proof of work，POW）、权益证明（proof of stake，POS）、委托权益证明（delegated proof of stake，DPOS）与实用拜占庭容错（practical Byzantine fault tolerance，PBFT）等。

网络层：管理区块链中的网络问题，区块链中的网络本质上是一个点对点网络，这意味着它不需要中央服务器或间接通信。所有服务（如数据上传、存储和查询）都分配到网络中的每个节点，每个节点都可以更新区块链或自己的数据库。这种网络结构缩短了制造网络中具有级别差异的节点的查询时间，降低了查找信息所需的人力成本。该层运用了点对点网络，一切节点地位相同，它们之间相互给予服务与资源，没有非常中心化的节点。网络层是共识层的重点，它的传播体系与验证体系可以高度地为共识层节点之间实现共识与信息同步打下基础。它的传播机制可以在一切节点间广播新出现的信息区块，它的验证机制可以对信息区块进行验证来说明它的真假。

数据层：区块链技术的基本前提是数据，同样，数据层也是区块链结构的关键内容，它较为重要的意义是承担数据存储任务与保障用户交易的达成与可靠，以便将来进行查询、追溯和维护。如图 11-2 所示，在数据层中，每个块都是来自网络中特定节点的数据汇总，哈希头指向另一个哈希头；当中还涵盖了很多用来达成数据层主要效用的部分：开始是数据区块与链式结构，数据区块相互选择了链式结构，可以按照时间顺序将数据有序地连接起来；然后时间戳是在数据区块被加入共识节点时加盖的标记，以此证实时间，表示时间的顺序；再次是哈希函数，哈希函数能够保障数据区块之间的完备性与安全性；然后是 Merkle 树，它能够组合交易数据信息，也可以避免数据信息被改动；最后是非对称加密，它能够确保用户的信息安全，保证隐私不被泄露。数据层中运用到的密码学技术是区块链技术的重点之一。

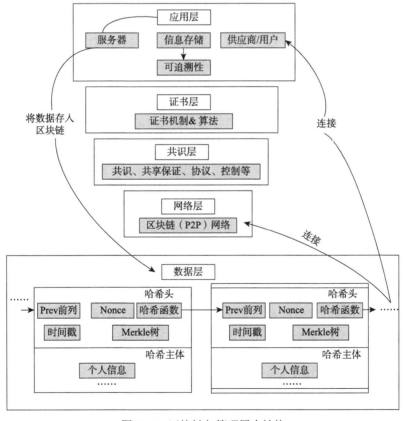

图 11-2　区块链与管理层次结构

激励层：是区块链中鼓励各个节点参与交易、记录交易的层级，通过一系列激励机制，在保证各个节点踊跃参与区块链交易过程的同时，保障区块链数据的相关真实性，实现区块链的打包过程。正如比特币的运作过程，每个节点通过挖矿的方式，通过计算机算力对一个复杂函数进行计算，第一个成功计算的节点可以获得比特币的奖励，也就是说激励层中的激励方式是一类隐性规则，用激励的办法让节点真实有动力地实现工作，并且会对不真实的节点进行处理，以保障全部网络体系可以向着完善的方向前进。在部分区块链情形中，激励层并不是一定布置的，以实际的状态和系统的需求来决定。

合约层：赋予了区块链可编辑性，通过相关智能合约的编写，让区块链可以解放信用系统，在一定程度上赋予区块链自动化的相应功能，随着技术的发展，可以集成机器学习、深度学习、图区块链到区块链系统中，实现区块链的脚本化、智能化。

11.2.3 以太坊区块链平台与智能合约

以太坊作为区块链 2.0 的代表应用，是一个开放式的技术应用平台，用户可根据自身需求开发符合要求的去中心化系统。以太坊平台拥有很强的灵活性和适用性，能够通过设计和创建智能合约来完成更复杂的功能逻辑，以扩展区块链的应用场景。以太坊平台还提供了针对 Solidity 区块链语言的 Truffle 开发框架，该框架提供自动打包、合约调用接口、交互模式等功能，用户可以缩短系统开发周期，同时保证系统正常、安全地运行。因此，以太坊平台完全可以满足本章实现区块链用户关键身份隐私保护技术的系统需求（Wang et al., 2022）。

智能合约的概念最早是由尼克·萨博（Nick Szabo）于 1994 年为了解决传统纸质合约在合约制定、执行效果和控制协议上付出的大量花费和成本而提出的。所谓智能合约，就是智能化的、执行合约条款的代码程序。智能是指不需要交易双方或第三方的监管，只要合约达到触发条件就自动执行，是一种以事件驱动为核心的计算机协议（Pan et al., 2022）。区块链中的智能合约遵循在以太网虚拟机上部署和运行的数字交易规则，可以包含两个或多个当事方之间合同的编码业务逻辑、规则和条款。智能合约的实施主要有三个步骤，分别是达成协议、合约编写和执行合约：合约参与者之间指定协议的内容和触发的条款，然后在区块链中编写合约代码，系统自动评估嵌入的条款。当一个条款满足要求时，智能合约可以自动执行该条款的相关活动，如自动付款、自动奖励等。智能合约作为区块链和以太坊平台中的一个重要功能环节，其在信息安全保护方面的作用是很显著的。

11.2.4　区块链相关技术

1. 分布式一致性问题

区块链的核心技术是分布式网络。在分布式系统中，分布式一致性（consistency）问题是分布式系统的核心问题，即在不同的系统中，节点如何通过协商就某个信息达成一致。

在传统分布共识算法中，副本复制技术是维护系统一致性的基础技术，在服务器宕机等其他意外情况出现时，保证系统的强一致性。如图 11-3 所示，不同的状态机在初始状态时保持一致，当之后状态变化确定时，所有状态机都能达到一致的最终状态（Stockburger et al.，2021）。Paxos、Raft、Viewstamped Replication、PBFT 等是常见的基于复制状态机理论解决分布式容错的共识算法。

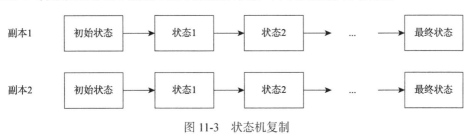

图 11-3　状态机复制

在分布式系统中，将出现系统故障不响应但不会伪造信息的情况称为非拜占庭错误（non-Byzantine fault）或者故障错误，将伪造信息恶意响应的情况称为拜占庭错误（Byzantine fault）。共识算法根据是否可以有效解决拜占庭错误分为拜占庭容错（Byzantine fault tolerance，BFT）类算法和故障容错（crash fault tolerance，CFT）类算法。常见的 BFT 类算法分为以 PBFT 为代表的传统分布式确定性系列算法和以 PoW 为代表的区块链特有的概率类算法。对于确定性算法，共识结果无法更改，最多容忍不超过 1/3 的故障节点；对于概率性算法，共识结果是事实上的最终结果，基于时间或者算力等某种因素，是最终一致性共识（Liao et al.，2022）。

2. P2P 网络

区块链采用点对点（peer-to-peer，P2P）协议的方式传输交易数据和区块数据。与传统的 B/S 架构或者 C/S 架构的服务器中心化服务方式不同，P2P 分布式网络传输无须经过中间的服务器，共享资源能够被其他对等节点直接访问。在 P2P 传输中，每个节点兼具共享资源的提供与获取两种身份，网络中所有节点通过物理或者逻辑连接实现互联（Yazdinejad et al., 2020）。区块链网络中节点地位平等，交易数据存储在本地，同时提供节点数据的查询服务，在无第三方参与的情况下，维护区块链上数据的稳定性。中心化和 P2P 服务示意图如图 11-4 所示。

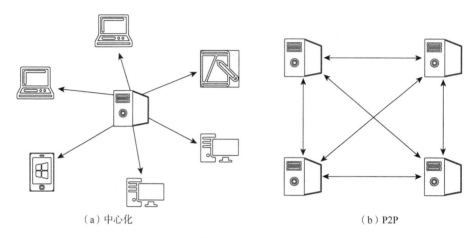

（a）中心化　　　　　　　　　　　　　（b）P2P

图 11-4　中心化和 P2P 服务示意图

在以太坊中，P2P 传输使用 Kademlia 算法实现，使用分布式散列表（distributed hash table，DHT）技术，实现在分布式环境下准确定位数据（Li et al., 2016）。

3. 加密算法

区块链主要使用非对称加密生成一个密钥对公钥（public key）和私钥（private key）来保证交易信息的安全性，如图 11-5 所示。

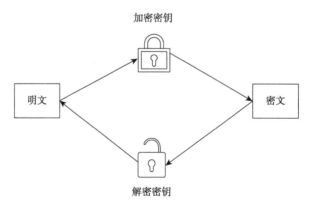

图 11-5　加密、解密流程

比特币使用的是 ECC 算法。ECC 基于椭圆曲线离散对数问题，它是在有限域内、在椭圆曲线的代数结构的基础上来对公钥进行加密的一种算法，由 Secp256K1 计算出的比特币地址超过 26 个，地址产生的数量极大，难以采用碰撞的方式破解，提供了足够的安全性。在区块链中，充分使用了 ECC 算法的单向性，由私钥可以产生公钥，而使用公钥无法推出私钥（Tian et al.，2020）。

椭圆曲线基于 Weierstrass 方程：

$$y^2 + axy + by = x^3 + cx^2 + dx + e \qquad (11\text{-}1)$$

在实数域内和质数域内，椭圆曲线的方程表达式为

$$y^2 = x^3 + ax + b(\bmod p) \qquad (11\text{-}2)$$

式中，p 为素数且 $p>3$；a、b、x、y、c、d、e 都为实数，满足：

$$(4a^3 + 27b^2)\bmod p \neq 0 \qquad (11\text{-}3)$$

在 ECC 算法中，对于椭圆曲线 $y^2 = x^3 + ax + b$，规定 a、b 都取自质数域，且满足式（11-2），这条曲线上的点 $P =(x, y)$ 的集合组成了基于有限域的椭圆曲线域。对于给定的点 P，选取曲线上任意一点 k 作为私钥，则有

$$Q = kp \qquad (11\text{-}4)$$

公钥为 Q 的二进制表示，由 k、p 得出公钥 Q，而在椭圆曲线的计算规则中，无法由 Q、p 计算出私钥 k，保证了私钥的安全性。

在比特币系统中，使用的加密椭圆曲线算法为

$$y^2 = x^3 + 7 \qquad (11\text{-}5)$$

随机生成 256bit 数字作为私钥，再经过 Secp256K1 加密后生成公钥 K，然后对其进行两次 Hash256 运算，得到的结果再使用 RIPEMD160（基于 RIPEMD 改进的 160 位元版本）进行编码，得到了该账户对应的账户地址，保证了交易信息的安全性，如下：

$$A= \text{RIPEMD160}(\text{SHA256}(K)) \qquad (11\text{-}6)$$

式中，K 为公钥；A 为生成的比特币地址。

4. 数字签名

数字签名是非对称加密和消息摘要的结合，在交易信息时使用发送者的私钥来添加发送者的身份信息，接收者通过公钥进行解密，验证交易的摘要信息来保证消息的完整性（Li et al.，2018）。

哈希摘要能将一个任意长度的二进制字符串映射为一个固定长度的字符串，映射过程单向不可逆。主要分为消息摘要（message digest，MD）系列和安全哈希算法（secure hash algorithm，SHA）系列两类。

哈希函数的数学表达式为

$$h = H(m) \qquad\qquad (11\text{-}7)$$

式中，h 为固定长度的哈希值；H 为哈希函数；m 为任意长度的二进制字符串。哈希算法具有以下特性。

（1）单向不可逆性：任意一个哈希值，无法还原出明文内容。

（2）可计算性：正向的哈希值能够在有限时间内完成。

（3）抗碰撞性：弱抗碰撞性，对于任意明文信息 m_i，可以找到另一个明文 m_j，使 $H(m_i) \neq H(m_j)$；强抗碰撞性，对于任意不同的明文信息 m_i、m_j，则 $H(m_i) \neq H(m_j)$ 成立。

（4）结果敏感性：明文少量修改，结果值产生较大差异。数字签名加密、检验流程如图 11-6 所示。

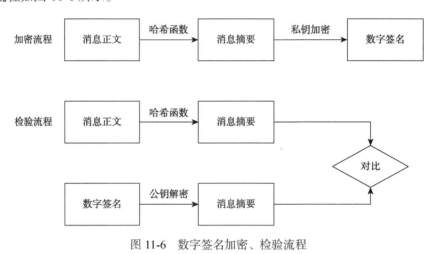

图 11-6　数字签名加密、检验流程

11.3　基于区块链的身份信息安全管理架构

区块链的技术特性可以有效解决身份授权的安全问题，在此，本节主要介绍一种称为业务信息架构（business information architecture，BIA）的身份信息安全管理架构。通过采用区块链技术，BIA 提供了去中心化网络身份授权的基础结构，其示意性架构如图 11-7 所示。该架构由三类基本角色和两种基本模块构成。

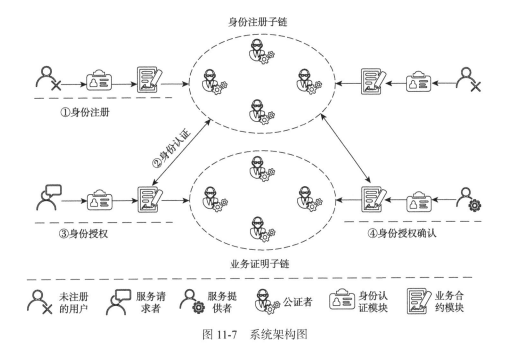

图 11-7　系统架构图

11.3.1　系统组成

1. 角色构成

在注册成为该网络系统的用户后，按职能可划分为三种角色，分别为服务提供者、服务请求者和公证者。

（1）服务提供者：为服务请求者提供所需要的具体业务信息并与服务请求者进行身份信息授权合约签订的用户。接收服务请求者发送的将服务请求者个人身份信息授权到某一业务的请求，同时完成对由服务请求者创建的授权合约的验证操作，最后选择是否同意服务请求者的授权请求。

（2）服务请求者：需要将个人身份信息授权至由服务提供者提供的某一业务并与服务提供者进行身份信息授权合约签订的用户。服务请求者在网络系统中完成将个人身份信息通过服务提供者授权到某一业务的行为，服务请求者需要在区块链网络系统中创建授权合约，将该授权合约发送至指定的服务提供者，由服务提供者选择是否接受该授权。服务请求者是整个区块链网络系统中的主要参与者。

（3）公证者：所有由服务提供者与服务请求者双方签订的合约需要广播到区块链网络中，只有经过验证后的合约才可认为是有效的合约。公证者主要完成对区块链网络中由合约双方创建的授权合约的验证，同时完成将授权合约打包并生成区块的任务。公证者在本区块链网络系统中是不可或缺的角色。

在该网络系统中，三种角色并不固定，一个用户在不同业务中，可以是服务提供者，可以是服务请求者，也可以承担公证者的角色。服务提供者在处理服务请求者发送过来的个人身份信息授权请求的同时也可以作为服务请求者创建身份信息授权请求发送至与之对应的服务提供者。服务请求者也是如此，在创建授权请求的同时也可以作为服务提供者处理由其他服务请求者发送过来的个人身份信息授权请求，服务提供者、服务请求者也可以作为公证者完成对授权合约进行验证以及生成区块的操作（Huang et al.，2020）。

2. 功能模块

该系统包含两个主要功能模块，分别为身份认证模块（identity and access management，IAM）和业务合约模块（body control module，BCM）。

身份认证模块：从功能上讲，身份认证模块从位置读取身份信息，即身份证明，如中国的身份证，然后加密身份信息和密钥（已定义和由用户保留）为密文。该功能可以防止身份信息明文的泄露。为了安全起见，该系统采用了 RSA 加密算法，身份认证模块根据以下内容生成配对的公钥和私钥：身份信息和用户密钥的密文。此外，身份认证模块还可以在用户对授权合约签名之前进行身份验证。通过身份认证模块，一个人只能使用有效身份证明和保留的密钥签署一份身份注册合约。

业务合约模块：负责创建和管理智能合约，也是服务提供者和服务请求者双方进行身份信息授权协议签订的桥梁。合约乙方通过该模块进行身份信息授权合约的创建并发送合约到甲方，合约甲方则通过业务合约模块决定是否就服务请求者发起的授权信息达成一致，由甲方进行合约内容的确认也可以防止用户恶意重复授权。其中，为了提高身份信息的安全性，身份认证操作和加密操作通过硬件设备实施完成，用以保证个人身份信息的安全。而业务合约模块则通过软件实施完成。业务合约模块还可以提供一个打包服务合同和数字签名的框架。服务请求者和服务提供者可以通过身份认证模块用数字签名签署合同。

11.3.2　工作流程

身份授权过程包括四个步骤，命名为身份注册、身份认证、身份授权和身份授权确认，如图 11-7 所示，并在图 11-8 的细节中进行描述。在步骤 1 通过身份认证模块注册成为身份信息授权系统网络的用户。身份认证模块将输出加密的身份信息并由业务合约模块发起调用身份认证合约请求。注册后，用户将拥有一个区块链身份注册子链中记录的身份证书。

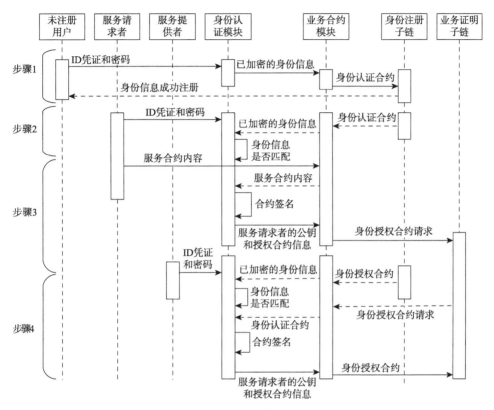

图 11-8　系统流程

当一个服务请求者调用身份认证合约时，步骤 2 将被触发。身份认证模块与业务合约模块将一起对服务请求者的身份进行验证。身份认证模块将识别服务请求者的身份证书和密钥，并将其加密为密文。同时，身份认证模块将通过业务合约模块调用身份认证合约并检查服务请求者的身份证明和密钥是否有效。如果身份成功经过验证，服务请求者可以与服务提供者进行身份授权，即步骤 3。步骤 4 是由服务提供商进行的。如果服务提供商收到授权合约，服务提供商的身份将被验证。如果通过验证，则该服务提供商将确认服务合约并授权使用步骤 2。最后，已签署的合约将发送到业务证明子链由公证者进行公证。

11.3.3　技术特性

上述介绍的身份信息授权机制的技术特性总结如下。

（1）提出了身份认证模块，它使用公钥技术对身份信息进行加密，以确保身份安全。身份认证模块读取身份证书并在用户身份凭证和密码的授权下将身份纯文本转换为密文。身份信息读取并加密后，只有密文从身份认证模块输出，并且身份信息明文不会由身份认证模块存储。此外，身份认证模块可以由现成的产品轻松实现。

（2）业务合约模块旨在为身份信息提供一个大多数社会服务和企业都可以采用的身份信息授权通用框架。特别是在政府的支持下，身份信息授权机制有潜力为身份信息提供社交基础设施授权保护。而且，采用区块链技术使身份授权记录具有防篡改、不可否认，并且可公开验证的特性。

11.4　基于区块链存储的安全资源共享协议

随着互联网技术的发展，智能设备的剧增带来了海量的数据，数据外包以及云存储得到广泛的应用，用户可以通过连接互联网的移动设备随时随地访问和共享数据，极大地方便了人们的工作和生活，也带动了社会的发展。但数据外包、云存储以及数据访问的开放性可能会因为内部人员操作失误或恶意攻击等导致用户数据的泄露。因此，对智能终端间共享的海量数据设置一种高效、安全的数据加密和存储方案是一个亟待解决的问题。

针对这个问题，本节主要介绍基于区块链存储的安全资源共享协议。智能终端设备首先采用群组密钥协商技术协商出加/解密密钥，然后使用加密密钥对其共享的数据资源进行加密，避免敏感信息的泄露。结合区块链的技术优势，本节提出基于区块链的数据存储技术，利用区块链的链上链下存储相结合的方式存储数据，将加密后的共享资源存储在区块链的链下数据库中，链上只存储共享密文的索引信息。同时，在保障协议安全性的基础上，尽可能降低协议的计算和通信开销。

11.4.1　系统模型

系统主要从终端成员身份认证、数据资源加密存储、终端成员访问数据资源等几个方面实现数据信息的安全共享和终端成员的隐私保护。图 11-9 显示了基于区块链的资源共享模型框架。

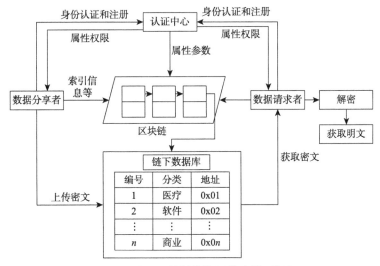

图 11-9 基于区块链的资源共享模型框架

认证中心（certificate authority，CA）主要是对网络域内的终端成员进行身份验证，并为用户生成所需的系统参数；数据分享者首先对共享资源进行加密，然后将密文资源存储在区块链的链下数据库中，最后，将存储地址和密文资源索引信息存储在区块链上；数据请求者查看区块链上的索引信息，确定其感兴趣的共享资源的存储地址，然后数据请求者根据该存储地址获取密文资源，计算解密密钥，从而获得共享资源的明文。

11.4.2 基于区块链存储的安全资源共享协议具体步骤

1. 初始化

本节将描述系统模型所需的基本参数，并初始化基于区块链的隐私保护数据安全共享协议。模型系统由 CA 和网络终端用户组成。CA 主要用于终端实体的身份认证和防止非法成员的伪造攻击。

假设在该模型中有 n 个终端成员，使用 $U = \{u_1, u_2, \cdots, u_n\}$ 表示 n 个终端成员的集合，相应地使用 $\mathrm{id} = \{\mathrm{id}_{u_1}, \mathrm{id}_{u_2}, \cdots, \mathrm{id}_{u_n}\}$ 表示 n 个终端成员的身份集合。CA 定义一个按指定顺序排列的网络属性序列 $\mathrm{ATTR} = A_1 | A_2 | \cdots | A_R$，相对应的网络属性集为 $\mathrm{Attr} = \{A_1, A_2, \cdots, A_j, \cdots, A_R\}$，其中，网络属性 $A_j < A_{j+1}$ $(j < R)$，$R \in \mathbb{N}^*$ 表示网络属性的总数量，$\mathbb{N}^*$ 表示所有正整数的集合。CA 定义了终端成员 u_i 的一个与有序属性集排列顺序相对应的属性序列 $\mathrm{ATTR}_i = a_{i,1} | a_{i,2} | \mathrm{null} | \cdots | a_{i,r} | \mathrm{null}$，相应的属性

集 $\text{attr}_i = \{a_{i,1}, a_{i,2}, \cdots, a_{i,r}\}(1 \leqslant r \leqslant R)$ 为网络中终端成员 u_i 的有序属性集，其中，$\text{attr}_i \in \text{Attr}$，$r \in \mathbb{N}^*$ 并且属性 $a_{i,r-1} < a_{i,r}$，r 表示终端成员 u_i 的第 r 个属性。

密钥生成算法 KeyGen（1^λ）：KeyGen（1^λ）$\to$（PK_A, SK_A）。CA 运行密钥生成算法 KeyGen（1^λ）获取密钥对（PK_A, SK_A），其中，$\text{SK}_A \in Z_q^*$（Z_q^* 表示一个特定的整数环，在密码学中通常用来进行数论运算和群操作），$\text{PK}_A = \text{SK}_A g_1$（$\text{PK}_A = \text{SK}_A g_1$ 表示公钥，其中 g_1 是一个特定的生成元或基向量。这里的乘法操作表示对 g_1 进行指数运算，即将 g_1 自身连续相乘 SK_A 次。）

如果用户希望将共享资源存储在区块链中，或者终端用户希望访问块上的资源，那么终端成员必须是合法认证的成员，并具有相应的访问权限。

假设 G_1 和 G_2 分别是椭圆曲线上阶数为 q 的加法群和乘法群，计算加法群 G_1 和乘法群 G_2 上的离散对数是困难的，$g_1 \in G_1$ 是加法群 G_1 上的生成元。这有一个可映射的双线性映射 $e: G_1 \times G_2 \to G_2$ 和两个哈希函数 $H_1: \{0,1\}^* \to Z_q^*$，$H_2: G_1 \to Z_q^*$。

任意终端成员 $u_i \in U(1 \leqslant i \leqslant n)$ 选择一个随机的正整数 $S_{u_i} \in Z_q^*$ 并计算 $\text{SK}_{u_i} = H_1(\text{id}_{u_i})S_{u_i}$。其中，$\text{SK}_{u_i}$ 是终端成员 $u_i \in U(1 \leqslant i \leqslant n)$ 的私钥，$\text{PK}_{u_i} = g_1 \text{SK}_{u_i}$ 是终端成员 $u_i \in U(1 \leqslant i \leqslant n)$ 的公钥。系统的基础参数为 $\text{params} = (\text{PK}_A, q, G_1, G_2, g_1, e, H_1, H_2)$。

2. 终端成员的认证和注册

下面是基于区块链的隐私保护数据安全共享协议的终端用户认证和注册流程，详细步骤如下。

（1）CA 选择一组两两互素的正整数 $p_1, p_2, \cdots, p_R$，$p_v \in Z_q^*$（$v=1,2,\cdots,R$），即 $\gcd(p_i, p_j) = 1(i, j = 1,2,\cdots,R, i \neq j)$；CA 将网络属性集和与网络属性集相对应的属性序号以及正整数组成的消息 $\{(A_1, S_1, p_1), (A_2, S_2, p_2), \cdots, (A_R, S_R, p_R)\}$ 广播给网络域中的所有终端成员；其中，$A_i(1 \leqslant i \leqslant R)$ 代表网络属性，S_i 代表对应于网络属性 A_i 的属性序列号，p_i 代表对应于属性 A_i 的属性参数。

（2）拥有有序属性集 $\text{attr}_i = \{a_{i,1}, a_{i,2}, \cdots, a_{i,k}, \cdots, a_{i,r}\}(a_{i,k} < a_{i,k+1}(1 \leqslant k < r))$ 的终端成员 u_i，使用属性集中的属性元素计算 $\vartheta_{i,1} = S_{u_i} a_{i,1} g_1$，$\vartheta_{i,2} = S_{u_i} a_{i,2} g_1, \cdots, \vartheta_{i,r} = S_{u_i} a_{i,r} g_1$ 和 $o_i = S_{u_i} H_2(\vartheta_{i,1} \| \vartheta_{i,2} \cdots \| \vartheta_{i,r}) \text{PK}_A$。然后终端成员 u_i 将信息 $\{\text{id}_{u_i}, \text{PK}_{u_i}, o_i, (\vartheta_{i,1}, A_1, S_1), (\vartheta_{i,2}, A_2, S_2), \cdots, (\vartheta_{i,r}, A_r, S_r)\}$ 发送给 CA。

（3）CA 接收到终端成员 u_i 发送的消息 $\{\text{id}_{u_i}, \text{PK}_{u_i}, o_i, (\vartheta_{i,1}, A_1, S_1), (\vartheta_{i,2}, A_2, S_2), \cdots, (\vartheta_{i,r}, A_r, S_r)\}$ 后，CA 计算 $\eta_i = \text{SK}_A^{-1} o_i = S_{u_i} H_2(\vartheta_{i,1} \| \vartheta_{i,2} \cdots \| \vartheta_{i,r}) g_1$ 并通过验证公式 $H_1(\text{id}_{u_i}) \eta_i = H_2(\vartheta_{i,1} \| \vartheta_{i,2} \cdots \| \vartheta_{i,r}) \text{PK}_{u_i}$ 是否成立来验证终端成员 u_i 的身份，如果验证

通过，则 u_i 是一个合法的终端成员，CA 为其每一个属性 $a_{i,k}$ 选择一个对应的随机数 $\iota_{i,k} \epsilon Z_q^* (1 \leqslant k \leqslant r)$ 并计算 $X_{i,k} = \iota_{i,k} \vartheta_{i,k}$ 的值；作为终端成员 u_i 的权限参数，并计算 $\delta_i = \mathrm{SK}_A (\iota_{i,1} a_{i,1} + \iota_{i,2} a_{i,2} + \cdots + \iota_{i,r} a_{i,r}) g_1$（注意：对于不同的终端成员 u_i 和 $u_l (i \neq 1)$ 的任意属性 $a_{i,j}$ 和 $a_{l,k}$，如果 $j=k$，$\iota_{i,j} = \iota_{l,k}$）。然后 CA 将信息 $\{\mathrm{PK}_A, \delta_i, (X_{i,1}, X_{i,2}, \cdots, X_{i,r})\}$ 发送给注册的终端成员 u_i。如果验证不通过，CA 将该终端成员从信息共享网络域中剔除。

（4）终端成员 u_i 接收到 CA 发送的信息 $\{\mathrm{PK}_A, \delta_i, (X_{i,1}, X_{i,2}, \cdots, X_{i,r})\}$ 之后，终端成员 u_i 计算其属性权限参数 $T_{i,1} = S_{u_i}^{-1} X_{i,1} = \iota_{i,1} a_{i,1} g_1, T_{i,2} = S_{u_i}^{-1} X_{i,2} = \iota_{i,2} a_{i,2} g_1, \cdots$，$T_{i,r} = S_{u_i}^{-1} X_{i,r} = \iota_{i,r} a_{i,r} g_1$ 和 $\varPhi_i = T_{i,1} + T_{i,2} + \cdots + T_{i,r}$。然后，终端成员 u_i 通过验证等式 $e(\delta_i, g_1) = e(\varPhi_i, \mathrm{PK}_A)$ 是否成立验证 CA 的身份和属性 $a_{i,k}$ 对应的属性权限参数 $T_{i,k}$ 的正确性，如果验证通过，终端成员 u_i 获得与每一个属性 $a_{i,k}$ 相对应的属性权限参数 $T_{i,k}$，终端成员 u_i 注册成功。如果验证不通过，表示该终端成员注册失败。

（5）认证中心将 $\{\mathrm{PK}_{u_i}, (X_{i,1}, p_1, S_1), (X_{i,2}, p_2, S_2), \cdots, (X_{i,r_i}, p_{r_i}, S_{r_i})\}$ 发送给终端成员 u_i 并将这些信息存储到终端成员 u_i 的区块上。

3. 加密密钥的计算和共享资源的存储

为了防止攻击者查看、篡改或伪造数据（包括身份数据、账户数据或授权信息等），数据在存储到区块链之前进行了加密。同时，为了实现存储和计算的轻量级，存储过程分为两部分：索引信息链上存储和大部分数据链下存储。因此，每个共享数据的终端成员首先计算密钥并对共享信息进行加密。然后每个成员将密义上传到区块链的链下数据库。最后，将密文的存储地址和相关索引信息上传到各自的区块。

共享资源的加密存储主要分为以下两步。

（1）链下数据库存储：用户将加密后的共享资源存储在链下数据库中，保证了数据资源的保密性和安全性。

（2）链上索引信息存储：一个区块由区块头和区块体组成。区块头主要存储前一个区块的哈希值、区块体的哈希值、时间戳和其他数据。区块体存储搜索者需要查询的索引信息（包含加密资源的索引类型和地址）。

1）链下数据库存储的详细步骤

每一个拥有有序属性集 $\mathrm{attr}_i = \{a_{i,1}, a_{i,2}, \cdots, a_{i,k}, \cdots, a_{i,r}\}$ 的终端成员 u_i 共享其数据资源时，首先根据自己的属性集对应的属性序号 $\{S_1, S_2, \cdots, S_r\}$ 获取相应的网络属性参数 $\{p_1, p_2, \cdots, p_r\}$，然后使用自己的属性权限参数计算：

$$X_i = T_{i,1} (\bmod \, p_1)$$
$$X_i = T_{i,2} (\bmod \, p_2)$$
$$\vdots$$
$$X_i = T_{i,r} (\bmod \, p_r)$$

（11-8）

根据标准的中国剩余定理可以计算出一个唯一的解：

$$X_i = \left(\sum_{v=1}^{r} T_{i,r} \cdot y_v \cdot \frac{p}{p_v} \right) \bmod \, p_v \qquad （11-9）$$

$$p = p_1 \times p_2 \times \cdots \times p_r = \prod_{v=1}^{r} p_v \qquad （11-10）$$

$$y_v \cdot \frac{p}{p_v} \bmod \, p_v = 1 \qquad （11-11）$$

式中，y_v 为模数 p_v 除以自变量 $T_{i,r}$ 取模的逆元。则令 $\mathrm{group_{key}} = X_i$ 作为一个群组密钥对共享信息进行加密、解密，这保证了网络域中终端成员之间信息共享的安全性，即

$$\mathrm{group_{key}} = X_i = \left(\sum_{v=1}^{r} T_{i,r} \cdot y_v \cdot \frac{p}{p_v} \right) \bmod \, p_v \qquad （11-12）$$

每一个终端成员 u_i 计算出密钥 X_i 后，如果 u_i 想要共享一些信息资源 $m \in M^*$（M^*：明文空间），终端成员 u_i 通过计算 $C_{i,m} = m \oplus H_2(X_i)$ 加密共享资源 m。然后，终端成员 u_i 将共享的密文资源 $C_{i,m}$ 上传到链下数据库中，并将该密文资源 $C_{i,m}$ 的存储地址 $\mathrm{Address}_{u_{i,m}}$ 返回到区块中链上存储。

2）链上索引信息存储的具体步骤

在数据共享网络域中，参与资源共享的每一个终端成员 u_i 广播其 IP 地址和公钥。

数据共享网络域中的终端成员收到其他成员广播的消息之后，域内的每个终端成员根据广播的 IP 地址的大小排序。然后，每个成员保存其前一个成员和后一个成员的公钥和 IP 地址。假设排序后的有序集为 $\mathrm{Ord} = \{ (\mathrm{IP_1}, \mathrm{PK}_{N_1}), (\mathrm{IP_2}, \mathrm{PK}_{N_2}), \cdots, (\mathrm{IP_N}, \mathrm{PK}_{N_N}) \}$，终端成员 u_i 根据 CA 共享的信息 $\{ \mathrm{PK}_{u_i}, (X_{i,1}, X_{i,2}, \cdots, X_{i,r}) \}$ 计算 $\mathrm{Sig}_i = (H_2(X_{i,1} \| X_{i,2} \| \cdots \| X_{i,r}) / \mathrm{SK}_{u_i}) g_1$。然后，终端成员 u_i 对其共享的加密信息 $m \in M^* (M^*$：明文空间$)$ 分类获取共享资源的类别 $\mathrm{Classification}_{u_{i,m}}$，然后给出共享资源一段简短概括的描述 $\mathrm{Description}_{u_{i,m}}$（主要用于资源访问者查找资源）。同时，获取共享资源的关键字 $\mathrm{Keywords}_{u_{i,m}}$ 和该共享资源加密时所用属性对应的属性序列号 $(S_{1,m}, S_{2,m}, \cdots, S_{r,m})$，从而生成该共享的信息资源的索引信息 $\mathrm{Index}_{i,m} = \mathrm{Classification}_{u_{i,m}} | \mathrm{Description}_{u_{i,m}} | \mathrm{Keywords}_{u_{i,m}} | (S_{1,m}, S_{2,m}, \cdots, S_{r,m})$。之后，获取共享资

源在链下数据库的存储地址 $\text{Address}_{u_{i,m}}$；最后，终端成员 u_i 发送消息 $\{\text{PK}_{u_i},$ $\text{IP}_{i+1},(X_{i,1},X_{i,2},\cdots,X_{i,r}),\text{Sig}_i\}$ 给 IP 地址为 IP_{i+1} 的终端成员 u_{i+1}。终端成员 u_i 记录当前时间 time_i，作为时间戳，并将消息 $\left(\text{PK}_{u_i},\text{IP}_{i+1},(X_{i,1},X_{i,2},\cdots,X_{i,r}),\text{Sig}_i,\text{Index}_{i,m},\right.$ $\left.\text{time}_i\right)$ 封装到区块中，区块链的结构如图 11-10 所示。

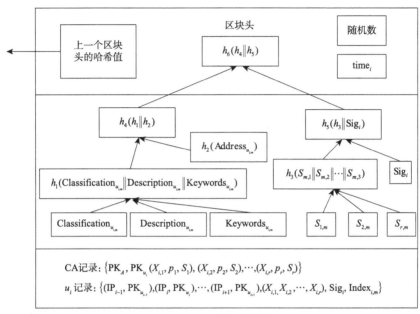

图 11-10　区块链的结构

终端成员 u_{i+1} 接收到终端成员 u_i 发送的信息 $\left(\text{PK}_{u_i},\text{IP}_{i+1},(X_{i,1},X_{i,2},\cdots,X_{i,r}),\text{Sig}_i,\right.$ $\left.\text{Index}_{i,m},\text{time}_i\right)$ 之后，终端成员 u_{i+1} 将自己的 IP 地址与终端成员 u_i 区块中存储的 IP 地址对比，并且比较信息 $(X_{i,1},X_{i,2},\cdots,X_{i,r})$ 与 CA 存储到区块中的信息是否相同，若 IP 地址和信息 $(X_{i,1},X_{i,2},\cdots,X_{i,r})$ 都相同，终端成员 u_{i+1} 会写一个新的区块。终端成员 u_{i+1} 计算 $u_i = H_2(X_{i,1}\|X_{i,2}\|\cdots\|X_{i,r})$ 并通过验证等式 $e\left(\text{Sig}_i,\text{PK}_{u_i}\right) = e\left(u_i g_1, g_1\right)$ 是否成立来验证终端成员 u_i 的身份，若等式成立，终端成员 u_{i+1} 可以确定该消息是由前一个成员 u_i 发送的；终端成员 u_{i+1} 根据 CA 共享的信息 $\{\text{PK}_{u_i},(X_{i,1},$ $X_{i,2},\cdots,X_{i,r})\}$ 计算 $\text{Sig}_{i+1} = (H_2(X_{i+1,1}\|X_{i+1,2}\|\cdots\|X_{i+1,r})/\text{SK}_{u_{i+1}})g_1$，然后，终端成员 u_{i+1} 对其共享的资源 $m \in M^*$ 分类获取共享资源的类别 $\text{Classification}_{u_{i+1,m}}$，然后给出共享资源一段简短概括的描述 $\text{Description}_{u_{i+1,m}}$（方便资源获取者搜索相关资源）。同时，提取共享资源的关键字 $\text{Keywords}_{u_{i+1,m}}$ 和该共享资源加密时所用属性对应的属性序列号 $\left(S_{1,m},S_{2,m},\cdots,S_{r,m}\right)$，从而生成该共享的信息资源的索引信息 $\text{Index}_{i+1,m} =$

$\text{Classification}_{u_{i+1,m}} \Big| \text{Description}_{u_{i+1,m}} \Big| \text{Keywords}_{u_{i+1,m}} \Big| \left(S_{1,m}, S_{2,m}, \cdots, S_{r,m}\right)$。之后，从链下数据库中获取共享资源的存储地址 $\text{Address}_{u_{i,m}}$；最后，终端成员 u_{i+1} 发送消息 $\{\text{PK}_{u_{i+1}}, \text{IP}_{i+2}, (X_{i+1,1}, X_{i+1,2}, \cdots, X_{i+1,r}), \text{Sig}_{i+1}\}$ 给 IP 地址为 IP_{i+2} 的终端成员 u_{i+2}。终端成员 u_{i+1} 记录当前时间 time_{i+1} 作为时间戳，并将消息 $\big(\text{PK}_{u_{i+1}}, \text{IP}_{i+2}, (X_{i+1,1}, X_{i+1,2}, \cdots, X_{i+1,r}), \text{Sig}_{i+1}, \text{Index}_{i+1,m}, \text{Address}_{u_{i+1,m}}, \text{time}_{i+1}\big)$ 封装并存储到区块中。

根据上面的计算过程，每一个终端成员将共享资源的索引信息和身份信息封装在其各自的区块中并将它们链接成区块链。

4. 共享资源的下载与访问

（1）如果终端成员 $u_j (1 \leqslant j \leqslant n)$ 想要访问共享资源，u_j 可以根据任意终端用户 $u_k (1 \leqslant k \leqslant n)$ 区块中的索引信息查找相应的密文资源，并且 u_j 可以通过查看资源所有者加密资源所需的属性序列确定解密该资源所需的属性集。

（2）如果该网络域中的终端成员 u_j 根据区块链中的索引信息确定其想要访问的数据资源，终端成员 u_j 查看该数据资源所有者 u_k 区块中的索引信息，获取相应的属性序列号 $\left(S_{1,m}, S_{2,m}, \cdots, S_{r,m}\right)$ 并根据该属性序列号发送信息 $\{\text{PK}_{u_j}, (X_{j,1}, X_{j,2}, \cdots, X_{j,r}), \text{Sig}_j\}$ 给所有者 u_k，其中，$\text{Sig}_j = (H_2(X_{j,1} \| X_{j,2} \| \cdots \| X_{j,r}) / \text{SK}_{u_j}) g_1$。资源所有者 u_k 接收到 u_j 发送的信息 $\{\text{PK}_{u_j}, (X_{j,1}, X_{j,2}, \cdots, X_{j,r}), \text{Sig}_j\}$ 后，计算 $u_k = H_2(X_{j,1} \| X_{j,2} \| \cdots \| X_{j,r})$，然后 u_k 通过验证等式 $e\left(\text{Sig}_j, \text{PK}_{u_j}\right) = e\left(u_k g_1, g_1\right)$ 是否成立来验证终端成员 u_j 的身份。如果验证通过，资源所有者 u_k 将该共享资源的链下数据库地址 $\text{Address}_{u_{k,m}}$ 返回给终端成员 u_j。

（3）终端成员 u_j 根据所有者 u_k 的共享资源的链下数据库地址 $\text{Address}_{u_{k,m}}$ 下载相应的密文信息 $C_{k,m}$，然后根据获取的属性序列号 $\left(S_{1,m}, S_{2,m}, \cdots, S_{r_k,m}\right)$ 选择相应的属性权限参数 $\{T_{j,1}, T_{j,2}, \cdots, T_{j,r}\}$ 和网络属性参数 $\left(p_1, p_2, \cdots, p_r\right)$，并根据中国剩余定理计算出解密密钥：

$$\text{group}_{\text{key}} = X_j = \left(\sum_{v=1}^{r_j} T_{j,v} \cdot y_v \cdot \frac{p}{p_v}\right) \bmod p_v = X_i \qquad (11\text{-}13)$$

根据解密密钥 X_j 和加密密文 $C_{k,m}$，计算得到明文即共享资源 $m = C_{k,m} \oplus H_2\left(X_j\right)$。

区块链是一个开放的分类账，所有区块都是按时间顺序排列的，每个区块都存储了前一个区块的信息。如果想要修改某些数据，至少需要 51% 的计算能力，因此一旦数据被写入块，就不能被篡改。链上的索引信息及一些公共信息不能被篡改，保障了存储数据的安全性。此外，在区块链中，用户不依赖可信的第三方，用户之间直接交互。用户可以授予其他用户对自己数据的访问权限，也可以撤销他们的访问权限。数据请求者只有在数据分享者同意数据请求者访问数据的情况下才能下载和访问数据。共识机制可以保证区块链网络中所有区块顺序一致。基于区块链的分散、可信任、防篡改的安全特性，该解决方案具有较高的安全性。

11.4.3　性能分析

在整个协议的设计中，除了安全性外，计算复杂度和计算时间是测试信息资源共享方案的重要性能指标。将上述协议与相关文献（Zhong et al., 2018；Xue et al., 2019；Li et al., 2021）中的协议进行对比，有助于更清楚、直观地了解上述存储模式的优缺点和性能。

本节分析了该协议和其他三种协议的计算消耗，n 表示参与群组密钥计算的终端成员个数。r 表示参与群组密钥计算的终端成员所需的最小属性数量。比较这四种协议的计算复杂度，上述所介绍的基于区块链的隐私保护数据安全共享协议计算复杂度最小，其次是 Zhong 等（2018）提出的协议和 Xue 等（2019）提出的协议，而 Li 等（2021）提出的协议的计算复杂度最大。

将本章介绍的系统模型所需的计算时间与其他三种协议进行了比较。图 11-11 显示了注册阶段比较的结果。从图 11-11 可以看出，本章模型的计算消耗是最小的，Xue 等（2019）提出的协议花费的计算时间相对较少，Zhong 等（2018）提出的协议花费的计算时间最多。

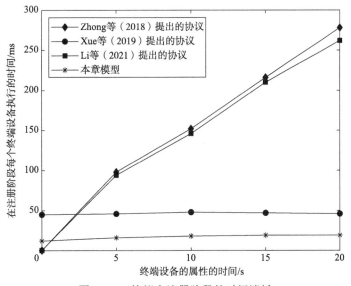

图 11-11　协议在注册阶段的时间消耗

群组密钥生成阶段的时间消耗的比较结果如图 11-12 所示。从图 11-12 可以看出，本章模型的计算消耗是最小的，Xue 等（2019）提出的协议和 Zhong 等（2018）提出的协议的计算消耗相对较小，Li 等（2021）提出的协议计算消耗最大。

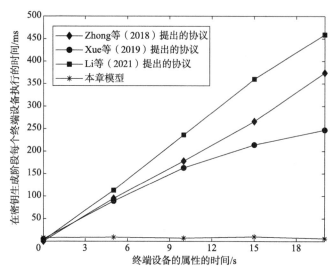

图 11-12　协议在密钥生成阶段的时间消耗

加密阶段的时间消耗比较结果如图 11-13 所示，从图 11-13 可以看出，本章模型的计算消耗是最小的，Zhong 等（2018）提出的协议和 Xue 等（2019）提出的协议计算消耗相对较小，Li 等（2021）提出的协议计算消耗最大。

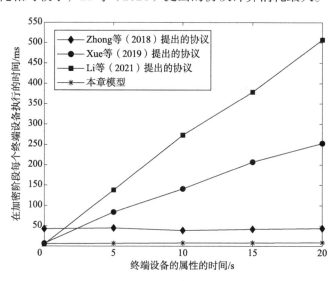

图 11-13　协议在加密阶段的时间消耗

在解密阶段的时间消耗比较结果可以在图 11-14 中查看，从图 11-14 可以看出，本章模型的计算消耗是最小的，Zhong 等（2018）提出的协议和 Li 等（2021）提出的协议的计算消耗相对较小，Xue 等（2019）提出的协议计算消耗最大。

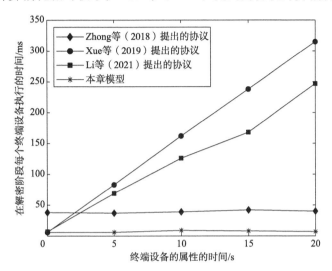

图 11-14　协议在解密阶段的时间消耗

参 考 文 献

Gertner Y, Ishai Y, Kushilevitz E, et al. 2000. Protecting data privacy in private information retrieval schemes[J]. Journal of Computer and System Sciences，60（3）：592-629.

Group L, Mills O. 2012. Protecting patients' private information[J]. Dental Abstracts，57（1）：10-11.

Huang H P, Zhu P, Xiao F, et al. 2020. A blockchain-based scheme for privacy-preserving and secure sharing of medical data[J]. Computers & Security，99：102010.

Ki-Aries D, Faily S, Dogan H, et al. 2022. Assessing system of systems information security risk with OASoSIS[J]. Computers & Security，117：102690.

Li B，Huang D J，Wang Z J，et al. 2016. Attribute-based access control for ICN naming scheme[J]. IEEE Transactions on Dependable and Secure Computing，15（2）：194-206.

Li P L，Xu H X，Ma T J. 2021. An efficient identity tracing scheme for blockchain-based systems[J]. Information Sciences，561：130-140.

Li Z，Liu L，Barenji A V，et al. 2018. Cloud-based manufacturing blockchain：Secure knowledge sharing for injection mould redesign[J]. Procedia CIRP，72：961-966.

Liao C H，Guan X Q，Cheng J H，et al. 2022. Blockchain-based identity management and access control framework for open banking ecosystem[J]. Future Generation Computer Systems, 135: 450-466.

Lyu Q Y, Qi Y Z, Zhang X C, et al. 2020. SBAC: A secure blockchain-based access control framework for information-centric networking[J]. Journal of Network and Computer Applications, 149: 102444.

Pan X, Zhong B T, Sheng D, et al. 2022. Blockchain and deep learning technologies for construction equipment security information management[J]. Automation in Construction, 136: 104186.

Razikin K, Soewito B. 2022. Cybersecurity decision support model to designing information technology security system based on risk analysis and cybersecurity framework[J]. Egyptian Informatics Journal, 23 (3): 383-404.

Stockburger L, Kokosioulis G, Mukkamala A, et al. 2021. Blockchain-enabled decentralized identity management: The case of self-sovereign identity in public transportation[J]. Blockchain: Research and Applications, 2 (2): 100014.

Tian Z Q, Yan B W, Guo Q, et al. 2020. Feasibility of identity authentication for IoT based on blockchain[J]. Procedia Computer Science, 174: 328-332.

Wang J, Liu G H, Zhao G S. 2022. Two-attribute privacy protection method of MCS based on blockchain smart contract[J]. Computer Communications, 193: 126-135.

Xue Y J, Xue K P, Gai N, et al. 2019. An attribute-based controlled collaborative access control scheme for public cloud storage[J]. IEEE Transactions on Information Forensics and Security, 14 (11): 2927-2942.

Yang Y T, Lin T X, Liu P H, et al. 2022. UCBIS: An improved consortium blockchain information system based on UBCCSP[J]. Blockchain: Research and Applications, 3 (2): 100064.

Yazdinejad A, Parizi R M, Dehghantanha A, et al. 2020. P4-to-blockchain: A secure blockchain-enabled packet parser for software defined networking[J]. Computers & Security, 88: 101629.

Zhong H, Zhu W L, Xu Y, et al. 2018. Multi-authority attribute-based encryption access control scheme with policy hidden for cloud storage[J]. Soft Computing, 22 (1): 243-251.

第 12 章　智能信息服务系统构建实现与应用推广

随着信息服务的发展，人们对智能信息服务系统的需求也越来越强烈。实际上，人类研究人工智能技术已经有几十年的历史了（Wang et al., 2019），但是，真正能够以"人的助理"形式出现的服务，在网络已经普及和成熟的阶段才开始成为现实。互联网将从简单的信息载体和传播工具，演变成为能够主动为人提供助理服务的助手，同时，互联网的价值得到再一次升华（Panda and Chakravarty, 2022）。

其实，互联网出现以后，人们遇到的问题不是信息过少，而是信息过多。虽然通过搜索引擎、目录、人工编辑的社区等工具，人们获取信息时可以获得一定的辅助。但是，在信息智能代理出现以前，专门服务于单个企业或个人的信息搜集、整理、对比和提醒的服务，却仍主要依赖大量的人力工作来完成（Li and Ding, 2020）。例如，通过搜索引擎，人们需要不停地一次一次重复查找自己所需要的信息，而且，这些信息往往很不及时，难以满足用户的需要（Wei et al., 2020）。

对于这些对信息的需求，基于智能信息服务的系统使互联网开始从汇集和聚合转变为"以每个人为中心"或者"以单个企业为中心"（Park et al., 2012）。这种服务形式，将会与目前的聚合形式的信息渠道相结合，形成人们获取信息的两个方面。获得了这种智能信息服务的用户，比没有其帮助的用户在工作效率、判断与决策的准确性、工作的成效性等方面有显著的提高。

关于智能信息服务系统的理论基础已在第 2 章中描述，本章将从架构设计流程和实现方法两个方面来介绍智能信息服务系统，同时通过部分案例辅助说明。

12.1　智能信息服务系统的架构设计

在目前的智能信息服务系统中，用户可以充分表达自己的需求并可以根据自己的实际情况来定制资源。但由于现在的信息资源是覆盖全球范围的数字化网络资源，让用户在海量信息中查找和筛选符合自己需求的信息资源是很辛苦的。人工智能技术能很好地解决这一难题，人工智能技术中的神经网络算法有很强的学习能力，它可以根据用户的实际情况和操作行为来推测用户的意图，从而对符合用户需求的资源进行智能搜索和筛选（Nearing et al.，2020）。这样不仅提高了个性化信息服务系统的效率，也提高了信息服务系统的智能化程度，从而使用户的个性化信息需求得到了进一步满足。

目前，智能信息服务系统往往采用 B/S 架构实现，B/S 架构即浏览器/服务器架构模式，是随着互联网技术的兴起，对 C/S 架构的一种变化或者改进。在这种架构下，用户工作界面是通过浏览器来实现的，极少部分事务逻辑在前端实现，但是主要事务逻辑在服务器端实现，形成所谓的三层（3-tier）结构。B/S 架构是 Web 兴起后的一种网络架构模式，Web 浏览器是客户端最主要的应用软件。这种模式统一了客户端，将系统功能实现的核心部分集中到服务器上，简化了系统的开发、维护和使用。客户机上只要安装一个浏览器，如 Netscape Navigator 或 Internet Explorer，服务器安装 Oracle、Sybase、Informix 或 SQL Server 等数据库。浏览器通过 Web Server 与数据库进行数据交互。这样就大大简化了客户端计算机的载荷，减轻了系统维护与升级的成本和工作量，降低了用户的总体成本。B/S 架构总体结构如图 12-1 所示。

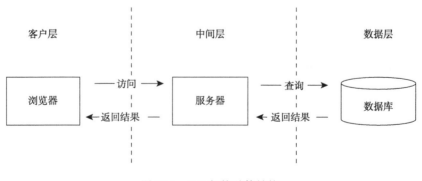

图 12-1　B/S 架构总体结构

12.1.1　客户层

B/S 架构属于三层体系结构，之所以称为三层体系结构是因为在客户层与后台服务器之间有个中间层。这里的三层体系结构是逻辑上的体系而不是实际上的物理三层，这三层既可以在一台计算机上实现运行，也可以在不同计算机上运行。在这三层体系结构中，Web 服务器放在客户层，供客户进行信息浏览、信息输入等基本操作，信息处理等业务操作放在了中间层，数据存储与管理放在了后台数据层。一般情况下客户层不直接与后台数据层进行数据交互，而是通过中间层进行处理和缓冲。这样既提高了整个系统的服务效率，又对后台数据库起到了保护作用。

客户层，即用户使用的浏览器，是用户操作系统的接口，用户通过浏览器界面向服务器端提出请求，并对服务器端返回的结果进行处理并展示，通过界面可以将系统的逻辑功能更好地表现出来。

客户层作为用户主要甚至是唯一接触到的结构层级，在以服务用户为目标的智能信息服务系统中有着非常重要的作用，它决定了很大一部分的用户体验，不仅需要实现设定好的各种功能，也需要合理安排规划用户界面。

长期以来，对于用户界面设计的研究停留在形式与内容，各种数据和规范的纠缠上，忽略了社会的发展以及不同文化、不同环境、不同生活方式的人群对于产品用户界面的认知差异。对于产品设计的用户认知模型和传播途径缺乏全面的研究。这也暴露了设计研究的薄弱环节，如果仅仅将用户和计算机之间交互的研究体系"生搬硬套"到产品用户界面研究中，肯定是不合时宜的。而目前产品设计的人机工程学的研究也局限于人和机器的数据测定和效率问题，解决了尺度问题和疲劳度问题，却忽略了人的情感和社会文化因素对于产品用户界面的影响因素。从某种意义来说，人机工程学解决的是基于实验心理学和生理学的"数据""效率""功效"等物质性因素，产品用户界面研究更侧重于基于社会学、认知心理学以及文化人类学的"情感""认知""体验"等非物质因素。

总而言之，设计好用户界面的同时让系统能够实现服务器所给出的功能，满足用户的信息需求，让用户获得良好的服务体验，是智能信息服务系统中的客户层需追求的目标。

12.1.2　中间层

智能信息服务系统的服务器端提供数据服务，操作数据，然后把结果返回中间层，最终结果显示在系统界面上。智能信息服务系统主要针对用户的要求进行数据业务处理，为用户提供具体的信息服务。智能信息服务系统主要由各模块之间协调工作，完成用户和智能信息服务系统数据库之间的通信，是智能信息服务系统的核心部分。

中间层主要根据智能信息服务系统所属的不同领域、所服务的不同对象而确定包含的内容，以实现的功能为基础区分不同的模块，并完成对客户层和数据层的通信协调工作。

在设定中间层所包含的模块的过程中，基于对产品构成本质问题的认知思考，要有一种产品的事件认知方式。根据对产品具体实体构成和抽象功能构成的分析，从认知角度探讨产品的事件构成问题，可以将事件视为产品基本构成单元的认知方式：产品本质上可以视为一个系统，该系统保证具有产品功能的事件有序、有控制地发生。产品的事件认知方式符合人们的思维习惯，便于理解和使用。

在顾客需求映射为产品功能要求时，功能定义与表示的科学性、准确性和简洁性将直接影响产品概念设计方案以及产品的创新，"功能"在很大程度上决定了"设计"。此外，用户使用产品时，起决定性作用的因素就是产品的性能（即功能+质量），因此产品设计应将功能作为主要研究对象。

一般来说，中间层需要有管理模块、数据存储与采集模块、数据处理模块和信息分析与服务模块等通用模块，再根据智能信息服务系统所服务的领域定制领域相关的特定化模块，这一部分在 12.2 节中会具体讲到。

12.1.3　数据层

数据层主要是对各类相关信息进行存储管理，由各类信息库组成，为智能信息服务系统提供数据支撑，是智能信息服务系统良好运行的关键。

常见的数据存储方式有几种，如关系型数据库、内存数据库、分布式数据库和分布式文件系统，不同的智能信息服务系统也有着不同的数据库设计方式，这主要取决于中间层的功能模块设计的需求，针对功能构建特定的数据库，使整个智能信息服务系统能够良好地运行。

12.2　智能信息服务系统构建的实现方法

智能信息服务系统的应用非常广泛，在教育、政府机关、农业、旅游业、餐饮、邮政快递等方面均有广泛的应用场景，本节对不同领域的几个智能信息服务系统案例进行了分析，总结出智能信息服务系统构建的实现方法。大部分智能信息服务系统的结构框架是类似的，本节主要分析的是不同的智能信息服务系统所提供的具体功能的区别。

12.2.1　农村智能信息服务系统

农村智能信息服务系统的功能结构分为服务系统和管理系统两部分。服务系统负责用户的信息服务，是用户访问浏览、获取直接信息的平台。管理系统负责信息的检索、录入、修改、用户管理、信息的推荐/推送及对农村智能信息服务系统的管理维护工作，是一个管理平台。农村智能信息服务系统功能结构如图 12-2所示。

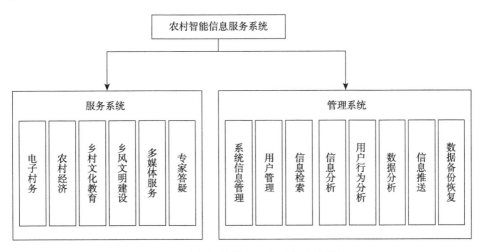

图 12-2　农村智能信息服务系统功能结构

服务系统的主要目标是实现信息服务，在设计时体现了服务的特点，具体的内容设计如下。

（1）电子村务，该栏目主要是为农村基层人员提供涉及农村的各类政策、法规及规章制度等方面的信息服务，方便农村基层人员及时、准确地获取农村政治方面的信息。

（2）农村经济，主要内容为涉及农村的各类经济政策及经济信息。方便用户及时、准确地获取经济信息，调整经济策略和进行经济作物的种植、买卖，在一定程度上有利于促进农村经济的发展。

（3）乡村文化教育，主要内容为涉及农村的各类文化教育信息资源。主要是为农村各类用户提供文化教育方面的信息资源服务，方便他们把握文化教育的走向，学习较多的文化知识，获得较多的教育培训，从而提高他们的文化知识水平。

（4）乡风文明建设，主要内容为涉及农村乡风文明建设方面的信息资源。为农村基层人员提供农村乡风文明建设方面的信息服务，方便他们获取较好的精神文明建设方面的信息资源，以提升他们的文明素质，有利于我国社会主义新农村建设。

（5）多媒体服务，该栏目主要提供多媒体方面的信息资源服务。我们主要依靠南京理工大学智能媒体分析实验室的优势，通过系统为各类用户提供各类多媒体服务，将各种信息资源以多媒体的形式展现出来，激发用户获取信息的兴趣。同时，为用户提供全方位、多角度、多渠道的信息服务，帮助他们加深印象，更好地掌握信息资源。

（6）专家答疑，主要是解答各类用户的各种提问。服务方式为由系统的各类用户在信息服务系统中提出问题，专家用户或系统超级管理员根据专家的观点在管理系统进行解答。为了保障系统的安全性和言论的健康性，我们对用户提问和专家解答的过程进行了控制，防止不正确言论的产生。

管理系统是对整个农村智能信息服务系统进行管理的部分，包含系统信息管理、用户管理、信息检索、信息分析、用户行为分析、数据分析、信息推送、数据备份恢复。下面对其中的主要内容进行介绍。

（1）系统信息管理，主要是对信息服务系统的各类信息内容进行管理。设计栏目管理和文章管理模块，可以对信息服务系统的各类大栏目、子栏目及相应的文章进行添加、删除、修改，对信息服务系统内的各种信息服务条目进行添加、删除、修改、查询，实现管理系统录入、上传信息，服务系统动态更新信息等功能。

（2）用户管理，主要是对系统的各类用户进行管理。主要设计了用户管理和权限管理模块，对系统内的所有用户进行管理与控制，进行用户的注册允许、修改、删除和权限赋予，用户只有在其权限允许的范围内，才能进行相应的访问控制操作，保障了系统用户在各自权限内正常活动和系统的安全，在对用户管理设置时需遵循信息科学理论的控制论理论。

（3）信息检索，主要对信息来源进行采集、检索，保障系统信息的更新及时、准确和全面。

（4）数据分析，主要是对系统的各类信息进行统计。设计数据分析和用户行为分析模块，对系统各类信息条目、用户关注条目和用户系统访问行为进行统计分析，为农村各级主管部门制定政策，为系统个性化信息推荐/推送提供基础数据。

（5）信息推送，主要是根据用户的行为兴趣，进行信息的个性化推荐/推送。设计信息推送模块，针对农村用户有可能不能访问系统，但可以通过手机获取信息的特性，设计了个性化的手机信息推送功能。

（6）数据备份恢复，主要是对数据进行安全备份，保证在遭受攻击或系统出错后，能恢复数据，保证系统具有一定的修复能力。

12.2.2　图书馆智能信息服务系统

图书馆智能信息服务系统的设计是以"信息服务智能化"为主线的，与原来的系统有很大的不同，能充分满足用户个性化信息的需求。本节系统以"用户个性化信息需求库"为核心，一方面根据用户的基本信息需求为用户推送信息资源，另一方面根据用户所掌握的信息为用户提供智能选取、筛选、分类网络化信息资源并主动推送等服务。笔者所研究的个性化信息服务系统主要有以下功能。

（1）个性化信息的智能定制：用户可以根据实际需要决定是否接受系统根据用户基本信息自动定制的信息资源。

（2）个性化信息的智能搜索：系统根据用户的基本信息和操作行为自动为用户进行相关信息资源的搜索与推送。

（3）用户基本信息管理：读者注册时可以填写自己的基本信息，也可以随时更改这些基本信息。

（4）个性化页面的设置：读者可以根据爱好对页面进行版式和色调的调整，从而设置具有个性化的页面。

图书馆智能信息服务系统采用模块化的设计方案，在三层结构体系的基础上进行模块划分。客户层主要有用户登录模块、用户搜索模块、信息展示模块，中间层主要有信息智能获取模块、信息智能分析模块、信息智能分类模块和信息智能代理模块，而数据层主要有用户数据模块、系统数据模块、兴趣知识库模块。具体如图 12-3 所示。

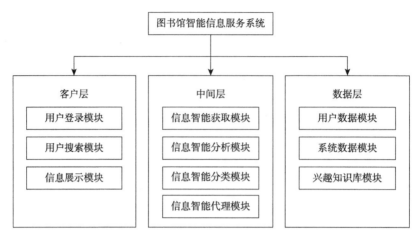

图 12-3　图书馆智能信息服务系统功能框架

图书馆智能信息服务系统还有以下几个功能。

（1）个性化智能推送服务。个性化智能推送服务是根据对读者意图的推测自动把相应的数据信息推送给读者的计算机分布技术。信息智能推送服务的实现方式主要有两种：一是频道方式，这种方式现在比较常用。在这种方式中系统根据对读者意图的推测可以像选频道一样选择浏览器中的站点，在选定的站点中浏览相应的信息。二是邮件方式，该功能借助电子邮箱把读者所需信息通过邮件的形式主动推送给读者。这里读者所需要的信息有两种获取途径：一是系统对读者的意图进行推测，提供相关信息；二是读者向系统输入自己需要的信息，然后由系统通过对海量数据的智能分类、智能筛选后按照规定的时间主动以邮件的形式传递给读者。

（2）个性化智能定制服务。个性化智能定制服务是指在全球数字化网络资源中，读者根据实际需求选择信息服务系统功能。该项服务能够猜测读者的意图，自动为读者提供一套信息系统的服务功能，这时不需要读者手动设置相关的系统参数。当然，读者也可以根据实际需要对系统参数和其他信息进行适当修改。目前，国内的一些知名大学的图书馆信息服务系统已经实现了这一智能定制功能，该系统通过对读者知识结构的分析以及其他信息的了解，并通过对馆藏数字资源和全球网络资源的整合，形成智能定制的内容。

（3）个性化智能代理服务。智能代理是智能化检索的一种服务模式，它通过对智能信息系统和信息共享平台的创建来完成虚拟信息的智能处理。这种智能代理服务能够在读者没有明确需求目标的情况下，通过对读者的操作行为进行智能分析，自动为读者推荐合适的信息。这不仅能够使读者快速找到合适的信息，也可以使读者找到意想不到但确实需要的信息。智能代理中典型的形式主要有两种：简易信息聚合（really simple syndication，RSS）和网络日志，RSS可以帮助读者把自己喜欢的信息集中到一起，读者可以通过它自由选择信息资源；Blog 可以帮助读者快速找到所需要的信息，有的图书馆还利用它发布信息与读者进行互动等。

（4）专业化智能定题服务。以往把图书馆为了满足用户特定的信息需求而提供特定的信息服务称为定题服务，在当时图书馆的服务环境下，读者的特定需求一般得不到满足。近年来，由于信息技术的发展特别是人工智能技术的出现，图书馆的资源已不再仅限于馆藏资源，而是依托网络面向全球的数字化信息资源。随着图书馆资源的大幅度扩展，面对海量的数字化网络信息资源，传统的资源搜索、分析、筛选、整合技术已无法满足现代人的需求。将人工智能技术引入图书馆信息服务系统，可以在全球海量的数字化信息资源中迅速地智能搜索、智能分析、智能筛选并整合符合用户要求的信息，逐渐形成能够满足当代人特定信息需求的专业化智能定题服务。

12.2.3　交通智能信息服务系统

城市交通行业数据既有静态数据，又有实时动态数据；数据类型既包括结构化数据、半结构化数据，也包括大量非结构化数据；数据管理在组织上存在多部门之间的数据整合与交换等实际业务情况。考虑到以上因素，本系统采用云计算+大数据处理平台+数据服务总线的设计框架，可以满足高可靠、高可用、建设成本低等要求。

交通智能信息服务系统的设计思路如下，按功能职责分类，主要分为通用服务组件和数据整理与挖掘两个大的部分，其中通用服务组件又包含了四个子功能：交通流量常规统计与模糊分析；车辆分类识别；实时交通信息发布与诱导；区域交通流量分析与告警。数据整理与挖掘需要长期的数据积累和不断的算法优化，将在平台的后期逐步完善。无论通用服务组件还是数据整理与挖掘功能，都依托于对数据的高效处理，结合具体的业务数据特点和业务需求来制定相应的处理方案将直接影响平台的运行效率。本平台的特点是数据量庞大，所以需要对一些特定的实时性要求较高的业务进行优化处理，如建立索引等措施实现海量数据的快速查询。对于海量数据的存储与处理需要建立分布式、多节点的集群服务器，充分利用服务器资源和充分使用业务模型可以进行趋势预测和决策分析。计算平台和存储平台可以根据实际的需求实现线性的弹性扩展，是系统设计对宽容度的考虑，以确保系统可以长期满足业务需求，以及在升级换代时降低成本。

交通智能信息服务平台的总体设计参照物联网层次模型，采用分层设计思想，每一层为上一层提供面向服务的接口调用，同时结合物联网、云计算、大数据、服务计算等技术特点，平台总体设计共分为 5 层，由低到高分别为感知设备层、传输层、平台层、服务层和展示层。采用分层架构不但可以降低系统各个模块之间的耦合性，还可以提高模块之间的功能内聚性，而且有利于在系统实际开发过程中实现代码的复用，大大提高了工作效率并降低了开发成本。系统总体架构图如图 12-4 所示。

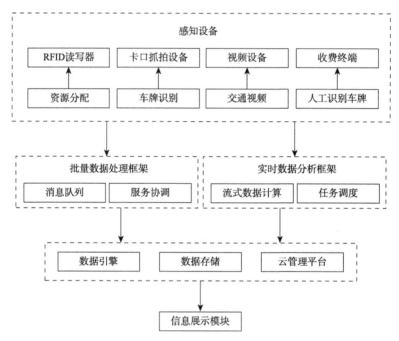

图 12-4　交通智能信息服务系统总体架构

RFID 表示射频识别（radio frequency identification）

参 考 文 献

Li M Z，Ding Z J. 2020. A preface to the special issue on emerging and intelligent information services[J]. Computing and Informatics，39（1/2）：1-4.

Nearing G S，Ruddell B L，Bennett A R，et al. 2020. Does information theory provide a new paradigm for earth science? Hypothesis testing[J]. Water Resources Research，56（2）：1-8.

Panda S，Chakravarty P R. 2022. Adapting intelligent information services in libraries：A case of smart AI chatbots[J]. Library Hi Tech News，39（1）：1-5.

Park H，Yoon A，Kwon H. 2012. Task model and task ontology for intelligent tourist information service[J]. International Journal of u-and e-Service，Science and Technology，5（2）：43-58.

Wang B，Peng W，Li H，et al. 2019. Research on information intelligent collection model of service consultation system[J]. Procedia CIRP，83：779-784.

Wei C，Wang Q N，Liu C Y. 2020. Research on construction of a cloud platform for tourism information intelligent service based on blockchain technology[J]. Wireless Communications and Mobile Computing：1-9.